"十三五"国家重点图书出版规划项目
交通运输科技丛书·公路基础设施建设与养护

公路盾构隧道设计指南

Guidelines for Design of Highway Shield Tunnel

郭小红　拓勇飞
程　勇　舒　恒　编著

China Communications Press Co.,Ltd.

内 容 提 要

本书是针对近年来公路盾构隧道设计技术的重点难点,结合已有的工程设计和建造经验的有效总结,全书共为 19 章,分别为:总则、术语和符号、控制要素、地质勘察、总体设计、盾构选型、建筑材料、衬砌及管内结构、结构计算、耐久性设计、抗震设计、结构防水、始发与接收、附属工程设计、辅助工程措施、特殊地段设计、监控量测、结构安全监测、风险分析以及相关附录等。全面涉及了公路盾构隧道设计中的总体设计、衬砌结构设计与分析、管片接缝防水可靠性、盾构工作井的设计施工、耐久性设计以及结构抗震分析等关键技术问题,对公路盾构隧道设计的各个过程及重难点问题的处理方法均进行了详细叙述。

本书可供从事公路隧道、设计人员参考使用,也可供相关技术人员和院校师生参考使用。

图书在版编目(CIP)数据

公路盾构隧道设计指南 / 郭小红等编著. — 北京:人民交通出版社股份有限公司,2017.5
ISBN 978-7-114-13741-9

Ⅰ. ①公… Ⅱ. ①郭… Ⅲ. ①公路隧道—盾构—结构设计—指南 Ⅳ. ①U459.2-62

中国版本图书馆 CIP 数据核字(2017)第 068996 号

"十三五"国家重点图书出版规划项目
交通运输科技丛书·公路基础设施建设与养护

书　　名:	公路盾构隧道设计指南
著 作 者:	郭小红　拓勇飞　程　勇　舒　恒
责任编辑:	李　喆　李　沛
出版发行:	人民交通出版社股份有限公司
地　　址:	(100011)北京市朝阳区安定门外外馆斜街 3 号
网　　址:	http://www.ccpress.com.cn
销售电话:	(010)59757973
总 经 销:	人民交通出版社股份有限公司发行部
经　　销:	各地新华书店
印　　刷:	北京市密东印刷有限公司
开　　本:	787×1092　1/16
印　　张:	14.25
字　　数:	400 千
版　　次:	2017 年 5 月　第 1 版
印　　次:	2017 年 5 月　第 1 次印刷
书　　号:	ISBN 978-7-114-13741-9
定　　价:	70.00 元

(有印刷、装订质量问题的图书,由本公司负责调换)

交通运输科技丛书编审委员会

（委员排名不分先后）

顾　问： 赵冲久　周　伟　成　平

主　任： 庞　松

副主任： 洪晓枫　袁　鹏

委　员： 石宝林　张劲泉　赵之忠　关昌余　张华庆
　　　　　郑健龙　沙爱民　唐伯明　孙玉清　费维军
　　　　　王　炜　孙立军　蒋树屏　韩　敏　张喜刚
　　　　　吴　澎　刘怀汉　唐树名　汪双杰　廖朝华
　　　　　金　凌　李爱民　曹　迪　田俊峰　苏权科
　　　　　严云福

《公路盾构隧道设计指南》
编写委员会

主　　编：郭小红　拓勇飞　程　勇　舒　恒

参编人员：（按姓氏笔画排列）

　　　　　王　秒　史世波　刘继国　李　华

　　　　　李　昕　李　金　李　健　李东升

　　　　　余　晶　张　军　陈必光　杨林松

　　　　　胡云华　程　占　蔡厚强　魏龙海

统　　稿：拓勇飞　舒　恒

总　序

科技是国家强盛之基,创新是民族进步之魂。中华民族正处在全面建成小康社会的决胜阶段,比以往任何时候都更加需要强大的科技创新力量。党的十八大以来,以习近平同志为总书记的党中央做出了实施创新驱动发展战略的重大部署。党的十八届五中全会提出必须牢固树立并切实贯彻创新、协调、绿色、开放、共享的发展理念,进一步发挥科技创新在全面创新中的引领作用。在最近召开的全国科技创新大会上,习近平总书记指出要在我国发展新的历史起点上,把科技创新摆在更加重要的位置,吹响了建设世界科技强国的号角。大会强调,实现"两个一百年"奋斗目标,实现中华民族伟大复兴的中国梦,必须坚持走中国特色自主创新道路,面向世界科技前沿、面向经济主战场、面向国家重大需求。这是党中央综合分析国内外大势、立足我国发展全局提出的重大战略目标和战略部署,为加快推进我国科技创新指明了战略方向。

科技创新为我国交通运输事业发展提供了不竭的动力。交通运输部党组坚决贯彻落实中央战略部署,将科技创新摆在交通运输现代化建设全局的突出位置,坚持面向需求、面向世界、面向未来,把智慧交通建设作为主战场,深入实施创新驱动发展战略,以科技创新引领交通运输的全面创新。通过全行业广大科研工作者长期不懈的努力,交通运输科技创新取得了重大进展与突出成效,在黄金水道能力提升、跨海集群工程建设、沥青路面新材料、智能化水面溢油处置、饱和潜水成套技术等方面取得了一系列具有国际领先水平的重大成果,培养了一批高素质的科技创新人才,支撑了行业持续快速发展。同时,通过科技示范工程、科技成果推广计划、专项行动计划、科技成果推广目录等,推广应用了千余项科研成果,有力促进了科研向现实生产力转化。组织出版《交通运输建设科技丛书》,是推进科技成果公开、加强科技成果推广应用的一项重要举措。"十二五"期间,该丛书共出版72册,全部列入"十二五"国家重点图书出版规划项目,其中12册获得国家出版基金支持,6册获中华优秀出版物奖图书提名奖,行业影响力和社会知名度不断扩大,逐渐成为交通运输高端学术交流和科技成果公开的重要平台。

"十三五"时期,交通运输改革发展任务更加艰巨繁重,政策制定、基础设施建设、运输管理等领域更加迫切需要科技创新提供有力支撑。为适应形势变化的需要,在以往工作的基础上,我们将组织出版《交通运输科技丛书》,其覆盖内容由建设技术扩展到交通运输科学技术各领域,汇集交通运输行业高水平的学术专著,及时集中展示交通运输重大科技成果,将对提升交通运输决策管理水平、促进高层次学术交流、技术传播和专业人才培养发挥积极作用。

当前,全党全国各族人民正在为全面建成小康社会、实现中华民族伟大复兴的中国梦而团结奋斗。交通运输肩负着经济社会发展先行官的政治使命和重大任务,并力争在第二个百年目标实现之前建成世界交通强国,我们迫切需要以科技创新推动转型升级。创新的事业呼唤创新的人才。希望广大科技工作者牢牢抓住科技创新的重要历史机遇,紧密结合交通运输发展的中心任务,锐意进取、锐意创新,以科技创新的丰硕成果为建设综合交通、智慧交通、绿色交通、平安交通贡献新的更大的力量!

2016 年 6 月 24 日

前　言

近年来,随着我国公路交通建设的快速发展,盾构法隧道施工技术也得到了迅速的发展。尤其是在越江公路隧道方面,中等、大直径乃至超大直径盾构相继开始使用。以武汉长江隧道、上海长江隧道、南京纬七路长江隧道、南京纬三路过江通道、杭州钱江隧道、广深港高速铁路狮子洋隧道、杭州庆春路隧道等为代表的有重要影响的大型跨江(海)水下隧道工程在长江、珠江、黄河、淮河、松花江等江河及各类跨海通道中陆续营建,无论是在工程建设规模还是建设难度方面,均堪称世界级工程,极大地促进了我国盾构法隧道设计和施工技术的进步。

然而,我国盾构隧道的应用时间相对较短,盾构工法正经历着从设备引进、技术引进以及相关技术规范的引进逐步走向设备国产化、技术本土化的过程。我国各个地区的地质条件差异明显,盾构施工普遍存在盾构与掘进地层适应性较差的问题。同时,由于盾构隧道是由管片与接头共同构成的复杂结构体,不同的结构形式、不同的拼装方式,都将导致结构横向和纵向力学性能的显著差异,因此,在设计与实施过程中,盾构工法在开挖方式、支护方式上与其他工法有较大差别,现行相近规范不能有效指导盾构隧道的设计。

当前虽然水下公路盾构隧道设计已取得了大量的设计实践经验,但目前的设计仍处在主要参考类似工程经验的阶段,对已有的设计实践中积累的宝贵经验及暴露出的问题未进行系统总结和归纳,未有专门的国家或行业标准来对这些实践活动进行科学指导和合理引导。这就使得我国的盾构隧道建设,尤其是大断面水下盾构隧道的建设,同国外技术发达国家如德国、日本等相比,还存在相当大的差距,已大大影响盾构技术在国内的进一步发展。

为提高公路水下隧道设计质量,降低建设风险,提高运营安全水平,交通运输部于2010年下达了《公路水下隧道设计规范》的编制任务,由中交第二公路勘察设计研究院有限公司为主编单位,中交第一公路勘察设计研究院有限公司等5家单位为参编单位,负责该规范的编制工作。盾构隧道作为水下隧道施工的重要工法,有着独特的特点以及广泛的应用性,《公路盾构隧道设计指南》是针对近年来公路盾构隧道设计技术的重点难点,结合已有的工程设计和建造经验的有效总结,是对《公路水下隧道设计规范》中盾构隧道方面设计细则的有益补充。

《公路盾构隧道设计指南》共分为19章,分别为:总则、术语、控制要素、地质勘察、总体设计、盾构选型、建筑材料、衬砌及管内结构、结构计算、耐久性设计、抗震设计、结构防水、始发与接收、附属工程设计、辅助工程措施、特殊地段设计、监控量测、结构安全监测、风险分析以及相关附录。全面涉及了公路盾构隧道设计中的总体设计、衬砌结构设计与分析、管片接缝防水可靠性、盾构工作井的设计施工、耐久性设计以及结构抗震分析等关键技术问题，对公路盾构隧道设计的各个过程及重难点问题的处理方法均进行了详细叙述。

在本指南编制过程中，编写组调研和收集了国内外盾构隧道设计的相关资料，参考了公路盾构隧道相关科研成果，吸收了国内外盾构隧道工程建设的经验，借鉴了国内外的相关标准规范，力求能够全面充分地体现我国公路盾构隧道的设计水平，给国内同行提供参考，促进我国公路盾构隧道设计水平的进步。

鉴于编者水平的不足以及认识的局限性，书中难免存在不妥之处，希望国内外同行批评指正。

编 者
2016年4月于武汉

目　　录

1 总则 ……………………………………………………………… 001
2 术语 ……………………………………………………………… 002
3 控制要素 ………………………………………………………… 006
4 地质勘察 ………………………………………………………… 011
 4.1 一般规定 …………………………………………………… 011
 4.2 资料收集与场地条件调查 ………………………………… 012
 4.3 地质勘察 …………………………………………………… 012
 4.4 地质勘察方法 ……………………………………………… 014
 4.5 邻近环境条件勘察 ………………………………………… 017
 4.6 地质勘察报告编制 ………………………………………… 018
5 总体设计 ………………………………………………………… 020
 5.1 一般规定 …………………………………………………… 020
 5.2 隧道位置选择 ……………………………………………… 021
 5.3 隧道线形设计 ……………………………………………… 023
 5.4 隧道横断面设计 …………………………………………… 025
 5.5 合理覆盖层厚度确定 ……………………………………… 028
 5.6 施工组织设计 ……………………………………………… 029
6 盾构选型 ………………………………………………………… 033
 6.1 一般规定 …………………………………………………… 033
 6.2 选型原则及依据 …………………………………………… 034
 6.3 盾构基本参数 ……………………………………………… 035
 6.4 刀盘结构 …………………………………………………… 038
 6.5 掘削刀具 …………………………………………………… 039
 6.6 盾体 ………………………………………………………… 040
 6.7 刀盘驱动 …………………………………………………… 041
 6.8 推进装置 …………………………………………………… 041
 6.9 泥水循环系统 ……………………………………………… 042
 6.10 管片拼装系统 …………………………………………… 043

| 6.11 | 其他辅助系统 | 043 |
| 6.12 | 选型依据及一般程序 | 043 |

7 建筑材料 ... 045
- 7.1 一般规定 ... 045
- 7.2 混凝土 ... 045
- 7.3 钢筋 ... 047
- 7.4 紧固件 ... 048
- 7.5 防水材料 ... 050
- 7.6 防火材料 ... 051
- 7.7 装饰材料 ... 053
- 7.8 其他材料 ... 056

8 衬砌及管内结构 ... 058
- 8.1 管片类型 ... 058
- 8.2 楔形环类型 ... 059
- 8.3 管片分块与环宽 ... 060
- 8.4 管片接头构造 ... 060
- 8.5 封顶块设计 ... 061
- 8.6 注浆孔设计 ... 062
- 8.7 吊装方案设计 ... 062
- 8.8 盾构设备推进作用方案设计 ... 062
- 8.9 管片制作误差要求 ... 063
- 8.10 盾构隧道特殊部位设计 ... 063

9 结构计算 ... 064
- 9.1 一般规定 ... 064
- 9.2 作用 ... 064
- 9.3 管片结构计算 ... 073
- 9.4 施工计算 ... 079
- 9.5 管内主体结构计算 ... 079
- 9.6 抗浮验算 ... 080
- 9.7 结构验算 ... 082
- 9.8 防火计算 ... 087

10 耐久性设计 ... 090
- 10.1 一般规定 ... 090

10.2	环境类别与作用等级	090
10.3	结构材料要求	093
10.4	防腐蚀附加措施	094
10.5	管片耐久性设计	094
10.6	螺栓耐久性设计	098
10.7	防水材料耐久性设计	099
11	**抗震设计**	**100**
11.1	一般规定	100
11.2	地震作用	101
11.3	抗震设计	103
11.4	抗震措施	105
12	**结构防水**	**107**
12.1	一般规定	107
12.2	管片自防水	108
12.3	附加防水层设计	110
12.4	管片接缝防水	110
12.5	螺栓孔和注浆孔防水	115
12.6	二次衬砌防水	115
12.7	附属工程防水	116
13	**始发与接收**	**117**
13.1	一般规定	117
13.2	盾构始发	119
13.3	盾构接收	128
13.4	井内建筑	135
13.5	盾构井结构	135
13.6	盾构井地层加固	137
14	**附属工程设计**	**138**
14.1	一般规定	138
14.2	内部结构	138
14.3	横通道	139
14.4	防淹防护门	139
14.5	集水坑及泵房	140
15	**辅助工程措施**	**141**

15.1	一般规定	141
15.2	同步注浆	141
15.3	二次注浆	143
15.4	水泥土搅拌桩法	143
15.5	高压旋喷搅拌法	145
15.6	冻结法	147

16 特殊地段设计 … 152

16.1	一般规定	152
16.2	小净距段	152
16.3	浅覆土段	153
16.4	卵砾层及复合地层段	155
16.5	敏感环境地段	155
16.6	小半径段	156

17 监控量测 … 158

17.1	一般规定	158
17.2	监测项目	159
17.3	测点布置	160
17.4	监测精度	164
17.5	监测频率	165
17.6	监测要求	166

18 结构安全监测 … 170

18.1	一般规定	170
18.2	监测内容	171
18.3	监测要求	172

19 风险分析 … 176

19.1	一般规定	176
19.2	前期研究风险分析	178
19.3	初步设计阶段风险分析	182
19.4	施工图设计阶段风险分析	189

附录 A 常用公路盾构隧道净空断面 … 193

附录 B 常用盾构机参数表 … 199

B.1	软土地区公路盾构隧道	199

B.2 复合地层地区公路盾构隧道 …………………………………………… 201
  B.3 岩质地层地区公路盾构隧道 …………………………………………… 207
附录C 本指南用词用语说明 ……………………………………………………… 211
参考文献 …………………………………………………………………………… 212

1 总则

1.0.1 为规范公路盾构隧道设计,提高公路盾构隧道设计水平,保证设计质量,特制定本指南。

1.0.2 本指南适用于采用盾构法施工的新建公路隧道。

1.0.3 本指南所包含的基本内容为公路盾构隧道地质勘察、总体设计、盾构选型、结构设计与计算、始发与接收、隧道监测及风险分析等。

1.0.4 应根据地形、地质及环境等条件,盾构的开挖方式、机械性能及施工技术要求,并结合隧道直径,合理确定平纵线位以及始发、接收位置。

1.0.5 应采用基于分项系数的极限状态法对隧道主体结构的承载能力、裂缝和变形进行验算。

1.0.6 应根据设计使用年限及环境作用等级对隧道结构进行耐久性设计,公路盾构隧道主体结构的设计使用年限不应低于100年。

1.0.7 基本地震烈度等于或大于7度的区域,应对盾构隧道洞身结构、盾构隧道与横通道结合处、盾构隧道与盾构工作井或通风井连接处进行抗震设计与验算。

1.0.8 应对盾构隧道各阶段可能存在的安全风险进行有效评估,并提出相应的对策措施。

1.0.9 公路盾构隧道设计除应符合本指南外,尚应遵守现行国家法律、法规,符合国家、行业现行标准、规范的规定。

2 术语

2.0.1 公路盾构隧道　highway shield tunnel
用盾构机进行开挖、掘进，并采用预制管片作为隧道衬砌的公路隧道。

2.0.2 隧道场地条件　site conditions of tunnel
建设场地内地层分布与拟建隧道的关系。

2.0.3 邻近环境条件　adjacent surroundings
建设场地内既有建（构）筑物、道路、地下设施、地下管线及生态条件等与拟建隧道的关系。

2.0.4 设计使用年限　designed service life
在设计确定的环境作用、维护及使用条件下，不必大修即能保证结构正常使用的年限。

2.0.5 合理覆土厚度　reasonable thickness of covering soil
综合考虑隧道施工运营风险、隧道抗浮、河床冲刷、洪水、隧道纵坡及施工运营成本等因素条件下的隧道合理覆土厚度。

2.0.6 盾构选型　shield selection
结合土质条件、岩性、开挖面稳定性、隧道埋深、隧道直径、地下水位、环境条件、衬砌类型等多条件综合选取盾构类型及相应参数。

2.0.7 衬砌结构　lining structure
承受盾构隧道周围的土压力、水压力，以确保隧道净空的结构及运营安全，由数块管片拼装成的结构。

2.0.8 承载能力极限状态　ultimate limit states
盾构隧道管片结构达到最大承载力、出现疲劳破坏、管片接头发生不适于继续承载的变形以及隧道结构抗浮的极限状态。

2.0.9 正常使用极限状态　serviceability limit states

盾构隧道结构达到正常使用的某项规定限制或耐久性能的某种规定状态。

2.0.10 盾构管片 shield segment
盾构隧道衬砌环的基本单元,有钢筋混凝土管片、钢纤维混凝土管片、钢管片、铸铁管片、复合管片等多种类型。

2.0.11 环境作用等级 environmental action grade
地下水、围岩及大气等环境条件对结构耐久性的影响程度分级。

2.0.12 结构耐久性 structure durability
结构在设计要求的使用年限内,不需要进行重大加固维修而能保证安全性和使用性的能力。

2.0.13 氯离子扩散系数 Cl$^-$ diffusion coefficient
表示氯离子借助混凝土中的毛细孔孔壁吸附水从高浓度区向低浓度区扩散性的参数。

2.0.14 抗震设防烈度 seismic precautionary intensity
按国家规定的权限批准作为一个地区抗震设防依据的地震烈度。

2.0.15 抗震设防标准 seismic precautionary criterion
衡量抗震设防要求高低的尺度,由抗震设防烈度或设计地震动参数及隧道抗震设防类别确定。

2.0.16 防水等级 grade of waterproof
根据公路盾构隧道对防水的要求确定的结构允许渗漏水量的等级标准。

2.0.17 防水密封垫 waterproof gasket
粘贴于管片接缝处沟槽内,用于管片结构接缝防水的密封材料。

2.0.18 密封槽 seal groove
管片结构中用来粘贴防水材料,从而达到管片密封防水功能的凹槽。

2.0.19 防火涂料 fireproof coatings
涂覆在隧道混凝土结构表面,能形成耐火隔热保护层以提高其结构耐火极限的涂料。

2.0.20 防火保护板 fireproof board
固定安装在隧道的混凝土结构表面,能提高隧道耐火极限的保护板。

2.0.21 变形缝 deformation joint

沉降缝与伸缩缝的统称。

2.0.22　盾构工作井　shield working shaft
供盾构组装、拆卸、掉头、吊运管片或出渣等使用的竖向通道,包括始发工作井、中间工作井、接收工作井等。

2.0.23　盾构始发　shield launching
使盾构机从始发井进入地层的一系列作业。

2.0.24　盾构接收　shield arrival
盾构机由地层进入接收井内的一系列作业。

2.0.25　反力架　reaction frame
为盾构始发掘进提供反力的支撑装置。

2.0.26　基坑　foundation pit
为修建隧道明挖段及盾构工作井而在地面以下开挖的敞开空间。

2.0.27　基坑支护　retaining system for foundation pit
为保证基坑周边环境的安全,对基坑侧壁及周边环境采用的支挡、加固与保护措施。

2.0.28　基坑安全等级　safety grade for foundation pit
衡量基坑工程破坏后果及复杂程度的指标,一般应根据基坑开挖深度、工程地质条件、水文地质条件、环境条件及使用条件等综合确定。

2.0.29　同步注浆　synchronous grouting
盾构隧道掘进时对刚脱出盾尾的管片与地层间的空隙进行注浆填补,减少地层损失及地表沉降。

2.0.30　二次注浆　secondary grouting
根据同步注浆的效果进行的补充注浆方式,当地表沉降稳定时,可不进行二次注浆。

2.0.31　冻结法　freezing method
利用人工制冷技术,使地层中的水结冰,把天然岩土变成冻土,增加其强度和稳定性,隔绝地下水与地下工程的联系,以便在冻结壁的保护下进行盾构隧道横通道的施工。

2.0.32　结构健康监测　structure health monitoring
为了解隧道结构运营期间工作状况,对结构工作环境、受力及变形等进行监测与评价的系统。

2.0.33　隧道防灾　tunnel disaster prevention
防止隧道内发生水灾、火灾或交通事故的措施。

2.0.34　隧道救援　tunnel emergency rescue
当隧道内发生灾害事故后采取的紧急救援措施。

2.0.35　单一风险事件　single risk
用于风险评估的事件单元。

2.0.36　总体风险事件　overall risk
对隧道全局产生影响的风险事件,如平纵面布置、通风系统、消防系统等。

3 控制要素

3.0.1 根据盾构隧道的长度,可按表3.0.1分为五级。

表3.0.1 盾构隧道按长度分级

隧道等级	隧道长度 L(m)	备注
超长隧道	$L>6\,000$	隧道运营管理系统一般需特殊考虑
特长隧道	$3\,000<L\leqslant 6\,000$	平纵指标对通风方案影响显著
长隧道	$1\,000<L\leqslant 3\,000$	一般需设置水消防及进行机械通风
中隧道	$500<L\leqslant 1\,000$	一般不需设置水消防及悬挂风机
短隧道	$L\leqslant 500$	隧道平纵指标可适当放宽

注:隧道长度指隧道两端洞门桩号之差,当为并行双洞时以较长隧道为准。

3.0.2 根据盾构中所采用的对土层稳定的技术措施和开挖方法不同,盾构类型可按表3.0.2分类。

表3.0.2 盾构类型一览表

	第一级	第二级	第三级
盾构类型分级	敞开型	人工开挖盾构	—
		半机械开挖盾构	—
		机械开挖盾构	—
	部分敞开型	挤压盾构	—
		网格盾构	—
	封闭型	泥水加压盾构	直接控制型泥水加压盾构
			间接控制型泥水加压盾构
		土压平衡盾构	普通型土压平衡盾构
			加泥型土压平衡盾构
			加水型土压平衡盾构
			泥浆型土压平衡盾构
	复合型	泥水复合盾构	—
		土压复合盾构	—
		敞开复合盾构	—

(1)敞开型盾构是指盾构内施工人员可以直接和开挖面土层接触,这种盾构适用于能自立和较稳定的土层施工。

(2)部分敞开型盾构是在盾构切口环正面安装挤压胸板或网格切削装置,支护开挖面土层,施工人员可以直接观察开挖面土层工况,开挖土体通过网格孔或挤压胸板闸门进入盾构。这种盾构适用于不能自立、流动性大的松软黏性土层,对隧道沿线地面变形控制较难。

(3)封闭型盾构是在盾构切口环和支承环之间增设一道密封隔舱板,在开挖面土层和密封舱板之间形成密封泥土舱,盾构施工时,通过对密封泥土舱中的压力进行控制,使其与开挖面土层水、土压力保持平衡,从而使开挖面保持稳定。封闭型盾构主要有泥水加压和土压平衡两大类。

①泥水加压盾构在隔舱板与开挖面土层之间形成的是泥水舱,在泥水舱内充以压力泥浆支护开挖面土层,利用泥浆静压力平衡开挖面土层水、土压,并在土层表面形成不透水泥膜。泥水加压盾构适用土层范围很广,从软黏土、砂土到砂砾层都可适用,尤其是在超大直径和对地表变形要求高的工程中都能显示其优越性。

②土压平衡盾构是在盾构密封泥土舱内利用开挖下的泥土直接支护开挖面土层,既具有泥水加压的优点,又消除了复杂的泥水分离处理设施。土压平衡盾构可根据不同地质条件,采取不同技术措施,设计成不同类型,能适应从软黏土到砂砾土层范围内各种土层施工。

(4)复合型盾构是在软土盾构的刀盘上安装切削岩层的各式刀具,有的还在盾构机内安装碎石机,这种硬岩开挖工具与软土隧道盾构机械相结合,能在硬岩和软土地层交替作业。复合型盾构刀盘上安装的刀具,应根据不同岩层条件而定,一般能适应软土地层、硬岩地层、软硬混合交替夹层等。

3.0.3 盾构可根据其切削断面形状分为圆形与非圆形两大类,圆形盾构又可分为单圆形、半圆形、双圆搭接形、三圆搭接形。非圆形盾构又分为马蹄形、矩形(矩形、凸字形、凹字形)、椭圆形(纵向椭圆形、横向椭圆形)。公路盾构隧道一般采用单圆形盾构。

3.0.4 根据盾构隧道开挖直径,盾构隧道可分为超小型、小型、中型、大型、超大型、特大型。公路盾构隧道多为大型、特大型。盾构隧道按开挖直径分级如表3.0.4所示。

表 3.0.4 盾构隧道开挖直径分级

按开挖直径分级	直径 D(m)	备 注
微型盾构	$D<1$	
小型盾构	$1 \leqslant D < 3.5$	
中型盾构	$3.5 \leqslant D < 7$	单车道公路隧道
大型盾构	$7 \leqslant D < 12$	双车道公路隧道
特大型盾构	$12 \leqslant D < 16$	三车道公路隧道
超大型盾构	$16 \leqslant D$	四车道公路隧道

3.0.5 根据盾构隧道承受水压力的大小,可将其按表3.0.5分为四级。

表 3.0.5　盾构隧道按水压条件分级

按水压条件分级	水压力 P(MPa)	按水压条件分级	水压力 P(MPa)
低水压盾构隧道	P<0.3	高水压盾构隧道	0.7≤P<1.0
中水压盾构隧道	0.3≤P<0.7	超高水压盾构隧道	P≥1.0

3.0.6　根据盾构隧道双洞净距情况,可将其按表 3.0.6 分为三类。

表 3.0.6　盾构隧道布置方式分类

按布置方式分类	净距 B	按布置方式分类	净距 B
分离式隧道	B≥1.5D	超小净距隧道	B≤0.5D
小净距隧道	0.5D≤B<1.5D		

注:D 为盾构隧道开挖直径。

3.0.7　根据盾构隧道与场地地质条件的关系,可将隧道建设场地条件按表 3.0.7 分为三级。

表 3.0.7　隧道场地条件分级

按场地条件分级	场地描述
简单场地	洞身全部位于较为均匀的土层中;洞身在岩层中,上部岩层厚度大于 0.5 倍洞径
中等场地	洞身附近土层物理力学参数差异较大; 洞身位于岩层中,但是上部岩层厚度小于 0.5 倍洞径
复杂场地	洞身位于岩土交界面附近

3.0.8　根据环境条件对隧道主体结构耐久性的影响程度,隧道的环境作用等级应按表 3.0.8 划分。

表 3.0.8　隧道环境类别的作用等级

环境类别	环境作用等级					
	轻微	轻度	中度	严重	非常严重	极端严重
一般环境(Ⅰ类)	A	B	C			
冻融环境(Ⅱ类)			C	D	E	
海洋氯化物环境(Ⅲ类)			C	D	E	F
除冰盐环境(Ⅳ类)			C	D	E	
化学腐蚀环境(Ⅴ类)			C	D	E	

注:1. 一般环境(Ⅰ类):下穿江河湖泊的水下隧道及海底隧道两岸不受海水侵蚀的区域。
　　2. 冻融环境(Ⅱ类):寒冷地区隧道的洞口段,主要为衬砌及洞门的外表面。
　　3. 海洋氯化物环境(Ⅲ类):海底隧道初期支护两侧及二次衬砌结构的临土侧。
　　4. 除冰盐环境(Ⅳ类):寒冷地区隧道的洞口段,主要为洞口衬砌内侧、结构底板、边沟与电缆沟。
　　5. 化学腐蚀环境(Ⅴ类):地下环境中硫酸根离子、碳酸根离子或酸碱度等,主要为衬砌临土侧。

3.0.9　隧道主体结构的防水标准应按表 3.0.9 确定。

表 3.0.9　盾构隧道防水分级

防水等级	防水标准	适用范围
一级	不允许渗水,结构表面无湿渍	地下风机房及大型电气设备洞室、电缆沟等
二级	不允许渗水,结构表面可有少量湿渍; 总湿渍面积不应大于总防水面积的 2/1 000;任意 100m² 防水面积上的湿渍不超过 3 处,单个湿渍的最大面积不大于 0.2m²;平均渗水量不大于 0.05L/(m²·d),任意 100m² 防水面积上的渗水量不大于 0.15L/(m²·d)	盾构管片衬砌结构及管内结构
三级	有少量漏水点,不得有线流和漏泥沙; 任意 100m² 防水面积上的漏水或湿渍点数不超过 7 处,单个漏水点的最大漏水量不大于 2.5L/d,单个湿渍的最大面积不大于 0.3m²	通风竖井或斜井
四级	有漏水点,不得有线流和漏泥沙; 整个工程平均渗水量不大于 2L/(m²·d),任意 100m² 防水面积上的渗水量不大于 4L/(m²·d)	施工辅助坑道

3.0.10 隧道主体结构混凝土的抗渗等级应根据表 3.0.10 确定。

表 3.0.10　防水混凝土设计抗渗等级

工程埋置深度 H(m)	设计抗渗等级	工程埋置深度 H(m)	设计抗渗等级
$H<10$	P6	$20 \leqslant H < 30$	P10
$10 \leqslant H < 20$	P8	$H \geqslant 30$	P12

3.0.11 隧道结构安全等级应按表 3.0.11 确定。

表 3.0.11　隧道结构的安全等级

结构安全等级	隧道结构	
一级	主体结构	管片、明洞、洞门、行车道板等
二级	一般结构	地下泵房、横通道、风道、遮光棚等
三级	次要结构	边沟、电缆沟等

3.0.12 隧道邻近环境宜按表 3.0.12 分级。

表 3.0.12　隧道邻近环境条件分级

环境因素	简单	中等	复杂
建筑物	影响区内无敏感建筑物,或仅有少量简易平房	影响区内有少量敏感建筑物	影响区内敏感建筑物较多
地下管线	影响区内无污水、雨水、热力、煤气等对地层变形敏感的地下管线	影响区内有少量对地层变形敏感的地下管线	影响区内有大量对地层变形敏感的地下管线
道路	影响区内有城市次干道或四级公路	影响区内有城市主干道或二、三级公路	影响区内有城市快速路、一级公路或高速公路
航道锚地	影响区内无航道、锚地	影响区内存在小型航道、锚地	影响区内存在重要航道、锚地

续表 3.0.12

环境因素	简单	中等	复杂
码头	影响区内无码头	影响区内有小型码头	影响区内有大型重要码头
自然保护区	影响区仅有县市级自然保护区	影响区内有省级自然保护区	影响区内有国家级自然保护区

3.0.13 基坑支护安全等级应结合基坑开挖深度、邻近环境条件等级、地质条件等级按表3.0.13确定。

表 3.0.13 基坑支护安全等级

邻近环境条件等级		简单			中等			复杂		
地基复杂程度*		简单	中等	复杂	简单	中等	复杂	简单	中等	复杂
基坑开挖深度 H (m)	$H \geq 20$	一级	一级	一级	一级	特级	特级	特级	特级	特级
	$14 < H \leq 20$	一级	一级	一级	一级	一级	一级	一级	一级	特级
	$7 < H \leq 14$	二级	二级	二级	二级	二级	二级	二级	二级	一级
	$H \leq 7$	三级	三级	二级	三级	二级	二级	二级	二级	二级

注：*地基复杂程度根据场地地基土性软弱程度及水文地质条件分类如下：
(1)简单：2H深度范围内土性较好；无暗浜(塘)分布；水文地质条件简单。
(2)中等：2H深度范围内存在淤泥质黏土、中密碎石土、砂土和黏土；水文地质条件：距离江河湖海大于1.5H，但无水力联系。
(3)复杂：2H深度范围内存在厚度较大的极软弱淤泥质土，坑底存在厚度较大的粉土或砂土且隔水帷幕无法隔断；存在大面积填土(厚度大于3m)、暗浜(塘)分布；水文地质条件：邻近水体(约1.5H范围内)并有水力联系；基坑范围内有渗透性较大的含水层并存在承压水。

3.0.14 根据风险发生概率和风险损失情况，盾构隧道的风险等级应按表3.0.14分为四级。

表 3.0.14 风险等级判别

风险发生概率		风险损失				
		1	2	3	4	5
		很小	较小	较大	很大	极大
1	几乎不可能发生或 $P_f < 0.0003$	Ⅰ	Ⅰ	Ⅱ	Ⅱ	Ⅲ
2	很少发生或 $0.0003 \leq P_f < 0.003$	Ⅰ	Ⅱ	Ⅱ	Ⅲ	Ⅲ
3	偶然发生或 $0.003 \leq P_f < 0.03$	Ⅱ	Ⅱ	Ⅲ	Ⅲ	Ⅳ
4	可能发生或 $0.03 \leq P_f < 0.3$	Ⅱ	Ⅲ	Ⅲ	Ⅳ	Ⅳ
5	频繁发生或 $P_f \geq 0.3$	Ⅲ	Ⅲ	Ⅳ	Ⅳ	Ⅳ

注：1. P_f 为风险发生的概率值。
2. Ⅰ级：低度风险；Ⅱ级：中度风险；Ⅲ级：高度风险；Ⅳ级：极高风险。

4 地质勘察

4.1 一般规定

4.1.1 盾构隧道勘察阶段的划分应与设计阶段相适应,可分为前期勘察、初步勘察、详细勘察以及施工阶段的补充勘察。为降低盾构隧道建设风险,在各勘察阶段可针对复杂场地条件、特殊地质条件或施工过程中的特殊要求进行专项勘察。

4.1.2 盾构隧道地质勘察应按工程地质调绘、勘探测试、地质资料综合分析及报告编制的程序开展工作,应充分反映工程建设场地的工程地质及水文地质条件,为隧道设计与施工提供完整的地质资料。

4.1.3 盾构隧道的勘察方案、内容及手段应根据项目所处设计阶段及场地条件等因素确定,提供盾构隧道的总体设计、盾构选型、隧道结构设计、盾构施工及运营维护等所需要的岩土工程资料。

4.1.4 盾构隧道勘察应为下列工作提供勘察资料:
(1)隧道轴线和盾构始发与接收井位置的选定。
(2)盾构设备选型、设计制造和刀盘、刀具的选择。
(3)盾构管片及管片背后注浆设计。
(4)盾构推进压力、推进速度、盾构姿态等施工工艺参数的确定。
(5)土体改良设计。
(6)盾构始发与接收井端头加固设计与施工。
(7)盾构开仓检修与换刀位置的选定。
(8)工程风险评估、工程周边环境保护及工程监测方案设计。

4.1.5 应根据隧道所处地质条件、地形条件、邻近建(构)筑物及地下管线分布状况与隧道位置关系,按表3.0.7对隧道的场地条件进行分区后布置勘察工作。前期研究阶段的分区沿纵向长度不宜小于1km,初步设计阶段不宜小于500m,施工图阶段不宜小于100m。

4.2 资料收集与场地条件调查

4.2.1 应根据盾构隧道的总体布置、地质条件、环境条件、盾构选型、隧道规模及辅助工法等因素确定隧道设计各阶段资料收集与场地条件调查的内容。

4.2.2 应查明项目区域土地利用状况及权属关系,掌握市区、农田、林地、河海等不同用途土地利用的现状,对土地进行分类调查,确定有无矿产、文物需要保护。

4.2.3 应收集项目区域综合规划,调查盾构机大型设备等相关材料的交通运输情况。

4.2.4 应调查工作井的工程用地,盾构始发与接收设备堆放、管片预制厂及弃土弃渣处理场地的难易程度。

4.2.5 应调查河流、湖泊、江海等水域的周边情况,包括水域及堤坝岸床断面,水文、航道及水利等情况。

4.2.6 应调查工程用电的确保及给水排水设施的状况,确保盾构掘进期与隧道运营期电源、水源供给的合理配置。

4.3 地质勘察

4.3.1 盾构隧道勘察应符合下列要求:
(1)查明场地岩土类型、成因、分布与工程特性;重点查明高灵敏度软土层、松散砂土层、高塑性黏性土层、含承压水砂层、软硬不均地层、含漂石或卵石地层等的分布及其特征,分析评价其对盾构施工的影响。
(2)在基岩地区应查明岩土分界面位置、岩石坚硬程度、岩石风化程度、结构面发育情况、构造破碎带、岩脉的分布与特征等,分析其对盾构施工可能造成的危害。
(3)通过专项勘察查明岩溶、土洞、孤石、球状风化体、地下障碍物、有害气体的分布。
(4)提供砂土、卵石和全风化、强风化岩石的颗粒组成,最大粒径及曲率系数,不均匀系数,耐磨矿物成分及含量,岩石质量指标(RQD),土层的黏粒含量等。
(5)对盾构始发与接收井及区间联络通道的地质条件进行分析和评价,预测可能发生的岩土工程问题,提出岩土加固范围和方法的建议。
(6)根据隧道围岩条件、断面尺寸和形式,对盾构设备选型及刀盘、刀具的选择以及辅助工法的确定提出建议,并提供所需的岩土参数。
(7)根据围岩岩土条件及工程周边环境变形控制要求,对不良地质体的处理及环境保护提出建议。

4.3.2 黏性土地层勘察应符合下列要求：
(1)查明黏性土的黏粒含量和塑性特征。
(2)查明黏性土地层是否含有膨胀性矿物。
(3)提供软土的灵敏度指标、强度等物理力学参数。

4.3.3 砾砂类地层勘察应符合下列要求：
(1)查明砾砂地层的密实程度，确定相关物理力学参数。
(2)进行颗粒分析试验，确定常见硬矿物如石英、长石和角闪石的含量。
(3)分析各粒组含量，为渣土改良方案提供设计依据。
(4)结合地下水条件，做好地层的砂土液化可能性判别工作，确定可能引起涌水、涌砂和隧道渗漏的敏感地层区划。

4.3.4 砂卵石类地层勘察应符合下列要求：
(1)查明卵石、漂石的粒径分布以及胶结情况，应结合区域地质条件、岩土的成因以及已有地质资料进行分析判断，并提供最大粒径及曲率系数、不均匀系数等指标。
(2)查明直接影响盾构机刀盘开口率和排渣系统尺寸的砂卵石地层粒径尺寸。
(3)查清泥浆浓度选择(泥水平衡盾构机)和渣土改良剂掺入比设定(土压平衡盾构机)的砂卵石地层的粒径分布和赋水情况。

4.3.5 复合地层勘察应符合下列要求：
(1)查明上软下硬的硬地层层面和不同程度的岩石风化界面。
(2)查明砂土地层和风化岩层界面。
(3)查明软土层和风化岩层界面。
(4)查明耐磨矿物成分及含量。

4.3.6 岩石地层勘察应查明直接影响盾构机设计和施工参数的岩石类型、风化程度、硬矿物含量、完整性系数和岩体质量指标(RQD)等。

4.3.7 冻结法勘察应符合下列规定：
(1)查明需冻结土层的分布及物理力学性质，其中包括含水率、饱和度、固结系数、抗剪强度。
(2)查明需冻结土层周围含水层的分布，提供地下水流速、地下水中的含盐量。
(3)提供地层温度、热物理指标、冻胀率、融沉系数等参数。
(4)查明冻结施工场地周围的建筑物、地下管线等分布情况，分析冻结法施工对周边环境的影响。

4.3.8 盾构下穿地表水体时应调查地表水与地下水之间的水力联系，分析地表水体对盾构施工可能造成的危害。

4.3.9 应分析评价盾构隧道下伏的淤泥层及易产生液化的饱和粉土层、砂层对盾构施工和运营的影响,提出处理措施的建议。

4.3.10 前期地质勘察应满足路线方案及工法比选的需要,并正确评价隧址区域的工程地质、水文地质条件,对影响路线方案的重大地质问题应给出可靠的结论。前期地质勘察应符合下列规定:
(1)查明区域地质构造及沿线地层分布状况。
(2)以地质调绘、地质遥感及物探为主,可辅以必要的钻探。
(3)应进行专题水文分析及河海床演变分析。
(4)每一隧道轴线方案均应进行物探,当勘察条件复杂时,应适当布置横断面测线。

4.3.11 对地质条件复杂的盾构隧道,预可行性研究阶段宜进行地质勘察。但当符合下列条件之一时,预可行性研究阶段可不进行地质勘察工作:
(1)场地条件分级为简单。
(2)区域附近有其他工程的地质勘察资料可以利用。
(3)有区域地质遥感资料。
(4)收集的相关地质资料能够满足预可行性研究的需要。

4.3.12 初步地质勘察应符合下列规定:
(1)在路线基本走向范围内,对可能作为隧道线位的区间进行地质勘察。
(2)以地质调绘及物探为主,配合必要的钻探及其他勘探工作。
(3)初步查明沿线地层分布特点及性质、不良地质及范围、地下水的分布及特性等。
(4)重点勘察不良地质地段,明确对隧道方案的影响程度。
(5)对影响方案比选的重大地质问题可开展专项论证工作。

4.3.13 详细地质勘察应符合下列规定:
(1)应充分利用已有地质资料,采用钻探、物探、原位测试等综合勘测手段。
(2)按场地条件分区分段查明沿线工程地质条件,提供区内所有岩层及土层的物理力学参数。
(3)查明地下水类型及相关参数,并评价其对拟建工程的影响。
(4)对地震基本烈度为7度及其以上的区域应进行场地地震安全性评价。
(5)查明不良地质及地下障碍物,分析其对工程的影响,并提出建议与对策。
(6)对特殊地质区段或复杂单项工程可开展专门的岩土工程勘察。

4.4 地质勘察方法

4.4.1 盾构隧道在各阶段勘察过程中均应进行地质调绘工作,并应符合下列规定:
(1)调绘手段可采用观察、挖探、手持式钻探等多种方法。

(2)调绘范围为路线两侧不小于1km,不良地质地段及地质条件复杂的路段应扩大调绘范围。

(3)调绘内容主要为查明或核对隧道区域地质构造、地层岩性、水文条件及特殊地质问题等。

(4)前期勘察及初步勘察应将调绘作为主要的勘察手段之一,详细勘察阶段调绘主要是对地质工作中的遗留问题进行补充和验证。

4.4.2 当场区内基岩对隧道产生影响时,应开展物探工作。物探工作应符合下列规定:

(1)前期勘察以轴线探测为主,可辅以必要的横断面勘察。

(2)初步勘察及详细勘察应以网格状探测为主。

(3)物探应与调绘、钻探工作相结合,以提高解译的准确性。

(4)物探宽度可根据路线比选范围及结构特点确定,水域地段不应小于结构边线外侧150m;陆域地段不应小于结构边线外侧100m。

(5)当物探效果较好时,可以加大物探密度;当物探效果较差时,可以减少甚至取消物探工作。

4.4.3 盾构隧道的物探工作可参照表4.4.3执行。

表4.4.3 盾构隧道的物探工作要求

勘察阶段	场地条件分级		
	简单	中等	复杂
前期勘察	物探纵断面每轴线不少于1条	物探纵断面每轴线不少于1条;地质疑问处宜布置物探横断面	物探纵断面每轴线不少于1条;物探横断面间距不大于500m
初步勘察	物探纵断面每轴线不少于1条;物探横断面间距不大于500m	物探纵断面每洞室不少于1条;物探横断面间距不大于200m	物探纵断面每洞室不少于2条;物探横断面间距不大于150m
详细勘察	物探纵断面每洞室不少于1条;物探横断面间距不大于150m	物探纵断面每洞室不少于2条;物探横断面间距不大于100m	物探纵断面每洞室不少于3条;物探横断面间距不大于50m

4.4.4 盾构隧道各阶段勘察均应进行钻探,以核实地层信息,获取地层物理力学参数。

4.4.5 盾构隧道的钻探工作应符合表4.4.5的规定。

表4.4.5 盾构隧道的钻孔间距要求(m)

勘察阶段	场地条件分级		
	简单	中等	复杂
前期勘察	800~1 000	500~800	300~500
初步勘察	200~300	150~200	100~150
详细勘察	75~100	50~75	25~50

注:当为多排钻孔时,钻孔间距指全部钻孔在隧道轴线上投影的距离。

4.4.6 盾构隧道的钻孔布设应符合下列规定：
(1)钻孔布设在隧道外侧 5～8m 处。
(2)当为单洞时宜在两侧交错布置，当为多洞并行时，宜多排交错布置。
(3)双洞并行时钻孔数应在表 4.4.5 基础上增加 30%～50%，多洞并行时应增加 60%～100%。
(4)隧道工作井勘探孔间距宜为 20～35m，且不应少于 3 个。

4.4.7 盾构隧道钻孔深度应达到隧道底板以下 1.0D～2.0D（D 为盾构隧道外径）。

4.4.8 在隧道前期及初步勘察阶段，应布置适当数量的控制性钻孔。前期勘察阶段控制性钻孔应不低于总钻孔数量的 50%，初步勘察阶段控制性钻孔应不低于总钻孔数量的 25%。控制性钻孔深度应达到隧道底板以下 2.0D～3.0D（D 为盾构隧道外径）。当下部为基岩时孔深可适当减小，但不应低于第 4.4.5 条的要求。

4.4.9 地质钻孔应符合下列规定：
(1)根据地质条件及设计需要，选择代表性地段进行孔内弹性波测试、分段抽水试验、孔内摄像及跨孔物探等工作。
(2)应在各勘察阶段选择有代表性的地质钻孔进行简易抽水或注水等试验，测定地下水的水位、压力、岩土层的渗透特性等。
(3)水中钻孔完毕后应进行全孔封堵，水下部分岩层（含强风化岩层）应采用水下水泥砂浆封堵，土层（含全风化层）须采用黏性土封堵。

4.4.10 在隧道勘察过程中，陆域地段及比较线上工作量可适当减少，各阶段物探及钻探工作量应充分利用前阶段工作成果。

4.4.11 当地质条件复杂或水文地质条件对隧道影响较大时，前期勘察阶段宜开展水文地质勘察工作，初步勘察阶段宜进行水文地质专题研究。水文动态观测宜安排在详勘以前进行。抽水试验应合理布置水位观测孔，确定场地各含水层的渗透系数和渗透影响半径。

4.4.12 在地质勘察过程中，不仅要进行常规的岩土物理力学参数试验及常规水质分析，而且还应进行非常规的岩土物理力学参数试验，如土的渗透系数、无侧限抗压强度、变形模量、土的热物理指标等。

4.4.13 所有的勘探点（孔）宜分层取样进行土工试验或岩石物理力学试验，满足每一岩土层的重要参数试验不应少于 6 个数据的取样。

4.5 邻近环境条件勘察

4.5.1 盾构隧道选定路线之前,应重点查明对盾构掘进有障碍的物件,以确保盾构工程的安全掘进。

(1)查明各种建构筑物的用途、使用情况、结构形式及基础埋深。

(2)查明各类埋设物(给水排水管道、电力洞室、通信管道、燃气管道等)的位置、结构、管径、条数。

(3)查明水井及古井的位置、深度、利用情况、缺氧程度、地下水的年度水位变化及水质情况。

(4)查明建(构)筑物残留物及临时工程残留物的状况,掌握工程经历及工程状况(土地管理者、道路管理者、埋设权属单位、施工单位),掌握遗留物、回填状态、土壤及地下水的污染状况等。

4.5.2 在盾构隧道勘察过程中,应进行与隧道设计施工相关的邻近条件勘察工作,主要包括以下内容:

(1)邻近港口、码头及航道。

(2)附近公路、铁路及城市道路。

(3)邻近建筑物、军事设施和公用设施。

(4)邻近地下管线。

(5)影响隧道方案及施工的其他邻近条件。

4.5.3 邻近建(构)筑物及地下管线的调查范围每侧均应不小于基坑开挖深度或隧道埋置深度的 2 倍,当地质条件较差或附近有重要建(构)筑物、精密仪器与设备的厂房时,应适当扩大调查范围,并符合下列规定:

(1)对于居民住宅、宾馆、厂房等邻近建筑物,应查明其产权归属、建成时间、平面位置、结构形式、基础形式与埋深、倾斜与裂缝情况及保护要求等。

(2)对于隧道、桥梁、纪念碑、防汛墙(坝)、共同沟等邻近构筑物,应查明其管理部门、平面位置、基础布置及埋深、材料类型、断面尺寸、受力情况及保护要求等。

(3)对于雨水管、污水管、自来水总管、煤气管、电力通信管等地下管线,应查明其平面位置、直径、埋深、接头形式、压力、输送的物质(油、气、水等)及保护、迁改要求等。

4.5.4 当隧道可能对通航、码头、航空设施、防洪设施、城市重要基础设施、重要历史建筑或军事设施等有影响时,应在前期或初步勘察阶段进行专题评估,设计阶段应根据评估结论进行特殊勘察及处置设计。

4.5.5 对不能拆迁而需要原地保护的重要建筑物、特殊地下管线以及其他设施应进行专题评估,内容应包括:保护对象的现状、沉降及位移控制标准、保护措施、监测方案、危机处理以及施工后评估等。

4.5.6 盾构隧道应进行地下障碍物勘察,查明隧道通过区域是否存在废弃地下建筑或建筑基桩,通航水域是否存在沉船、大型铁制构件以及废弃炸弹等水下障碍物。

4.5.7 应对盾构法施工对周边环境有影响的项目进行环境条件勘察,包括噪声及振动、地基变形、浆液污染、弃土处理等。

4.6 地质勘察报告编制

4.6.1 勘察报告文字说明应包括下列内容:
(1)勘察任务依据、拟建工程概况、执行的技术标准、勘察目的与要求、勘察范围、勘察方法、完成工作量等。
(2)区域地质概况及勘察场地的地形、地貌、水文、气象条件。
(3)场地地面条件及工程周边环境条件等。
(4)岩土特征描述,岩土分区与分层,岩土物理力学性质,岩土施工工程分级。
(5)地下水类型、赋存、补给、径流、排泄条件,地下水位及其变化幅度,地层的透水及隔水性质。
(6)不良地质作用、特殊性岩土的描述,及其对工程危害程度的评价。
(7)场地土类型、场地类别、抗震设防烈度、液化判别。
(8)场地稳定性和适宜性评价。
(9)岩土工程分析评价,并提出相应的建议;对盾构始发与接收井端头及区间联络通道岩土加固方法的建议;对不良地质作用及特殊性岩土可能引起的盾构法施工风险提出控制措施的建议。
(10)其他需要说明的问题。

4.6.2 勘察报告图表应包括下列内容:
(1)标准贯入试验、静力触探等原位测试,岩土室内试验,抽水试验,水质分析等成果表。
(2)各岩土层的原位测试、岩土室内试验统计汇总表;地震液化判别成果表。
(3)各岩土物理力学性质指标综合统计表及参数建议值表。
(4)区域地质构造图、水文地质图。
(5)线路综合工程地质图、工程地质及水文地质分区图。
(6)水文地质试验成果图。
(7)钻孔柱状图,岩芯照片。
(8)波速、电阻率测井试验成果图,静力触探、荷载试验等原位测试曲线图。
(9)填土、软土及基岩埋深等值线图。

4.6.3 勘察报告可附室内土工试验、岩石试验、岩矿鉴定等试验原始记录。

4.6.4 盾构隧道勘察岩土参数应根据表 4.6.4 的规定进行选取。

表 4.6.4 盾构隧道勘察岩土参数选择

类　　别	参　　数
地下水	1. 地下水位； 2. 孔隙水压力； 3. 渗透系数； 4. 腐蚀性离子的含量； 5. 地下水流速； 6. 地下水含盐量
力学性质	1. 无侧限抗压强度； 2. 黏聚力、内摩擦角； 3. 压缩模量、压缩系数； 4. 泊松比； 5. 静止侧压力系数； 6. 标准贯入锤击数； 7. 基床系数； 8. 岩石质量指标（RQD）； 9. 岩石天然湿度抗压强度
物理性质	1. 比重、含水率、密度、孔隙比； 2. 含砾石量、含砂量、含粉砂量、含黏土量； 3. d_{10}，d_{30}，d_{60} 及不均匀系数 d_{60}/d_{10}； 4. 砾石中的石英、长石等硬质矿物含量； 5. 最大粒径、砾石形状、尺寸及硬度； 6. 颗粒级配； 7. 液限、塑限； 8. 灵敏度； 9. 围岩的纵横波速度； 10. 岩石岩矿物组成及硬质矿物含量； 11. 地层温度、热物理指标、冻胀率、融沉系数等
有害气体	1. 土的化学成分； 2. 有害气体成分、压力、含量

5 总体设计

5.1 一般规定

5.1.1 公路盾构隧道勘察设计过程中,应根据公路等级、隧道长度及交通量大小等控制因素合理确定盾构隧道勘察设计标准与工作内容,有效地控制其工程规模及设计质量。

5.1.2 公路盾构隧道总体设计应满足工程影响区域的交通规划、航道规划、岸线规划、防洪规划、城市总体规划、交通功能等方面的要求,协调好与地面建筑物、地下构筑物、地下管线、堤坝、城市轨道交通及其他公用设施的关系。

5.1.3 公路盾构隧道总体设计应符合下列原则:
(1)隧道洞内外平、纵线形应协调,符合行车安全与行车舒适的要求。
(2)应根据公路等级、设计速度、设备布置、防灾和救援等要求确定车道数、建筑限界和净空断面。
(3)在满足隧道功能和结构受力良好的前提下,确定合理的隧道断面形式和隧道结构形式,并满足维修管理方便的要求。
(4)根据区域地质条件、水文地质条件及相应设计阶段的要求,制订地质勘察方案,充分利用地质遥感资料、附近其他工程的地质资料和必要的地质勘查资料进行隧道方案比选。
(5)应根据项目技术标准、区域地质条件、水文条件及邻近环境条件,并和其他工法的施工安全性、技术可行性、经济合理性与环境适应性等方面进行充分比较与论证。

5.1.4 公路盾构隧道总体设计应在充分研究已有资料的基础上进行,根据拟定的技术标准,对平面线位、纵面线形、横断面布置、洞口位置、始发与接收及两端接线方案等进行综合比选。

5.1.5 公路盾构隧道应避免穿越工程地质、水文地质特别复杂及严重不良地质发育的区域,应尽量避开水域深槽以及河(海)势变化较大的地段。当隧道之间、隧道与相邻建构筑物之间存在相互影响时,应在设计与施工中采取必要的技术处置措施。

5.1.6 公路盾构隧道总体布置、土建结构、通风照明、消防排水、供配电等运营管理系统及附属设施等,应能满足隧道正常运营、管理维护、防灾救援等方面的需要。

5.1.7 公路盾构隧道应根据项目总体方案、环境条件以及施工工期等制订安全、经济、合理的指导性施工组织方案,为隧道施工及建设管理提供参考,保障工程的顺利实施。

5.1.8 盾构施工组织设计、施工方案应满足合同工期和施工进度的要求,在规定的施工区域内正确处理施工期间所需各项设施之间的空间关系。

5.2 隧道位置选择

5.2.1 盾构隧道位置宜选择在地层稳定、河(海)床顺直、河(海)道较窄、河(海)水较浅又无深槽、水域相对稳定及接线方便的地段,应避免从下列地段穿越:
(1)工程地质和水文地质条件极为复杂、存在严重不良地质的地段。
(2)冲淤严重及不稳定的河(海)段。
(3)高地震烈度地区易出现地震液化、地震沉陷、地震边坡失稳等区域。
(4)存在活动性断裂的地段。
当必须从上述地段通过时,应有切实可靠的工程措施。

5.2.2 盾构隧道位置选择应遵循下列原则:
(1)宜选择在均匀土层及砂质地层穿越。
(2)宜选择在穿越河(海)床冲淤较浅、河(海)床对称及稳定的区段。
(3)宜布设在河海港湾的浅水区、软弱不透水的深堆积黏土层等区段。

5.2.3 盾构隧道宜避开穿越下列地段:
(1)较密集的地上及地下建筑物。
(2)给水排水管道、电力洞室、通信管道、燃气管道等地下埋设物。
(3)水井及古井。
(4)建筑物残留物及临时工程残留物。
(5)隧道洞身处于偏压地形、塌陷性砂层、高水压下的混杂大卵石的砾石层、软弱淤泥及黏土层、缺氧气体及有害气体的土层。

5.2.4 盾构隧道通过障碍物时,应采取工程治理措施,并应符合下列原则:
(1)有代表性的障碍物就是挖方工程所用的挡土墙及临时的栈桥桩等残留物,另外,当不得不从老朽护岸及桥脚下穿过时,桩基就是障碍物,也有时必须边切断边进行掘进。障碍物的清除方法视其形状尺寸、材质、位置,现场状况及与盾构之间的位置关系等而异,必须综合判断其安全性、经济性等再决定其清除方法。
(2)研究清除方法的主要影响因素如下:由地表进行作业的可能性、与盾构之间的距离、障碍物的数量(单独桩或地下连续墙等)、桩的形状及其施工方法等。

(3)决定盾构隧道的通过位置,当事前已经明确障碍物位置及材质时,就要考虑刀具的形状、排列情况及材质也有被切断的可能,此时要考虑刀具的更换及维修保养,在盾构机的前面设置供人出入的闸门及人孔以便在机内进行必要的作业。

(4)当在桥墩、桥台、建筑物或铁道与地下埋设物附件等进行邻近工程施工时,尽量保持一定间距,确保不对这些建筑物产生诸如偏压及沉降与振动等不良影响。

(5)当不能确保足够的间距时,要根据建构物的设计条件及现状调整结果,在充分研究对这些建构筑物影响的基础上,按实际需要采用药液注浆等地基加固方法或采用托换基础的方式,对建(构)筑物进行防护。

5.2.5 盾构隧道间距需综合考虑通过位置的土质特性、盾构外径、盾构机种等确定,一般情况下要保持在 1D 以上(D 为隧道外径);当受初始掘进的区间及道路宽度、障碍物等条件的限制不能满足 1D 以上的间距,需采取有效的措施。

5.2.6 盾构隧道设置为并行隧道时,设计应注意下列事项:

(1)隧道的相互位置关系。并行隧道间的距离在后续隧道的外径(1D)以内,特别是当为 $0.5D$ 以内时,两洞相互影响显著。

(2)隧道的开挖顺序。当为上下并行隧道时,由于开挖的顺序不同对先行隧道的影响不同。

(3)周边地基的土质。对于灵敏度高的软弱黏性土地基及自稳性差的砂土地基来说,并行隧道在后续隧道施工时的相互影响显著。

(4)隧道外径。与先行隧道相比,后续盾构的外径越大,对先行隧道的影响也就越大。

(5)后续盾构的施工时期。宜在先行隧道施工完成后且待土体稳定之后再施工后续盾构,并行隧道不单纯针对先行隧道的横断面方向,包括纵断面方向上应进行分析论证。

(6)并行隧道施工时,必须充分考虑土质条件,尽量不要扰动隧道周边地基。应结合参考预测解析的结果等,确定掘进管理控制标准。

5.2.7 盾构隧道的纵断面线形应综合施工时的作业效率(挖掘土砂及材料的搬进搬出、作业人员的升降等)的高低,修建竖井难易程度,水处理的方便性及完成后的维修管理及运营的便利性等方面考虑,并应有适当合理的覆盖土厚度。一般情况下,最小的覆盖土厚度为 $1D \sim 1.5D$。

5.2.8 大深度盾构隧道的始发与接收设置应充分考虑设备器材的搬入搬出对施工周期的影响。必须考虑引进可缩短搬出时间的设备,对安全设备、换气设备等应进行论证与分析。

5.2.9 盾构通过位置应选择在含甲烷气体的可能性小且地层变化少的稳定地层,当无法绕避必须穿过含可燃性气体的土层时,应按照气体爆炸的危险度采取相应的安全措施。对于可燃性气体,作为顶部可起封堵作用的黏土层的必要厚度,应根据该层的土质特性及其正下方的可燃性气体的存在状态等确定,当为比较理想的黏土质地层时,一般为 3~4m。

5.2.10 隧道位置选择应充分考虑对环境的影响,应在施工之前及施工过程中对预测盾构法给周边环境带来影响的下列项目实施调查:

(1)噪声及振动对医院、学校及居民区等环境敏感区的影响。
(2)地基变形对既有民宅、建(构)筑物的影响。
(3)药液注浆对工程范围内的水井、河流水质的影响,监测药液泄漏对水质的污染的影响程度。
(4)弃渣场地的位置及搬运路线与处理方法对环境的影响。

5.2.11 公路盾构隧道洞口位置选择应综合考虑下列因素:

(1)应综合堤坝安全、施工工法、工程规模、地形、地质、水文、航运、施工、接线工程和生态环境等因素进行方案比选。
(2)洞口距河流永久稳定岸坡的距离不宜小于50m,同时应满足当地管理部门的要求,并应避免对驳岸、码头等既有构筑物的不良影响。
(3)洞口设计高程应按比100年一遇洪水位高0.5m的标准设计,若洞口高程无法满足,应采取防洪措施。
(4)洞口位置的选择应与周围自然环境相协调,宜绕避居民点;当不能避开时,应评估噪声、水质污染等对居民及环境的危害,制定降噪、控制污染等环境保护措施。
(5)洞口位置的选择应与前后构造物协调。
(6)洞口应避免建在滑坡、岩堆和泥石流等处,并应控制路堑边坡和仰坡开挖高度。

5.2.12 工作井的位置选择应符合下列规定:

(1)工作井的布置应符合路线总体设计原则,综合考虑路线平纵控制要素、工作井两端控制性建筑物、水系的分布、工作井功能要求等因素,尽量减小工作井深度。
(2)盾构工作井位置的选择应综合考虑施工与运营的需要,应能满足隧道施工阶段盾构吊装、拼装、解体、始发、接收及调头需要,并满足隧道运营阶段的使用功能的要求。
(3)工作井井口应满足防洪要求,井口位置高程宜高出洪水频率为1/100的水位至少0.5m;对于不满足防洪要求的特殊建设条件,应在隧道口设置防洪设施。
(4)应根据建设场地周边环境等合理确定工作井处的覆土厚度。
(5)工作井宜设置在拆迁量小、对附近居民的噪声和振动影响少、不影响地面交通的区域,应为工程施工创造较好的场地条件。

5.3 隧道线形设计

5.3.1 盾构隧道的平纵线形应根据地形地质条件、水文条件、路线走向、工作井位置和沿线障碍物等因素确定,洞门内外平、纵线形应相互协调,并应满足工程沿线主要控制条件,与两岸路网连接顺畅。

5.3.2 隧道洞口内外平纵线形应保持一致。平面不宜小于按设计车速计算的3s行程长度,纵面不宜小于 5s 行程长度。

5.3.3 公路隧道不设超高的圆曲线最小半径应符合表 5.3.3-1 的规定,判断隧道是否需要横向加宽的停车视距见表 5.3.3-2。

表 5.3.3-1　不设超高的圆曲线最小半径(m)

设计速度(km/h)		100	80	60	40
路拱坡度(%)	≤2.0	4 000	3 350	1 500	600
	>2.0	5 250	2 500	1 900	800

表 5.3.3-2　公路隧道停车视距

公路等级	高速公路、一级公路			
设计速度(km/h)	100	80	60	40
停车视距(m)	160	110	75	40

5.3.4 盾构隧道可采用不设超高的大半径平曲线,当必须采用设超高的平曲线时,超高值不宜大于4%。盾构隧道平曲线半径不应小于50D(D 为隧道外径),并不得采用需加宽的平曲线。

5.3.5 盾构隧道小半径平面线形应充分考虑隧道建筑限界、盾构机尺寸、盾构机的铰接装置和仿形刀装置、隧道轴线控制、隧道整体外侧偏移、纠偏量大引起的沉降量等因素进行综合确定。两车道隧道最小半径不应小于450m,三车道隧道最小半径不应小于600m。

5.3.6 盾构隧道纵断面线形应充分考虑地质地形条件、施工安全、行车安全、工程规模、通风方案、营运费用等方面要求,并符合下列规定:
(1)可根据地形、地质条件设计为"U"形、"V"形、"W"形。
(2)隧道最小纵坡不宜小于0.5%,最大纵坡不宜大于表 5.3.6-1 的取值。

表 5.3.6-1　水下隧道最大纵坡参考值

设计速度(km/h)	限制大型车通行	大型车混入率15%以内	大型车混入率30%以内
100	3.5	3.0	2.5
80	4.5	3.5	3.0
60	5.0	4.0	3.5
40	6.0	5.0	4.0

注:1. 大型车指中型货车、大型货车及拖挂车。
　　2. 表中为折算为标准车后的交通量比例。

(3)当隧道纵坡大于4%时,应对隧道行车安全、通风方案和运营费用等方面进行技术、经济分析。
(4)隧道内纵坡的变换不宜过大、过频,以保证行车的安全视距和舒适性。凸形竖曲线和凹形竖曲线的最小半径和最小长度应符合表 5.3.6-2 的规定。

表 5.3.6-2 竖曲线最小半径和最小长度（m）

设计速度(km/h)		100	80	60	40
凸形竖曲线半径	一般值	10 000	4 500	2 000	700
	极限值	6 500	3 000	1 400	450
凹形竖曲线半径	一般值	4 500	3 000	1 500	700
	极限值	3 000	2 000	1 000	450
竖曲线长度		85	70	50	35

5.3.7 盾构隧道纵面应根据下列因素综合分析确定：
（1）纵面设计应考虑规划航道深度、河床冲刷及航道疏浚的影响。
（2）通航水域的最小覆土厚度应大于通航船只抛锚入土深度要求。
（3）隧道施工期间顶部覆盖层厚度在水域段不宜小于 1.0D（D 为隧道外径），并不应小于 0.65D；隧道运营期间最小覆盖层厚度应满足隧道抗浮及结构稳定要求。
（4）始发及接收工作井附近的覆盖层厚度不宜小于 0.6D。

5.3.8 当隧道与既有隧道或地下构筑物距离较近或交叉时，其合理间距应根据地质条件、地下水发育程度、结构安全、地层变形要求以及施工工艺等综合研究确定。

5.3.9 隧道出入口的平纵设计应充分考虑洞口景观效果、行车安全、洞口防洪等需要。接地点附近可设置为反向坡，形成"驼峰"，以防止地面水汇入隧道内。

5.3.10 长度大于 1 000 m 的盾构隧道，应在洞口外的中央分隔带设置开口或"X形"转向车道，以方便紧急救援或特殊情况下隧道双向通行的交通组织。

5.4 隧道横断面设计

5.4.1 隧道横断面设计应根据使用功能进行明确分区，满足行车安全、事故疏散迅速、日常维护检修方便等的要求，在满足建筑限界要求的前提下，应充分利用空间、合理布置运营设备和安全疏散设施，适当控制断面的规模尺寸。

5.4.2 各级公路盾构隧道的建筑限界标准应符合现行《公路工程技术标准》（JTG B01）的规定，建筑限界内不得有任何部件（包括通风照明、安全监控和内装饰等附属设施）侵入。服务隧道、紧急逃生通道、车行横洞、人行横洞等附属通道的建筑限界及净空断面应根据使用要求确定。

5.4.3 城市道路盾构隧道的建筑限界应根据隧道两端连接道路的等级及交通量组成等因素确定。当隧道为小汽车专用通道时，其建筑限界应通过专项论证，并结合路网、交通管理和行车安全措施确定。

5.4.4 隧道内轮廓设计除应符合隧道建筑限界的规定外,还应为隧道通风、照明、消防、监控等营运管理设施及内部装修提供安装空间,同时还应考虑施工误差、测量误差、结构受力变形及后期沉降的影响,并应符合下列规定:
　　(1)盾构隧道的净空断面,与行车限界控制点的间距不宜小于 15cm,与检修(行人)道限界控制点的间距不宜小于 10cm。
　　(2)当有可靠措施可保证结构内轮廓不侵入限界时,富余量也可适当降低。

5.4.5 公路盾构隧道应根据规划区的隧道长度、交通量及交通安全等因素确定检修道的设置方案,并符合下列规定:
　　(1)两车道隧道可设置单侧或双侧检修道,三车道隧道不宜设检修道。
　　(2)长度大于 1 000m 的盾构隧道不宜设置人行道。
　　(3)当隧道设计行车速度大于 80km/h 时,检修道宽度不宜小于 1m。
　　(4)仅单侧设置检修道的隧道,检修道宜设置在隧道左侧或服务隧道(逃生通道)一侧,以方便检修与逃生。
　　(5)设有管线管廊的盾构隧道可不设检修道。

5.4.6 隧道内检修道(人行道)高度宜为 25～40cm,最大高度不应大于 80cm,并应综合考虑下列因素:
　　(1)检修人员(行人)使用时的安全。
　　(2)紧急情况时,驾乘人员拿取消防设备的方便性。
　　(3)满足其下放置电缆、光缆、给水管等空间尺寸的要求。
　　(4)当人行道高度大于 40cm 时,外侧应设置安全护栏。

5.4.7 盾构隧道侧向宽度、余宽设置应符合下列规定:
　　(1)左、右两侧侧向宽度取值应符合《公路隧道设计规范》(JTG D70)要求。当隧道为城市范围内的新建或改建工程道路时,侧向宽度可按《城市道路工程设计规范》(CJJ 37)取值。
　　(2)当不设检修道时,应设置不小于 25cm 的余宽。

5.4.8 公路盾构隧道横断面布置应符合以下规定:
　　(1)隧道宜采用并行双洞方案。
　　(2)特长盾构隧道宜设置横向联络通道,并利用人行及车行横通道与行车隧道连接。
　　(3)盾构隧道宜利用断面下部空间设置独立逃生通道。

5.4.9 设置为并行双洞的盾构隧道的左右洞净距应符合下列规定:
　　(1)不宜小于 1.5 倍开挖直径。
　　(2)在隧道进出口及特殊地段可减小左右洞净距,但应有特殊处置措施。

(3)设置有横向联络通道的并行双洞隧道,其净距不宜大于开挖跨度(直径)的3倍。

5.4.10 隧道路面横坡,应结合隧道内路面排水方案确定,当隧道单向行车时,应取单面坡,坡度应根据隧道长度、平、纵线形等因素综合分析确定,一般可采用1.0%~2.0%,且建筑限界底边线与路面重合;当隧道双向行车时,可取双面坡,建筑限界底边线应水平置于路面最高处,并应与路段拱坡顺接过渡。

5.4.11 各级公路隧道建筑限界如图5.4.11所示,在建筑限界内不得有任何部件侵入。各级公路隧道建筑限界最小宽度应按表5.4.11(表中只列两车道隧道)执行,并符合以下规定:

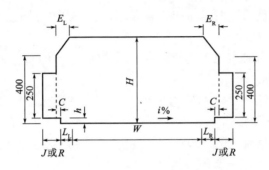

图 5.4.11 公路隧道建筑限界(尺寸单位:cm)

H-建筑限界高度;W-行车道宽度;L_L-左侧向宽度;L_R-右侧向宽度;C-余宽;J-检修道宽度;R-人行道宽度;h-检修道或人行道的高度;E_L-建筑限界左顶角宽度;E_R-建筑限界右顶角宽度。E_L 和 E_R 应包含余宽。当 $L_L+C \leqslant 1m$ 时,$E_L=L_L+C$;当 $L_L+C>1m$ 时,$E_L=1m$;当 $L_R+C \leqslant 1m$ 时,$E_R=L_R+C$;当 $L_R+C>1m$ 时,$E_R=1m$

表 5.4.11 公路隧道建筑限界横断面组成最小宽度(m)

公路等级	设计速度(km/h)	车道宽度 W	侧向宽度 L		余宽 C	隧道建筑限界净宽
			左侧 L_L	右侧 L_R		
高速公路（城市快速路）	100	3.75×2	0.50	1.00	0.25	9.50(9.0)
	80	3.75×2	0.50	0.75	0.25	9.25(9.0)
	60	3.50×2	0.50	0.75	0.25	8.75(8.0)
二级公路	80	3.75×2	0.75	0.75	0.25	9.5
	60	3.50×2	0.50	0.5	0.25	8.5
	40	3.50×2	0.25	0.25	0.25	8.0

注:1. 三车道隧道除增加车道数外,其他宽度同表;增加车道的宽度不得小于3.5m。
 2. 括号里数据为城市快速路的宽度。
 3. 本表为不设检修道的隧道建筑限界净宽。

5.4.12 防灾救援通道布置应符合下列规定:

(1)人行横通道设置间距宜取250m,但不应大于500m;设有独立逃生通道的隧道,人行横通道间距可增加到800m。

(2)车行横通道设置间距宜取 500m,但不应大于 750m;设有辅助疏散设施、水喷雾设施、横向排烟设施可取消车行横通道。

(3)下滑逃生口设置间距不应大于 50m,疏散楼梯设置间距不应大于 100m。

(4)人行横通道及车行横通道内轮廓断面应采用曲墙式断面形式。

5.4.13 常用公路盾构隧道典型断面形式见附录 A。

5.5 合理覆盖层厚度确定

5.5.1 隧道的覆土厚度应同时满足施工阶段与运营阶段的安全,并具有经济性,且应满足下列要求:

(1)覆土厚度可以满足隧道施工期和运营期隧道抗浮要求;对于水下隧道,还需要考虑可能遭遇的最不利冲刷条件。

(2)覆土厚度可以保证在给定的盾构最小支护压力和最大支护压力情况下,盾构掘进安全,既能控制开挖面稳定,又能避免水力劈裂。

(3)根据合理覆土厚度确定的隧道线形,应能保证隧道具有较高经济效益。

5.5.2 隧道合理的覆盖层厚度应取保证施工期安全要求的覆土厚度 H_s 和运营期要求的合理覆盖层厚度 H_y 的大值,即 $H=\max(H_s, H_y)$。H_s 由本指南 5.5.3 条确定,H_y 由本指南 5.5.4 条确定。

5.5.3 隧道施工期安全要求的覆土厚度 H_s 应保证盾构掘进安全,并满足相应于施工阶段河床冲刷的结构抗浮要求,并应符合下式:

$$H_s = \max(H_j, H_{fs} + H_{cs}) \quad (5.5.3)$$

式中:H_j——保证盾构掘进安全的覆盖层厚度,可结合村山公式、森鳞劈裂压力理论、渗透破坏理论及数值模拟计算,分别计算各个工况支护压力,并根据泥水压力设定的稳定性来综合确定,也可根据本指南 16.3 节的规定计算确定;

H_{fs}——施工期满足抗浮要求的覆盖层厚度,可以按照本指南 9.6 节的规定进行计算;

H_{cs}——施工期河床冲刷深度,应根据河工模型试验确定。

5.5.4 隧道运营期安全要求的覆土厚度 H_y 应保证考虑隧址断面处河床在最不利水沙组合条件下的最大冲刷深度、通航锚击入土安全深度等因素后,隧道仍能满足运营阶段的抗浮安全。通常,锚击入土深度较容易满足,H_y 主要考虑河床冲刷情况下满足抗浮要求,并应符合下式:

$$H_y = H_{fy} + H_{cy} \quad (5.5.4)$$

式中:H_{fy}——满足运营期抗浮要求的覆盖层厚度,可以按照本指南 9.6 节的规定进行计算;

H_{cy}——运营期河床冲刷深度,分别考虑工程河段在 100 年一遇与 300 年一遇水沙系列条件下河床的冲刷情况,应根据河工模型试验确定。

5.6 施工组织设计

5.6.1 在水下隧道设计过程中,应根据项目总体方案、隧道工法、环境条件以及施工工期等制订安全、经济、合理的指导性施工筹划方案,为隧道施工及建设管理提供参考,保障工程的顺利实施。施工筹划应包括建议总工期、标段划分、施工及交通组织、场地布置、便道布置、施工供水供电方案、取土及弃渣场布置、施工进度计划以及环境保护对策等内容。

5.6.2 施工筹划前应对隧道周边环境条件进行广泛深入的收集、调查和核实,以保障施工计划的合理性与可实施性。具体应包括下列主要内容:
(1)隧址区域气象、水文条件和航运要求。
(2)周边交通条件、施工用水及用电条件。
(3)周边建(构)筑物及地下管线分布情况。
(4)建筑材料产地、产量及性能。
(5)周边环境敏感点分布及要求。
(6)当地环境保护相关的法律法规等。

5.6.3 隧道施工工期应根据下列条件综合分析确定:
(1)项目环境条件,应注意施工场地及敏感建构筑物对施工进度的影响。
(2)隧道施工工法。盾构隧道只能单向或双向推进。
(3)长度与断面大小。应注意独头掘进长度、双车道隧道与三车道隧道施工效率的差别。
(4)地质条件。应充分考虑岩层对盾构隧道的影响。
(5)建设单位及周边环境要求。

5.6.4 隧道施工标段划分及场地布置应根据下列条件综合分析确定:
(1)应根据隧道长度、进洞工作面、工期要求等确定施工标段划分或施工场地的布置方案,必要时可设置施工辅助导坑,力求均衡高效。
(2)应充分考虑便道、施工用水用电以及周边环境等方面对施工的影响,尽可能减少各标段或各施工场地之间的相互干扰。
(3)施工标段划分应考虑隧道地质条件、隧道纵坡、弃渣场和土石方平衡等综合因素。

5.6.5 盾构法施工方案、施工组织设计应包括下列内容:
(1)施工现场平面布置图。
(2)盾构机的现场组装、安装及吊装方案。
(3)工作井的施工方案与检查井的施工方案。
(4)盾构法施工的临时给水、排水、照明、供电、消防、通风、通信等设计。
(5)管片运输、储存、防水、拼装与一次注浆、二次注浆方案。
(6)配套辅助施工机构设备的选型、规格、数量与现场及工作竖井垂直运输及水平运输等机构设备布置。

(7)盾构机的入土、穿越土层、出土的条件以及掘进与运土方案。

(8)防漏电、防缺氧、防爆、防毒等安全监测和保护措施。

5.6.6 盾构现场设施的平面布置包括：盾构工作竖井、竖井防雨棚及防淹墙、垂直运输设备、管片堆场、管片防水处理场、拌浆站、料具间及机修间、两回路的变配电间、电机车电瓶充电间等设施以及进出通道。一般应遵循下列原则：

(1)工作井施工需要采取降水措施时，应设相当规模的降水系统(水泵房)。

(2)采用气压法盾构施工时，施工现场应设置空压机房，以供给足够的压缩空气。

(3)采用泥水平衡盾构机施工时，施工现场应设置泥浆处理系统(中央控制室)、泥浆池。

(4)采用土压平衡盾构施工时，应设置电机车电瓶充电间等设施。

5.6.7 盾构隧道施工前应结合工程地质特点及断面形式对盾构主机、推进系统、刀盘系统、螺旋输送机、皮带运输机、管片起吊机、管片拼装机、盾尾密封系统和壁后注浆系统等主要系统进行采购。

5.6.8 隧道施工用盾构机主机的总重量一般较大，在盾构机设计制造阶段均需结合工程的实际条件，进行分块设计。一般需考虑下列因素：

(1)盾构机进入施工现场的运输。必须调查陆运沿途道路状况，特别要考虑所经桥梁的承载力、限高、限宽等因素。

(2)进场后的下井吊装及调试。主要考虑可供使用场地的大小、起吊设备的能力以及两者的结合。

(3)转场或转入新工程的施工。此时需要考虑的影响因素与前两项相同。盾构机分块组装的质量，宜满足可能多次转场解体的要求。

5.6.9 盾构组装前必须制订详细的组装方案与计划，同时组织有经验的经过技术培训的人员组成组装班组。盾构组装前应准备组装所需工种及人员配备、盾构机组装所需机具、电力供应设备、盾构机组装期间的通信设备及组装所需材料等，并应注意下列事项：

(1)组装前应对始发基座进行精确定位。

(2)履带吊机工作区应铺设钢板，防止地层不均匀沉陷。

(3)大件组装时对始发井端头墙进行严密的观测，掌握其变形与受力状态。

(4)盾构机吊装由具有资历的专业队伍负责起吊。

5.6.10 盾构机调试分空载调试和负荷调试，空载调试主要内容为：液压系统，润滑系统，冷却系统，配电系统，注浆系统，以及各种仪表的校正。着重观测刀盘转动和端面跳动是否符合要求。负荷调试的主要目的是检查各种管线及密封的负载能力。使盾构机的各个工作系统和辅助系统达到满足正常生产要求的工作状态。通常试掘进时间即为对设备负载调试时间。负荷调试时将采取严格的技术和管理措施保证工程安全、工程质量和工程精度。

(1)根据电气线路图以及配电箱说明书进行电气线路的检查。
(2)根据液压配线图及各连接图进行液压管线的检查。
(3)根据辅助系统的配管图以及各部件的连接图和使用说明书进行辅助系统管线的检查。
(4)确认集中润滑和盾尾油脂管线的正确性。
(5)确认水、气路管线连接的正确性。

5.6.11 管片与预制件宜采用工厂化生产,施工前应复核设计图纸和资料,熟悉管片项目有关技术标准、规范的要求,结合施工条件、气候条件,编制管片生产实施性施工组织设计,并对施工方案进行充分论证和优化。管片生产工艺流程图如图 5.6.11 所示。

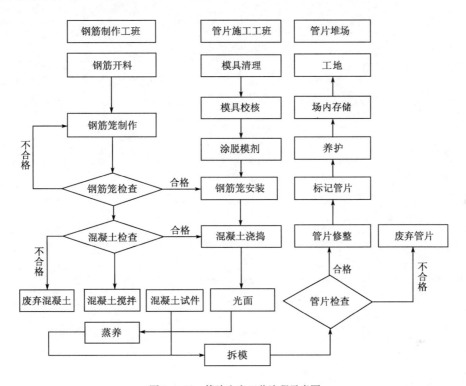

图 5.6.11 管片生产工艺流程示意图

5.6.12 在施工场地临时设施布置时,应服从于环保原则,满足水土保持的要求,选用科学合理,简单易行的方法,采取有力的措施,做好施工区的环境保护工作,防止由于工程施工而造成施工区及周边地区环境遭到破坏,实现环境保护的目标,并应符合下列要求:
(1)噪声排放应符合《中华人民共和国城市区域环境噪声排放标准》的Ⅰ类标准,施工场区内宜使用低噪声设备,在居民区附近禁止夜间使用高噪声机械设备,减少深夜运输,避免影响居民休息。对施工人员进行文明施工教育。
(2)水环境保护是工程环保的重点,应将生活污水、修理机械废水、洗车废水经过沉淀净化后排入现况污水管线内。对于场区雨水、施工降水、泥浆池及盾构机产生的废水,应设立清理沉淀池,以保持沉淀系统的功能发挥,保持流入河道水的清洁。

（3）施工时尽量使用低能耗、低污染排放的机械、车辆。加强车辆管理、维修保养，选用对大气影响小的燃料，以减少空气中污染物排放。

（4）修建临时设施、道路应避让林地、草地，尽可能保护树木并将其移栽。

（5）为达到防治水土流失的目的，对于草地、林地的地段，在基坑开挖时，先将表层植被土剥离，单独存放，以备完工后土地复垦之用。对于场区内空地要进行临时绿化或混凝土面层硬化处理，以保持水土稳定、减少水土流失。

6 盾构选型

6.1 一般规定

6.1.1 盾构选型应按照适用性、可靠性、安全性、经济性、先进性的原则进行,保证盾构施工的安全可靠,选择与地质条件及环境条件相适应的盾构机类型和最佳的盾构施工方法。

6.1.2 盾构选型应以工程地质与水文地质条件为主要依据,综合考虑隧道断面尺寸、隧道长度及埋深、平纵线形、工期、掘进开挖和衬砌形式等主要因素,还应对沿线地形、地面建筑物、地下构筑物、地下障碍物及管线等环境条件及周围环境对地层变形的控制要求进行详细的调查与分析,对盾构机及其配套设备的适应性、可靠性、经济性和先进性作出评估。

6.1.3 盾构选型应考虑拟选用的盾构机能顺利地在特定的岩土层中掘进,并有利于维持开挖面的稳定,且兼顾环境、工期、造价等制约因素,同时还应考虑适宜的辅助工法。

6.1.4 盾构选型应预先对各种不利因素包括盾构分(合)体始发、调头、长距离掘进、小净距段施工、小半径曲线段施工、浅覆土地段施工、复合地层施工、障碍物穿越、不良地质体超前预报与超前处置、含有害气体岩土层、高水压下盾尾密封及刀盘刀具的检修更换以及盾构土(岩)层中对接、盾构工法与其他工法的转换等进行充分考虑,以使其能满足工程需要。

6.1.5 盾构选型应因地制宜,提高机械化程度并减少对环境的影响。在软土或有水压条件下施工的隧道,应选用土压平衡或泥水平衡等封闭式盾构机及其配套设备;若开挖面具有良好的自稳能力并经充分的技术经济论证时,亦可采用敞开式盾构。

6.1.6 在确定盾构机类型后,应根据地质、水文条件及使用要求,确定盾尾间隙、盾体外径、刀盘直径、盾体长度、盾构直径、盾构推力、盾构扭矩、驱动功率及同步注浆系统能力等基本参数,对刀盘结构、刀具、盾体、刀盘驱动、推进装置、泥水循环系统、管片拼装系统等主要功能部位进行选择和设计,并选择与主机匹配的后配套设备。

6.1.7 盾构选型与盾构设计时,应尽可能地选择与使用有利于盾构掘进及维护检修的新技术、新材料及新工艺。

6.2 选型原则及依据

6.2.1 盾构选型应综合分析工程地质和水文地质资料、环境条件及功能要求,选择合适的盾构类型,确保施工过程的安全可靠、地面建筑物的安全、施工进度目标的实现。盾构选型时应遵循下列原则:
(1)应对工程地质、水文地质有较强的适应性,且满足施工安全的要求。
(2)应满足安全适应性、技术先进性与经济性相统一。
(3)应能满足隧道外径、长度、埋深、施工场地、周围环境等条件的要求。
(4)应能满足安全、质量、工期、造价及环保要求。
(5)后配套设备应与主机配套,同时具有施工安全、结构简单、布置合理和易于维护保养的特点。

6.2.2 当无地下水或地下水水压低于 0.1MPa 且地质条件较好,开挖面能维持稳定的自立状态或采取辅助措施后能维持稳定时,可采用敞开式盾构,其适宜的土层以砂、砂砾、粉砂和黏土为主;亦可用于软弱冲积层,但须同时采用压气施工法,或采取降低地下水位、改良地层等辅助措施。

6.2.3 当地下水位较高或水量较为丰富时,应采用土压平衡或泥水平衡等封闭式盾构,其选用应主要依据地层渗透性、颗粒级配及水压力等条件,兼顾考虑环保、安全等因素,并应符合下列规定:
(1)当地层的渗透系数小于 10^{-7} m/s 时,应选用土压平衡盾构;当渗透系数大于 10^{-4} m/s 时,应选用泥水平衡盾构;当渗透系数为 $10^{-7} \sim 10^{-4}$ m/s 时,宜选用泥水平衡盾构,在进行渣土改良的情况下,可采用土压平衡盾构。
(2)当盾构掘进的土层中粉粒和黏粒的总量达到 40% 及以上时,可选用土压平衡盾构;当粉粒和黏粒含量的总量不足 40% 时,则应选用泥水平衡盾构。
(3)盾构需在富水地层中掘进时,若水压力低于 0.3MPa,可采用土压平衡盾构;若水压力大于 0.3MPa,则应采用泥水平衡盾构;如确需采用土压平衡盾构,则需增大螺旋输送机的长度,采用二级螺旋输送机,或采用保压泵。

6.2.4 当受周边环境限制,对盾构掘进引起的地表沉降或周边建(构)筑物变形的控制要求较为严格时,宜采用泥水平衡盾构;在江河湖海等水体下掘进或在密集的建(构)筑物下及不均匀地层中施工时,宜优先选用泥水平衡盾构。

6.2.5 由于环保要求需及时对盾构掘进渣土进行处理,或由于场地限制无法设置大型泥浆处理场,且地质与水文条件均允许时,可优先选用土压平衡盾构,否则应采用泥水平衡盾构。

6.2.6 在非单一或非均匀地层中掘进,或在水压变化较为剧烈地段施工时,会出现某一区段适宜采用土压平衡盾构而另一区段适宜采用泥水平衡盾构,此时盾构选型应对各因素综合考虑,并对各种可能的选择方案进行技术经济评价及风险分析后择其最优者。

6.2.7 土压平衡盾构可用于粉土、黏土、砂土、砂砾层等地层中的隧道施工,按稳定掘削面机制的不同可分为削土加压盾构、加水土压盾构、加泥土压盾构,盾构选型时掘削面稳定机制的选定应由土质成分及其颗粒组分决定,并应符合下列规定:

(1)盾构在粉砂黏土、细粉砂黏土、含少量砾石的细砂黏土等细粒软土(N 值不超过 15、天然含水率$\geqslant 25\%$、渗透系数 $k<5\times 10^{-2}$ cm/s)等地层中掘进时,可采用削土加压盾构,其依靠面板挡土,利用土舱内的掘削土的被动土压稳定掘削面。

(2)盾构在渗透系数较大且黏粒和粉粒成分较少的含水亚黏土层、砂层及砂砾层等地层中掘进时,可采用加水土压盾构,其依靠面板挡土,向土舱内注入加压水以平衡掘削面上的水压,防止地下水涌入。

(3)盾构在软弱黏土层、易坍塌的含水砂层及混有卵石层的砂砾层等地层中掘进时,可采用加泥土压盾构,其通过向土舱内注入泥土、泥浆液或高浓度泥浆液等改善土舱内土体的流动性及渗透性。

6.2.8 在采用土压平衡盾构施工的隧道中,当盾构掘进的地层中沿隧道纵向分布有强度差别较大的复合地层(如硬岩、软岩、硬土、软土等的复合层)或掘削全断面内分布有强度不均匀的复合地层时,应采用复合土压盾构。复合土压盾构按稳定掘削面的方式可分为不加压稳定式、气压稳定式及土压稳定式等,应主要根据地层适应性采用。采用气压稳定式盾构时,应向土舱内添加发泡剂;采用土压稳定式盾构时,应向掘削面及土舱内均注入发泡剂,并应符合下列规定:

(1)盾构在硬岩层中掘进,掘削面能自立且地下水较少,或有少量地下涌水但处于可控状态,可采用不加压稳定式盾构。

(2)盾构在地下水丰富且地下水压力为 0.1~0.2MPa、掘削面能基本维持稳定的复合地层中掘进,可采用气压稳定式盾构。

(3)盾构在地下水丰富且地下水压力大于 0.2MPa、掘削面不能自立的复合地层中掘进时,应采用土压稳定式盾构。

6.2.9 泥水平衡盾构可用于软弱淤泥质黏土层及松散的砂土层、砂砾层、卵石层、岩层及上述各岩土层的复合层等。根据控制开挖面泥浆压力方式的不同,可分为直接控制型及间接控制型两种。

当对盾构掘进引起的地表沉降及建(构)筑物变形的要求较为严格,或对开挖面泥浆压力波动的要求较高时,应优先采用间接控制型泥水盾构。直接控制型泥水盾构开挖仓内的泥水压力波动应控制在$\pm(20\sim 50)$kPa,间接控制型泥水盾构开挖仓内的泥水压力波动应控制在为$\pm(10\sim 20)$kPa。

6.3 盾构基本参数

6.3.1 盾尾间隙 δ

盾尾间隙 δ 应包括以下几个部分:理论最小间隙、管片允许拼装误差、盾尾制造误差、盾尾结构变形以及盾尾密封的结构要求等,一般取为 25~40mm,可按式(6.3.1-1)计算。

$$\delta = \delta_1 + \delta_2 + \delta_3 + \delta_4 + \delta_5 + \delta_6 \qquad (6.3.1\text{-}1)$$

式中:δ_1——理论最小盾尾间隙;

δ_2——管片制作精度和允许拼装误差,一般可取 4~5mm;

δ_3——盾尾制作误差,应取实际量测值,当无实测值时,可取厂家设计值;

δ_4——盾尾结构变形,应根据实际最大水土压力计算,当无此值时,可取厂家设计值;

δ_5——盾尾安装尺寸,应由盾构生产厂家确定;

δ_6——其他因素,如同步注浆管道及盾尾刷的安装等,可取 5mm。

理论盾尾间隙可根据隧道平曲线半径、盾构开挖直径及盾尾端至第一环管片前端的距离等确定,可按式(6.3.1-2)计算。

$$\delta_1 = \left(R_0 - \frac{DC_{\max}}{2}\right)\left\{1 - \cos\left[\arcsin\left(\frac{L}{R_0 - \frac{DC_{\max}}{2}}\right)\right]\right\} \qquad (6.3.1\text{-}2)$$

式中:R_0——隧道平曲线半径;

$DC_{\max}$——盾构开挖直径;

L——盾尾端至第一环管片前端的距离。

6.3.2 盾体外径

包括盾尾直径 $DS_{\min}$(mm)及盾体前端直径 $DS_{\max}$,可根据管片外径、壳体厚度及盾尾间隙确定,按式(6.3.2-1)、式(6.3.2-2)计算。

$$DS_{\min} = DG + 2(\delta + t) \qquad (6.3.2\text{-}1)$$

$$DS_{\max} = DS_{\min} + 15 \qquad (6.3.2\text{-}2)$$

式中:DG——盾构管片外径;

t——盾体尾部钢板厚度;

δ——盾尾间隙。

6.3.3 刀盘开挖直径 $DC_{\max}$

应满足刀盘外圈防磨板完全磨损后仍能保证正确的开挖直径,可按式(6.3.3)计算。

$$DC_{\max} = DS_{\max} + \Delta \qquad (6.3.3)$$

式中:Δ——刀盘直径余量,在软土地层施工时,可取 0~10 mm;在砂卵石地层或硬岩地层施工时,可取 30~45mm。

6.3.4 盾体长度 LS

盾体由前盾(切口环)、中盾(支承环)、盾尾三部分组成。盾体长度 LS 可根据地质条件、隧道的平面形状、开挖方式、运转操作、衬砌形式及封顶块的插入方式等因素确定。对大直径盾构($D \geqslant 9\text{m}$),一般可取为 $(0.8 \sim 1.0)D$。

6.3.5 盾构重量 W

由盾壳、刀盘、推进油缸、铰接油缸、管片安装机、人舱、螺旋输送机（泥水盾构为碎石机及送排泥管路）等安装在盾壳内的所有设备重量的总和组成，可按式(6.3.5)估算。

$$W = \Psi_1 D C_{\max}^2 \qquad (6.3.5)$$

式中：Ψ_1——盾构重量经验系数。对手掘式盾构或半机械式盾构，可取 $\Psi_1=25\sim40$；对机械式盾构，可取 $\Psi_1=45\sim55$；对泥水盾构，可取 $\Psi_1=45\sim65$；对土压平衡盾构，可取 $\Psi_1=55\sim70$。

6.3.6 盾构推力 F_d

在计算盾构推力时，应将盾构施工全过程中可能遇到的阻力都计算在内，必须考虑的主要阻力有如下七项：

(1) 盾构推进时的盾壳与周围地层的阻力 F_1。
(2) 刀盘面板的推进阻力 F_2。
(3) 管片与盾尾的摩擦力 F_3。
(4) 切口环贯入地层的贯入阻力 F_4。
(5) 转向阻力（曲线施工和纠偏）F_5。
(6) 牵引后配套拖车的牵引力 F_6。
(7) 压力舱（土舱或泥水舱）反力。

盾构推力 F_d 必须大于上述各种推进阻力的总和并留有足够的富余量，一般可取为总阻力的 1.5～2.0 倍。

6.3.7 盾构扭矩 T_d 及驱动功率 P_d

盾构在岩土层中掘进时的扭矩包含切削扭矩、刀盘的旋转阻力矩、刀盘自重形成的轴承扭矩、刀盘轴向荷载形成的轴承扭矩、密封装置摩擦力扭矩、刀盘前表面摩擦扭矩、刀盘圆周面摩擦反力扭矩、刀盘背面摩擦扭矩、刀盘开口槽剪切力扭矩等。盾构扭矩 T_d 必须大于上述各种扭矩的总和并留有足够的富余量，一般可取为述各种扭矩总和的 2.0 倍。

驱动功率 P_d 可根据盾构扭矩 T_d、传动部件总的机械效率及刀盘转动角速度确定，按式(6.3.7)估算。

$$P_d = \Psi_3 \times T_d \times \frac{\omega}{\Psi_2} \qquad (6.3.7)$$

式中：Ψ_2——传动部件总的机械效率；

Ψ_3——功率储备系数，可取为 1.5～2.0；

ω——刀盘转动角速度（脱困时刀盘角速度设计值，如采用变频电机则与变频电机基频有关）；

其余符号意义同前。

6.3.8 同步注浆系统能力 Q_p

同步注浆系统应能及时对盾构管片本后的间隙进行充填，以有效保证盾构隧道施工质量，防止地面沉降与管片上浮。同步注浆系统功率可按式(6.3.8)估算。

$$Q_p = \frac{0.25\pi \Psi_4 v_d (DC_{max}^2 - DG^2)}{\Psi_5} \quad (6.3.8)$$

式中：Ψ_4——同步注浆量经验系数，可取 1.4～2.0；

v_d——最大推进速度；

Ψ_5——注浆泵效率；

其余符号意义同前。

6.4 刀盘结构

6.4.1 刀盘应具有足够的强度、刚度、整体性及耐磨损性，以支撑开挖面稳定和承受掘进过程中的推力及扭矩。应主要根据地质因素、刀具配置及施工条件等因素选择合适的刀盘，确定合理的刀盘形式及侧面形状、开口及支撑方式。

6.4.2 刀盘本体在进渣口、刀盘周边和搅拌棒等位置应进行耐磨处理，具体的耐磨要求和措施，应根据施工的地质条件以及工程需要进行针对性设计。

6.4.3 刀盘结构形式可分为辐条式、面板式及辐条—面板式三类，辐条和面板应满足刀具布置、搅拌桩安装及其他管道的安装要求。具体应用时，应根据盾构类型、地质条件及刀具配置等因素确定，并应符合下列规定：

（1）对砂卵石地层及黏土地层，可选用辐条式刀盘，亦可选用开口率较大的面板式刀盘。当卵石最大粒径超过螺旋输送机或排浆管道的排渣能力时则应谨慎采用。

（2）对富水淤泥地层、粉细砂地层，宜选用面板式刀盘。

（3）对普通黏土～砾砂地层及复合地层，可选用辐条—面板式刀盘，但应保证刀盘开口可通过的最大渣土粒径小于盾构最大排渣粒径。

（4）当只需配置切削型刀具时，可采用辐条式刀盘；当尚需配置滚切类刀具时，则应根据具体地质与施工条件确定选用面板式或辐条—面板式。

6.4.4 刀盘开口应根据地质条件、刀盘结构形式、开挖面的稳定性和挖掘效率等因素决定其形状、尺寸及开口率。对辐条式面板，开口率一般可取 60%～70%；对面板式刀盘，开口率一般可取 10%～20%；对辐条—面板式刀盘，开口率一般可取 25%～45%。刀盘开口位置应尽量靠近刀盘中心。对面板式及辐条—面板式刀盘，刀盘开槽形状可根据渣土的流动性选择等宽结构或楔形结构，开槽尺寸应依据地层中砾石最大直径确定。

6.4.5 封闭式盾构常用的侧面形状可分为垂直平面型、凸芯型、穹顶型及倾斜型四种，可根据具体地质及土质条件选用，并应符合下列规定：

（1）对以黏土为主的地层，宜采用突芯型刀盘结构，以防止刀盘中心处产生泥土附着或土体烧结形成泥饼。

(2)对砂土、卵砾石等不稳定的地层,宜采用垂直平面型或倾斜型刀盘结构,以稳定掘进面。

(3)对复合地质和风化岩地层、岩石地层(土体的抗压强度高于30MPa),宜采用穹顶型刀盘结构,以方便安装滚刀且使得滚刀垂直于掘削面。

6.4.6 刀盘的支承方式可分为中心支承式、中间支承式和周边支承式三种,应主要根据地质条件进行选择。对于粒径较大的卵砾石地层,应采用中间支承式或周边支承式;对于细粒为主的土层,宜采用中心支承式。

6.4.7 用于水下隧道或在富水地层施工的盾构,刀盘设计时应考虑能在常压下更换刮刀或切削刀。

6.5 掘削刀具

6.5.1 盾构掘削刀具及刀具组合应根据地层分布特性和岩石抗压强度合理选择。对于不同地层的掘进施工,应采用不同类型的刀具及刀具组合,实现刀具配置的灵便性。

6.5.2 刀具布置时应根据刀盘不同区域的工作特点、掘进土层的成分及岩石强度,并考虑刀具构造、刀盘构造、盾构推力及掘进效率,确定合理的布刀间距及刀具数量。

6.5.3 同一类型刀具的刀刃工作面应保持在同一个平面,每一开挖轨迹上配置的同类型刀具数量不宜少于2把。长距离掘进时,应考虑渣土流动对刀具造成的二次磨损,设置的可更换刀具应单轨迹覆盖整个开挖面。

6.5.4 掘削刀具可按下列原则选用:

(1)盾构在软弱土层中掘进,可只配置切刀、周边刮刀、中心刀等切削类刀具。

(2)盾构在砂层、砂卵石及卵砾石层中掘进时,宜设置切刀、周边刮刀、先行刀、鱼尾刀或中心滚刀、仿形刀等刀具;如需在砂卵石层地层中长距离掘进时,应提高刀具耐久性,可选用硬度大、抗剪性好的超硬钢材制作刀刃。

(3)盾构在风化岩层及软硬不均的复合地层中掘进时,除配置切削型刀具外,尚应配置盘形滚刀,且滚刀的超前量应大于切刀的超前量。刀盘配置的滚刀刀箱及刀座,应满足既能够安装盘型滚刀,又能更换为撕裂刀或齿刀。

6.5.5 盾构在岩层中掘进需配置盘形滚刀时,应根据岩石强度选择合适的刀圈材质,一般可分为表面耐磨层刀圈、标准钢刀圈、重型钢刀圈和镶齿硬质合金刀圈,滚刀的尺寸亦应岩石硬度来选择。

(1)表面耐磨层刀圈:适用于掘进强度不超为40MPa的砂黏土层、强度80~100MPa的断裂砾岩、砂岩、凝灰岩等地层。

(2)标准钢刀圈:适用于掘进强度50~150MPa的砾岩、大理岩、砂岩、灰岩及含卵砾石的地层。

（3）重型钢刀圈：适用于掘进120～250MPa的硬岩及强度为80～150MPa的高磨损岩层，如花岗岩、闪长岩、斑岩、大理岩、蛇纹石及玄武岩等地层。

（4）镶齿硬质合金刀圈：适用于掘进强度为150～250MPa的花岗岩、玄武岩、斑岩及石英岩等地层。

滚刀刀箱应采取防堵塞设施，滚刀密封应能承受掘削面上的最大水土压力，并具有良好的密封性能和较长的使用寿命。

6.5.6 刀具配置时，应选择若干有代表性的刀具配置磨损检测装置，磨损监测装置应具有充分的耐久性、灵敏度及可靠性。

6.6 盾体

6.6.1 盾体由切口环、支撑环及盾尾（即前盾、中盾、后盾）组成，应具有足够的刚度和强度以保证盾构设备的安全性和可靠性。盾体设计应综合考虑地质状况、隧道最大埋深、最大水压、注浆压力、盾体直径及其他施工要求等，盾体结构所使用的材料、尺寸及装备应与工程地质和工作条件相匹配。

6.6.2 为适应曲线掘进、减小盾构推进过程中的地层阻力，盾体宜设计为倒锥形。盾构掘进需穿越对沉降特别敏感的建（构）筑物时，盾体宜预留同步注浆或二次注浆孔。

6.6.3 切口环的形状和尺寸应与掘进地层的地质条件相适应，可根据掘削下来的土砂状态确定。

（1）切口环与刀盘的位置关系分为三种：刀盘位于切口环内、刀盘外沿凸出切口环外、刀盘与切口环对齐，应根据开挖土层具体条件选用。

（2）切口环的长度应根据盾构机的正面支承及开挖方法，并需考虑切口环内各种设备安装的需要等综合确定。对泥水平衡盾构，切口环内安装的主要设备有刀盘、搅拌器、进浆口及出浆口、人闸等；对土压平衡盾构，则需考虑刀盘、搅拌器及螺旋输送机等。

6.6.4 支承环的长度可视千斤顶长度而定，一般宜取为一块衬砌环的长度再加上适当余量，且不应小于固定盾构千斤顶所需的长度。

6.6.5 盾尾厚度应综合考虑盾构掘进过程中其承受的最大水土压力、纠偏及曲线段施工等各种因素综合确定，在确保安全、可靠的前提下，宜尽量减小盾构厚度。盾尾长度应根据管片宽度、盾尾密封结构及特殊使用要求等因素综合确定。

在富水砂卵层地层施工时，盾尾应预留冷冻处理系统或不良地质处理系统。

6.6.6 盾尾密封的结构形式及道数应依据隧道最高水土压力、管片错台、曲线段施工管片偏心等各种不利因素确定,可采用多道、可更换式密封装置,应有至少可更换前2~3道密封的设计考虑。

(1)密封材料应富有弹性、耐磨、防撕裂等。可采用钢丝束、钢板束、尿烷橡胶或其组合。

(2)盾尾密封道数应根据隧道埋深、水位高低确定,一般可取2~3道;对水下隧道施工可取4~5道。

(3)盾尾密封宜设置密封状态自动检测及报警装置。

6.7 刀盘驱动

6.7.1 刀盘驱动装置,特别是刀盘密封与主轴承应具有足够的可靠性、耐久性、安全性及使用寿命。

6.7.2 刀盘驱动的转速应连续可调,能够以不同转速适应不同的地质,提高掘进效率。

6.7.3 刀盘驱动主轴承的设计寿命应根据隧道掘进长度及经济评价确定,一般不应小于10 000h,保证在掘进过程中不更换主要部件。

6.7.4 主轴承密封应有足够的可靠性及耐久性,应能满足在设计最高水土压力下,保证完成全线隧道掘进的耐久性要求。

6.7.5 刀盘驱动应具有点动功能,在人员进入开挖舱进行检查或更换刀具时可以将刀盘停在方便操作的任意理想位置。

6.7.6 刀盘驱动应具备脱困模式,在出现刀盘被卡的情况下,刀盘驱动应能在短时间内输出较大扭矩,实现脱困的目的。刀盘驱动宜具备逆转及回缩功能。

6.8 推进装置

6.8.1 推进系统主要由推进千斤顶、液压油缸、控制阀件和控制阀件组成。推进装置的设计应具有整机推进(所有液压缸推进)、管片拼装(液压缸分组动作)等功能,推进力和推进速度应能够根据地质条件和工程需要进行调节,并具有自动和手动控制模式。

6.8.2 盾构机推进千斤顶的台数及各千斤顶的推力大小与盾构机的外径、总推力、管片结构、隧道轴线等因素有关。对大直径盾构,每只千斤顶的推力宜控制在2 000~4 000kN。

6.8.3 推进油缸的布置主要考虑管结构形式、宽度、分块方案、管片组装施工便利和K形块的安装要求等因素,应满足下列要求:

(1)径向分布使管片受力均匀。

（2）环向分布与管片的分块相匹配。

（3）油缸布置应沿隧道垂直轴向、水平轴线均匀对称布置。

6.8.4 推进千斤顶的布置应使盾构圆周受力均匀，其行程为一环衬砌环宽度加上适当余量，安装台数一般应为双数。

6.8.5 推进系统液压缸应配置行程传感器，对液压油缸应进行分区控制以满足在转弯和爬坡段掘进的需求，通过比较各分区的推进行程差异，判断设备的掘进姿态是否符合设定要求，结合导向系统的数据，及时对推进参数进行调整。

6.9 泥水循环系统

6.9.1 泥水循环系统的进浆流量和排浆流量可根据切削断面、进浆密度、掘进速度、出浆密度等因素计算。排浆管管径应根据需输送的砾石块径及排除土砂的速度确定。

6.9.2 泥水系统应具备开挖模式、旁通模式及隔离模式。当盾构在卵砾石层或岩层中掘进，存在泥浆管堵塞或土舱阻塞的风险时，宜增设反循环模式；当需要停机检修或更换尾刷时，宜增设长时间停机模式。

6.9.3 泥浆泵应能实现流量和压力连续可调，通过连续调节泥浆泵流量及压力以便盾构机适应不同地质情况。

6.9.4 为减少盾构上泥浆管路的压力损失以及降低泥浆管路的磨损，泥浆管路的布设应尽可能平顺并尽量减少弯管的使用，安装位置应便于更换和维修。进浆管路与排浆管路均应配有密度和流量检测装置。

6.9.5 对土压平衡盾构，螺旋输送机的杆径不应小于可排出砾石最大直径的 1.5 倍；对泥水平衡盾构，排泥管直径不应小于需输送砾石最大长径的 3 倍。

6.9.6 盾构破碎装置应安装在切口环隔板安全阀门的后方，破碎能力应能根据需破碎卵砾石的最大粒径、最大强度及排浆管道的输送能力等确定。

破碎装置控制应具有自动和手动模式，破碎动作应具备破碎和摆动两种模式。破碎装置后面、排浆管进口前方应安装格栅，破碎装置排出的渣土粒度应满足泥浆输送要求，以防止较大粒径的石块进入泥浆管道堵塞管路。

6.9.7 泥水系统应在刀盘中心和排渣口等区域配置冲刷系统。泥浆管路应具有良好的延伸功能，并能保证管路延伸过程中掌子面泥水压力的稳定。

6.10 管片拼装系统

6.10.1 管片拼装系统的应安装精度应达到毫米级,管片拼装机应具备6个自由度,以对管片姿态进行调整,保证管片拼装后成型的隧道精度满足工程要求。

6.10.2 管片拼装机行程应允许在隧道内至少更换前两道盾尾刷,夹持装置可采用机械抓起式或真空吸盘式,但均需具有足够的安全系数。

6.10.3 管片拼装机驱动马达应配备制动器,以使管片可以安全停在任何位置而不在重力作用下而运动。

6.10.4 管片拼装系统应具备无线和有线两种控制方式,各动作应能无级变速,无线遥控距离不应小于30m。

6.10.5 管片拼装机应具有足够的回转力矩,以使管片间接头止水带能充分闭合。

6.10.6 整个拼装系统及其控制应进行专门安全设计,将安全风险降至最低。

6.11 其他辅助系统

6.11.1 同步注浆系统的注浆能力应能满足最大掘进速度要求且管片壁后间隙填充系数不低于200%,压力应满足最大水土压力的工作环境要求,应配备水泥—水玻璃二次注浆系统。

6.11.2 测量导向系统应具备地面控制量测、地下控制量测、盾构控制量测、导向、定位等功能,应具备相关测量规范所规定的精度。

6.11.3 盾构可根据实际需要在护盾上预留孔洞进行超前地质预报及超前注浆加固,采用的超前钻机应安装在管片拼装机上进行相应操作。

6.11.4 盾构设计制造时,应考虑设置土舱及气泡舱工作状态、刀具磨损、刀盘磨损、盾尾渗漏等的自动检测装置及可视化监测装置的可能性。

6.12 选型依据及一般程序

6.12.1 盾构选型可按以下步骤进行:
(1)在对工程地质、水文地质、周围环境、工期要求、经济性等充分研究的基础上选定盾构的类型,重点应对敞开式、封闭式盾构进行比选。

(2)在确定选用封闭式盾构后,应根据地层的渗透系数、颗粒级配、地下水压、环保要求、辅助施工、施工环境、安全等因素对土压平衡盾构和泥水盾构进行比选。

(3)根据详细的地质勘探资料确定盾构的主要技术参数,并对盾构主要功能部件进行选择和设计(如刀盘驱动形式、刀盘结构形式、开口率等)。盾构的主要技术参数在选型时应进行详细计算,主要包括刀盘直径、刀盘开口率、刀盘转速等。

(4)根据地质条件选择与主要技术参数相匹配的盾构后配套设备。

6.12.2 盾构选型的一般程序可分为以下四个阶段:

1)计划调查阶段

根据拟建隧道的周边条件、环境条件、地质条件及水文条件以及拟建线路沿线的地下建构筑物及可能的障碍物情况对设计条件进行整理,形成关于拟建隧道的断面形状及尺寸、隧道长度、覆土厚度、工期等的基本设计条件。

2)初步论证分析阶段

根据前一阶段所获得的相关设计信息,重点从开挖面稳定、地基条件、环境保护及其他一些条件诸如障碍物处理、开挖土渣的处理与搬运、施工场地条件等方面对可能适用的方式进行筛选分析。

3)施工措施论证阶段

针对各种可能的盾构形式,着重从以下几个方面进行分析:开挖面的稳定、地基变形、出发到达部的保护、周围建筑物的保护、长距离施工、急曲线施工障碍物。

4)综合评价阶段

对各种可能的盾构形式,从安全性、经济性及工期保证程度等方面进行比较论证,选出最适宜拟建工程的盾构形式及操作模式。

5)盾构选型设计阶段

(1)根据详细的地质勘探资料,对地质各主要功能部件进行选择和设计(如刀盘驱动形式、刀盘结构形式、开口率等),并根据地质条件等确定盾构的主要技术参数。盾构的主要技术参数在选型时应进行详细计算,主要包括刀盘直径、刀盘开口率、刀盘转速等。

(2)根据地质条件选择与盾构掘进速度相匹配的盾构后配套设备。

7 建筑材料

7.1 一般规定

7.1.1 公路盾构隧道的工程材料应根据结构类型、受力条件、施工工艺、使用要求和所处环境等因素选用,并考虑可靠性、耐久性和经济性,主要受力结构应优先选用钢筋混凝土材料,有特殊需要时可采用金属材料或其他复合材料。

7.1.2 混凝土的原材料和配比、最低强度等级、抗渗指标等应符合耐久性要求,并满足抗裂、抗渗、抗冻和抗侵蚀的需要。一般环境条件下盾构隧道管片结构混凝土设计强度等级应不低于C50,内部结构混凝土的设计强度等级不低于C30。

7.1.3 普通钢筋混凝土结构中的钢筋、预应力混凝土中的非预应力钢筋,宜采用HRB400、HRB500、HRBF400、HRBF500,也可采用HPB300、HRB335、HRBF335、RRB400钢筋;预应力混凝土结构中的预应力筋宜采用预应力钢丝、钢绞线和预应力螺纹钢筋。

7.1.4 钢管片宜选用Q235、Q345钢,球墨铸铁管片宜选用QT400。

7.1.5 连接件的机械性能等级宜选用4.6、5.8、6.8和8.8级,应有较好的耐腐蚀性和抗冲击韧性,表面应进行防腐蚀处理。

7.1.6 管片结构应采用防水混凝土,且抗渗等级应不低于P8。

7.2 混凝土

7.2.1 混凝土轴心抗压强度标准值f_{ck}和轴心抗拉强度标准值f_{tk}应按表7.2.1采用。

表7.2.1 混凝土强度标准值(MPa)

强度种类	强度等级												
	C20	C25	C30	C35	C40	C45	C50	C55	C60	C65	C70	C75	C80
f_{ck}	13.4	16.7	20.1	23.4	26.8	29.6	32.4	35.5	38.5	41.5	44.5	47.4	50.2
f_{tk}	1.54	1.78	2.01	2.20	2.39	2.51	2.64	2.74	2.85	2.93	2.99	3.05	3.11

注：计算现浇钢筋混凝土轴心受压和偏心受压构件时，如截面长边或直径小于30cm时，表中强度值应乘以系数0.8，当构件质量（混凝土成型、截面和轴线尺寸等）确有保证时可不受此限制；当混凝土采用离心法成型或养护温度超过60℃时，其强度应专门研究。

7.2.2 混凝土受压或受拉时的弹性模量 E_c 应按表7.2.2采用，剪切弹性模量可按照表7.2.2中的数值乘以0.43采用，泊松比可采用0.2。当温度在0～100℃范围内时，混凝土线膨胀系数 α_c 可采用 $1\times 10^{-5}/℃$。

表7.2.2 混凝土的弹性模量（GPa）

混凝土强度等级	C20	C25	C30	C35	C40	C45	C50	C55	C60	C65	C70	C75	C80
E_c	25.5	28.0	30.0	31.5	32.5	33.5	34.5	35.5	36.0	36.5	37.0	37.5	38.0

注：当采用引气剂及较高砂率的泵送混凝土且无实测数据时，表中C50～C80的 E_c 值应乘以折减系数0.95。

7.2.3 防水混凝土所选用的材料应满足表7.2.3的规定。

表7.2.3 防水混凝土选材指标或要求

材料名称	项目	指标或要求
水泥	品种	硅酸盐水泥、普通硅酸盐水泥，其他应通过试验确定
	用量（kg/m³）	≥260
粉煤灰	级别	≥Ⅱ级
	烧失量	≤5%
	用量	（20%～30%）×胶凝材料总量
硅粉	比表面积（m²/kg）	≥15 000
	二氧化硅含量	≥85%
	用量	（2%～5%）×胶凝材料总量
粒化高炉矿渣粉	品质	符合《用于水泥和混凝土中的粒化高炉矿渣粉》（GB/T 18046—2008）
石子	粒径（mm）	≤40
	吸水率	≤1.5%
	品种	非碱活性
	品质	符合《普通混凝土用砂、石质量及检验方法标准》（JGJ 52—2006）
砂	品种	中粗砂，不宜采用海砂
	品质	符合《普通混凝土用砂、石质量及检验方法标准》（JGJ 52—2006）
总碱量（Na₂O当量）（kg/m³）		≤3
氯离子含量		≤0.1%×胶凝材料总量
胶凝材料总量（kg/m³）		≥320，当强度要求高或地下水有腐蚀性时，由试验确定
水胶比		≤0.5
其他掺入材料		试验确定，并符合国家相关技术标准

注：其他掺入材料指减水剂、膨胀剂、防水剂、密实剂、引气剂、复合型外加剂、水泥基渗透结晶型材料、合成纤维或钢纤维。

7.3 钢筋

7.3.1 普通钢筋的抗拉强度标准值 f_{sk} 应按表 7.3.1 采用。

表 7.3.1 普通钢筋的抗拉强度标准值（MPa）

种 类	符 号	直径 d(mm)	f_{sk}
HPB300	ϕ	6～22	300
HRB335 HRBF335	Φ Φ^F	6～50	335
HRB400 HRBF400 RRB400	Φ Φ^F Φ^R	6～50	400
HRB500 HRBF500	Φ Φ^F	6～50	500

7.3.2 预应力钢筋的抗拉强度标准值 f_{pk} 应按表 7.3.2 采用。

表 7.3.2 预应力钢筋的抗拉强度标准值（MPa）

种 类		符 号	直径 d(mm)	f_{pk}
钢绞线	1×3 （三股）	ϕ^S	8.6、10.8	1 470、1 570、1 720、1 860
			12.9	1 470、1 570、1 720
	1×7 （七股）		9.5、11.1、12.7	1 860
			15.2	1720、1860
消除应力钢丝	光面 螺旋肋	ϕ^P ϕ^H	4、5	1 470、1 570、1 670、1 770
			6	1 570、1 670
			7、8、9	1 470、1 570
	刻痕	ϕ^I	5、7	1 470、1 570
热处理钢筋	40Si$_2$Mn	ϕ^{HT}	6	1 470
	48Si$_2$MN		8.2	
	45Si$_2$Cr		10	

7.3.3 普通钢筋和预应力钢筋的弹性模量 E_S 应按表 7.3.3 采用。

表 7.3.3 钢筋的弹性模量（GPa）

种 类	弹性模量 E_S
HPB300 钢筋	210
HRB335、HRB400、HRB500 钢筋 HRBF335、HRBF400、HRBF500 钢筋 RRB400 钢筋 预应力螺纹钢筋	200

续表 7.3.3

种　类	弹性模量 E_S
消除应力钢丝	205
钢绞线	195

7.3.4 玻璃纤维筋(GFRP 筋)强度标准值及弹性模量应符合表 7.3.4 的规定。

表 7.3.4　GFRP 筋的力学参数项目

强度种类	抗拉强度标准值 f_{kf}(MPa)	剪切强度标准值 f_{vf}(MPa)	伸长率 ε_f(%)	弹性模量 E_f(GPa)
$d \leqslant 10$mm	≥700	≥100	≥1.8	≥40
10mm$<d\leqslant$22mm	≥600		≥1.5	
$d>$22mm	≥500		≥1.3	

注：1. 玻璃纤维筋的表面质地应均匀、无气泡、裂纹及其他缺陷。
　　2. GFRP 筋弯曲加工应在工厂进行。
　　3. GFRP 筋密度可按 1.9～2.1g/cm³ 采用。

7.3.5 混凝土的拉压强度、钢筋及 GFRP 筋的抗拉强度，其标准值保证率均应不低于 95%。

7.4　紧固件

7.4.1 盾构管片及其他预制构件间螺栓等紧固件的连接形式及其机械性能等级应满足构造及结构受力要求，表面应进行防腐蚀处理，并应达到规定的耐久性。常用螺栓等级的物理性质可参见表 7.4.1。

表 7.4.1　常用螺栓的物理性质

物理性能		性能等级								
		4.6	4.8	5.6	5.8	6.8	8.8 直径$d\leqslant$16mm	8.8 直径$d>$16mm	9.8 直径$d\leqslant$16mm	10.9
抗拉强度 R_m (MPa)	公称	400		500		600	800		900	1 000
	min	400	420	500	520	600	800	830	900	1 040
下屈服强度 R_{eL} (MPa)	公称	240		300						
	min	240		300						
规定非比例延伸 0.2% 的应力 $R_{P0.2}$ (MPa)	公称						640	640	720	900
	min						640	660	720	940
紧固件实物的规定非比例延长 0.004 8d 的应力 R_{Pf}(MPa)	公称		320		400					
	min		340		420					

注：螺栓性能等级代号点左边的数字表示公称抗拉强度的 1/100，单位为 MPa；点右边的数字表示公称的下屈服强度或相应比例延伸对应的应力与公称抗拉强度的比值的 10 倍。

7.4.2 螺栓连接的强度设计值根据螺栓的抗拉强度换算确定,其中普通螺栓根据公称抗拉强度换算确定,高强度螺栓(8.8及以上等级)根据最小抗拉强度换算确定,具体参见表7.4.2。

表 7.4.2 常用螺栓的强度设计值(MPa)

强度设计值	性能等级								
	4.6	4.8	5.6	5.8	6.8	8.8 直径 d ≤16mm	8.8 直径 d >16mm	9.8 直径 d ≤16mm	10.9
抗拉 f_t^b	170	170	210	210	250	385	400	430	480
抗剪 f_v^b	140	140	190	190	230	240	250	270	300

7.4.3 螺母的性能等级不应低于与其相配的螺栓等级,确保螺栓螺母组合件的应力高于螺栓的屈服强度或保证应力是可行的。

7.4.4 螺母的机械性能包括保证应力(或保证荷载)和维氏硬度两个指标,普通螺栓和高强度螺栓相配的螺母机械性能应符合表7.4.4-1、表7.4.4-2的规定。

表 7.4.4-1 螺母的保证应力(MPa)或保证荷载(N)

螺纹规格 D			M12	M16	M20	M22	M24	M27	M30
性能等级	04	保证应力	380						
	05		500						
	4		—			510			
	5		610			630			
	6		700			720			
	8H	保证荷载	70 000	130 000	203 000	251 000	293 000	381 000	466 000
	10H		87 700	163 000	255 000	315 000	367 000	477 000	583 000

表 7.4.4-2 螺母硬度(HV30)

螺纹规格 D			M12	M16	M20	M22	M24	M27	M30
性能等级	04	维氏硬度 min/max	188/302						
	05		272/353						
	4		—			117/302			
	5		130/302			146/302			
	6		150/302			170/302			
	8H		206/289						
	10H		222/304						

7.4.5 高强度螺栓所配用的垫圈的硬度为329～436 HV30。

7.5 防水材料

7.5.1 盾构隧道采用的弹性橡胶密封垫成品的物理性能指标应满足表 7.5.1 的要求。弹性橡胶密封垫是通过氯丁橡胶或三元乙丙橡胶制成的特殊断面,借助橡胶体压缩应力反弹弹性实现止水。

表 7.5.1 弹性橡胶密封垫成品物理性能

项 目		指 标		
		氯丁橡胶	三元乙丙橡胶	
			Ⅰ型	Ⅱ型
硬度(邵尔 A)(度)		(50±5)～(60±5)	(50±5)～(60±5)	(60±5)～(70±5)
拉伸强度(MPa)		≥10.5	≥9.5	≥10
拉断伸长率(%)		≥350	≥350	≥330
压缩永久变形(%)	70℃×24$_{-2}^{0}$h,压缩 25%	≤30	≤25	≤25
	23℃×72$_{-2}^{0}$h,拉伸 25%	≤20	≤20	≤15
热空气老化 70℃×96h	硬度变化(度)	≤8	≤6	≤6
	拉伸强度降低率(%)	≤20	≤15	≤15
	拉断伸长率降低率(%)	≤30	≤30	≤30
防霉等级		不低于二级	不低于二级	不低于二级

注:Ⅰ型为无孔密封垫,Ⅱ型为有孔密封垫。

7.5.2 盾构隧道采用的遇水膨胀橡胶密封垫胶料的物理性能应满足表 7.5.2 的要求。遇水膨胀橡胶密封垫是由具有遇水膨胀特性的橡胶类弹性体制成,借助弹性体反弹弹性及与水反应产生的膨胀应力及膨胀后的体积增加来实现止水。

表 7.5.2 遇水膨胀橡胶密封垫胶料物理性能

项 目		技 术 指 标	
硬度(邵尔 A)(度)		42±10	45±10
拉伸强度(MPa)		≥3.5	≥3
拉断伸长率(%)		≥450	≥350
体积膨胀倍率(%)		≥250	≥400
反复浸水试验	拉伸强度(MPa)	≥3	≥2
	拉断伸长率(%)	≥350	≥250
	体积膨胀倍率(%)	≥250	≥300
低温弯折(-25℃×2h)		无裂纹	无裂纹

注:1. 成品切片测试应达到本指标的 80%。
2. 接头部位的拉伸强度指标不得低于本指标的 50%。
3. 体积膨胀倍率是浸泡后与浸泡前的试样质量的比率。
4. 低温弯折的试样条件为-25℃下 2h。

7.5.3 复合密封垫弹性橡胶物理性质指标应符合表7.5.1的规定,遇水膨胀橡胶物理性能指标应符合表7.5.2的规定。

7.5.4 盾构隧道采用的遇水膨胀止水胶的物理性能应满足表7.5.4的要求。遇水膨胀止水胶是以聚氨酯预聚体为基础、含有特殊接枝技术的脲烷膏状体,固化成形后具有遇水体积膨胀、密封止水作用。

表7.5.4 遇水膨胀止水胶的物理性能

项　　目		指　标	
		PJ-220	PJ-400
固含量(%)		≥85	
密度(g/cm³)		规定值±0.1	
下垂度(mm)		≤2	
表干时间(h)		≤24	
7d拉伸黏结强度(MPa)		≥0.4	≥0.2
低温柔性		－20℃,无裂纹	
拉伸性能	拉伸强度(MPa)	≥0.5	
	断裂伸长率(%)	≥400	
体积膨胀倍率(%)		≥220	≥400
长期浸水体积膨胀倍率保持率(%)		≥90	
抗水压(MPa)		1.5,不渗水	2.5,无渗水
实干厚度(mm)		≥2	
浸泡介质后体积膨胀倍率保持率(%)	饱和Ca(OH)$_2$	≥90	
	5%NaCl溶液	≥90	
有害物质含量	VOC(g/L)	≤200	
	游离甲苯二异氰酸酯TDI(g/kg)	≤5	

7.6 防火材料

7.6.1 盾构隧道管片结构、排烟道结构及其他有防火要求的内部结构可采用防火涂料来提高结构的耐火极限,防火涂料不应掺加石棉等对人体有害的物质,涂层实干后不应有刺激性气体,防火涂料的技术要求应满足表7.6.1的要求。

表7.6.1 隧道防火涂料的技术要求

检验项目	技术指标	缺陷分类
在容器中的状态	经搅拌后呈均匀稠厚流体,无结块	C
干燥时间(表干)(h)	≤24	C
黏结强度(MPa)	≥0.15	A
干密度(kg/m³)	≤700	C

续表 7.6.1

检验项目	技术指标	缺陷分类
耐水性(h)	≥720,试验后,涂层不开裂、起层、脱落,允许轻微发胀和变色	A
耐酸性(h)	≥360,试验后,涂层不开裂、起层、脱落,允许轻微发胀和变色	B
耐碱性(h)	≥360,试验后,涂层不开裂、起层、脱落,允许轻微发胀和变色	B
耐湿热性(h)	≥720,试验后,涂层不开裂、起层、脱落,允许轻微发胀和变色	B
耐冻融循环试验(次)	≥15,试验后,涂层不开裂、起层、脱落,允许轻微发胀和变色	B
产烟毒性	不低于 GB/T 20285—2006 规定产烟毒性危险分级 ZA_1 级	B
耐火性能(h)	≥2.00(标准升温)	A
	≥2.00(HC 升温)	
	升温≥1.50,降温≥1.83(RABT 升温)	

注:1. A 为致命缺陷,B 为严重缺陷,C 为轻缺陷。
　　2. 试验参照 GB 28375—2012。

7.6.2 盾构隧道管片结构也可采用防火保护板来提高耐火极限,防火保护板分为单一隧道防火保护板和复合隧道防火保护板,复合隧道防火板的饰面板若为金属材料,应对金属面板进行防腐处理,防火保护板的技术指标应满足表 7.6.2 的要求。

表 7.6.2　隧道防火涂料的技术要求

项　　目		技 术 指 标	缺陷分类
尺寸	长度(mm)	≤3 000,偏差±3	C
	宽度(mm)	≤1 250,偏差±3	C
	厚度(mm)	≤70,5≤d<10,偏差±1.0;10≤d<20,偏差±1.3;20≤d<30,偏差±1.5;d≥30,偏差±2.0	C
	边缘平直度	<0.3%,与参考直线最大距离<0.3%	C
	面密度(kg/m²)	≤25	C
抗弯强度	干态(MPa)	≥6	B
	吸水饱和(MPa)	≥干态抗弯强度×70%	B
吸湿变形率(%)		≤0.2	B
抗反卤性		试验后板材无水珠,无返潮	B
产烟毒性		不低于 GB/T 20285—2006 规定产烟毒性危险分级 ZA_1 级	B
耐水性(h)		≥720,试验后,板材不开裂、起层、脱落,允许轻微发胀和变色	B
耐酸性(h)		≥360,试验后,板材不开裂、起层、脱落,允许轻微发胀和变色	B
耐碱性(h)		≥360,试验后,板材不开裂、起层、脱落,允许轻微发胀和变色	B
耐湿热性(h)		≥720,试验后,板材不开裂、起层、脱落,允许轻微发胀和变色	B
耐冻融循环试验(次)		≥15,试验后,板材不开裂、起层、脱落,允许轻微发胀和变色	C
耐盐雾腐蚀性试验(次)		≥30,试验后,板材不开裂、起层、脱落,允许轻微发胀和变色;如面板为金属材料,其金属表面应无锈蚀	B

续表 7.6.2

项　目		技　术　指　标	缺陷分类
燃烧性能	燃烧增长速率指数(W/s)	≤250,根据 GB/T 20284—2006	B
	600s 内总热释放量(MJ)	≤15,根据 GB/T 20284—2006	
	火焰横向蔓延长度(m)	未达到试样边缘,根据 GB/T 20284—2006	
	火焰高度(mm)	≤150,试验方法根据 GB/T 8626—2007	
	吸水率(%)	≤12	C
耐火性能	标准升温(h)	≥2.00	A
	HC 升温(h)	≥2.00	
	RABT 升温(h)	升温≥1.50,降温≥1.83	

注：1. A 为致命缺陷，B 为严重缺陷，C 为轻缺陷。
　　2. 试验参照 GB 28376—2012。

7.7 装饰材料

7.7.1 隧道装饰材料除嵌缝材料外，应采用燃烧等级为 A 级的不燃性材料。

7.7.2 隧道侧墙装饰材料宜采用高强、防火、防水、耐腐蚀、耐洗刷、耐久性好的材料，漫反射系数不宜小于70%。

7.7.3 隧道侧墙装饰材料耐久年限宜达到 25 年以上。

7.7.4 隧道内装饰材料在日常使用及高温下不得分解出有毒、有害气体。

7.7.5 隧道内装饰材料主要有涂料、瓷砖和装饰板。装饰板的种类较多，有铝塑复合板、纤维混凝土板、搪瓷钢板等。隧道内装饰材料类型的选择可参考表 7.7.5 的性能比较。

表 7.7.5 装饰材料性能比较

材料类型	涂料	瓷砖	铝塑复合板	纤维混凝土板	搪瓷钢板
表面涂层	表面粗糙	无表面涂层,表面光滑	表面喷涂氧化膜或喷塑处理,表面光滑	多种材料合成,表面光滑	优质钢板与非金属材料合成,表面光滑
颜色选择	颜色单一	浅色	较丰富	较丰富	丰富
光反射性	光泽暗淡	漫反射	光泽中到高	漫反射,有吸光效果	光泽较高,有一定眩光效应
降噪性能	好	差	不好	不好	一般
抗腐蚀性	差	一般	一般	优异	优异
耐火性	不燃或阻燃	不燃	高温下变软熔化	不燃	不燃
有害气体	不产生	不产生	产生碳化烟雾	不产生	不产生
抗冲击性	一般	差	较差,易变形	一般	优异

续表 7.7.5

材料类型	涂料	瓷砖	铝塑复合板	纤维混凝土板	搪瓷钢板
防潮防水	一般	一般	不好	好	较好
使用寿命	≥20年	≥5年	≥10年	≥20年	≥30年
安装	直接涂刷,方便	较方便,现场拼接	较方便,材料轻便,现场切割	不方便,材料笨重,现场切割	安装复杂,工厂成型,现场无法切割
拆卸更换	易重新涂刷	容易拆卸	容易拆卸	容易拆卸	不易拆卸
维护养护	不易污染,易清洗	易污染,不易清洗	易污染,清洗时易变形	不易污染,易清洗	不易污染,易清洗
价格	低	中等	稍高	高	极高
性价比	高	高	中等	中等	低

7.7.6 隧道内涂料、瓷砖、铝塑复合板、搪瓷钢板的性能指标应满足表 7.7.6-1～表 7.7.6-4 的要求。

表 7.7.6-1 隧道内装饰涂料的性能指标

项 目	性能指标	项 目	性能指标
外观	均匀流体	耐水性能	≥96h
颜色	白、黄、灰、棕、蓝等	耐碱性能	≥48h
干燥时间	≤1.5h		

表 7.7.6-2 隧道内装饰瓷砖的性能指标

项 目	性能指标	项 目	性能指标
吸水率	0.5%～1.5%	抗热震性	20次抗热震性试验不出现炸裂或裂纹
可见光反射率	0.7～0.75	抗冻性	经-5～15℃,130次循环无裂纹或剥落

表 7.7.6-3 隧道内装饰铝塑复合板的性能指标

项 目			技术要求
弯曲弹性模量(MPa)			≥2.0×10^4
贯穿阻力(kN)			≥7.0
剪切强度(MPa)			≥22.0
剥离强度(N·mm/mm)	平均值		≥130
	最小值		≥120
耐温差性	剥离强度下降率(%)		≤10
	涂层附着力(级)	划格法	0
		划圈法	1
	外观		无变化
热膨胀系数(℃$^{-1}$)			4.00×10^{-5}
热变形温度(℃)			95
耐热水性			无异常

表7.7.6-4 隧道内装饰搪瓷钢板的性能指标

项　目	规　　　定
耐盐水性	不生锈
耐酸性	2级及以上
耐碱性(定性)	不失光
光泽度	高光≥85,亚光60~85
密着性	网状以上
耐磨性	无明显擦伤
耐硬物冲击性	瓷面无裂纹,无掉瓷
耐软重物体撞击性能	板面无明显变形,瓷面无裂纹
抗风压性能	瓷面无裂纹,板面无明显变形,背衬不折断或开裂,挂件不松动

注:1. 耐软重物撞击性能指标值由隧道内车速及车辆类型确定,但不宜小于300N·m。
　　2. 抗风压性能指标值由隧道内风压确定,但不应小于1.0kPa。

7.7.7 纤维混凝土板分为低密度、中密度和高密度板,隧道行车道两侧的装饰板应采用高密度纤维混凝土板,其他部位可根据需要采用低、中密度纤维混凝土板。不同密度的纤维混凝土板的物理性能指标应满足表7.7.7的要求。

表7.7.7 隧道内装饰纤维混凝土板的物理性能指标

类别	密度 D (g/cm³)	吸水率 (%)	含水率 (%)	不透水性	湿胀性 (%)	不燃性	抗冻性
低密度	0.8~1.1	—	≤12	—	蒸压养护制品≤0.28,蒸气养护制品≤0.50	A级	—
中密度	1.1~1.4	≤40	—	24h检验允许板反面出现湿痕,但不得出现水滴			—
高密度	1.4~1.7	≤28	—				经25次冻融循环不得出现破裂、分层

7.7.8 纤维混凝土板根据抗折强度分为Ⅰ、Ⅱ、Ⅲ、Ⅳ、Ⅴ五个等级(表7.7.8),隧道行车道两侧的装饰板的抗折强度应根据需要设计,且不宜低于Ⅳ级。

表7.7.8 纤维混凝土板的抗折强度分级

强度等级	抗折强度	
	气干状态	饱和状态
Ⅰ	4	—
Ⅱ	7	4
Ⅲ	10	7
Ⅳ	16	13
Ⅴ	22	18

7.8 其他材料

7.8.1 管片内侧嵌缝可采用聚硫、聚氨酯、硅酮密封膏等柔性填料来密封,嵌缝密封材料的技术指标应满足表 7.8.1 的要求。

表 7.8.1 嵌缝密封材料的技术指标

项　目		单位	指　标
浸泡质量损失率 常温×3 600h	水	%	≤2
	饱和 Ca(OH)$_2$ 溶液	%	≤2
	10％NaCl 溶液	%	≤2
拉伸黏结性能	常温,干燥 断裂伸长率	%	≥125
	常温,干燥 黏结性能		不破坏
	常温,浸泡 断裂伸长率	%	≥125
	常温,浸泡 黏结性能		不破坏
	低温,干燥 断裂伸长率	%	≥50
	低温,干燥 黏结性能		不破坏
	300 次冻融循环 断裂伸长率	%	≥125
	300 次冻融循环 黏结性能		不破坏
流动止水长度		mm	≥130
流淌值(下垂度)		mm	≤2
施工度(针入度)		mm	≥10
密度		g/cm^3	≥1.15

注:1. 常温指(23±2)℃,低温指(−20±2)℃。
　　2. 气温温和地区可以不做低温试验、冻融循环试验。

7.8.2 植筋锚固材料宜采用改性环氧树脂作为胶黏剂,主要构件间植筋连接应采用 A 级,次要构件间植筋连接可采用 B 级,胶黏剂的安全性能指标应满足表 7.8.2-1 要求,界面剂用胶黏剂的安全性能指标应满足表 7.8.2-2 要求。

表 7.8.2-1 锚固用胶黏剂的安全性能指标

性能项目		性能要求 A 级	性能要求 B 级	试验方法标准
胶体性能	劈裂抗压强度(MPa)	≥8.5	≥7.0	GB 50367—2006
	抗弯强度(MPa)	≥50	≥40	GB/T 2567—2008
	抗压强度(MPa)	≥60	≥60	GB/T 2567—2008
黏结能力	钢—钢(钢套筒法)拉伸抗剪强度标准值(MPa)	≥16	≥13	GB 50367—2006
	约束拉拔条件下带肋钢筋与混凝土的黏结强度(MPa)(C30,ϕ25,l=150mm)	≥11	≥8.5	GB 50367—2006
	不挥发物含量(固体含量)(％)	≥99	≥99	GB/T 2793—1995

表 7.8.2-2　界面剂用胶黏剂的安全性能指标

性能项目		性能要求	试验方法标准
胶体性能	抗拉强度(MPa)	≥40	GB/T 2567—2008
	受拉弹性模量(MPa)	≥2 500	
	伸长率(%)	≥1.5	
	抗弯强度(MPa)	≥50,且不得呈脆性(碎裂状)破坏	
	抗压强度(MPa)	≥70	
黏结能力	钢—钢拉伸抗剪强度标准值(MPa)	≥14	GB/T 7124—2008
	钢—钢不均匀撕离强度(kN/m)	≥20	GJB 94
	与混凝土的正拉黏结强度(MPa)	≥2.5,且为混凝土内聚破坏	GB 50367—2006
不挥发物含量(固体含量)(%)		≥99	GB/T 2793—1995

8 衬砌及管内结构

8.1 管片类型

8.1.1 盾构隧道管片类型可划分为箱形管片与平板形管片两种基本类型(图 8.1.1),公路盾构隧道宜采用平板型管片,管片结构一般采用钢筋混凝土结构。

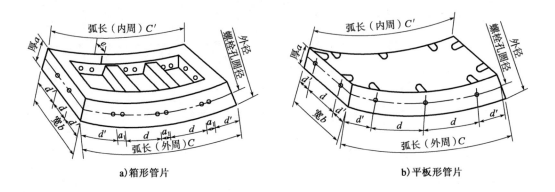

图 8.1.1 管片衬砌类型

8.1.2 铸铁管片质量轻、搬运安装较方便,管片强度高,但由于耗费金属量大、机械加工量大、造价高,特别是具有脆性破坏的特性,一般不宜用作永久性隧道衬砌。

8.1.3 钢管片由型钢或钢板加工而成,具有强度高、延性好、质量轻的特点,但由于管片刚度较小、耐腐蚀性差、造价高、耗费金属量大等特点,一般仅适宜在联络通道、废水泵房等特殊场合采用。

8.1.4 盾构段进出洞、联络通道处、变形缝处或其他需加强连接的特殊部位,应允许在一般类型管片结构基础上增加预埋措施,但需结合管片预制方式一并考虑。

8.1.5 盾构隧道管片结构一般要求采用高精度预制构件;特殊部位设置了二次衬砌的隧道段,二次衬砌可采用现浇钢筋混凝土衬砌类型。

8.2 楔形环类型

8.2.1 公路盾构隧道应考虑管片种类、环宽、直径、曲线半径、曲线区间楔形管片环使用比例、管片制作的方便性、盾尾操作空隙因素综合确定管片楔形量。

8.2.2 一般隧道段,公路盾构隧道宜设置为错缝拼装结构,管片环类型可采用通用楔形环、直线环+转弯环等组合形式,在盾构设备允许的条件下优先选用通用楔形环类型。

8.2.3 管片楔形量设置形式可选用单侧楔形或两侧楔形,宜采用两侧楔形的设计方案,如图 8.2.3 所示。

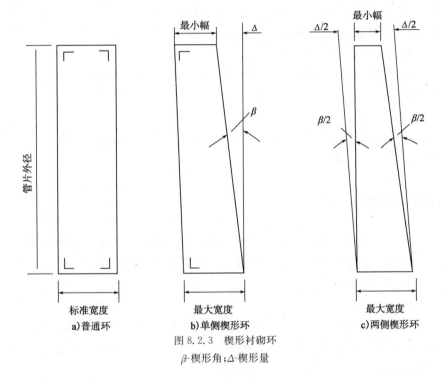

图 8.2.3 楔形衬砌环
β-楔形角;Δ-楔形量

8.2.4 通用管片拟合曲线时,最小转弯半径的计算可采用如下公式计算:

$$R = \frac{BD}{\Delta}$$

错缝拼装时,最小转弯半径的计算可采用如下公式计算:

$$R = \frac{BD}{\Delta\left[1 - 2\sin\left(\frac{\pi}{n}\right)\right]}$$

式中:R——管片理论上的最小转弯半径;

n——沿圆周均匀分布的纵向螺栓分组数,即拼装点位总数;

B——管片环宽;

D——管片外径；

Δ——楔形量。

8.2.5 施工前宜根据设计轴线的走向和管片的几何特征对管片预先进行设计排版；施工时，应根据测得的盾构走势和管片姿态重新确定每一环管片的拼装点位。

8.3 管片分块与环宽

8.3.1 对于钢筋混凝土平板型管片，外径在10～12m的盾构隧道，分块数量宜为8～10块；外径在14～15m的盾构隧道，分块数量宜为9～11块。

8.3.2 不同的分块形式对管片结构也有一定的影响，设计中应对管片分块数量以及形式进行综合研究，确定分块数量、封顶块大小等。

8.3.3 对于钢筋混凝土平板形管片，外径在10～12m的环宽宜取为1 500～2 000mm；外径在14～15m的环宽宜取为2 000mm左右。

8.3.4 管片环宽的取值需结合管片搬运、拼装、曲线拟合、接缝数量、盾构机千斤顶行程、管片制作成本等要素综合确定。

8.4 管片接头构造

8.4.1 管片接头一般包括接头构造形式、连接方式。接头构造设计需要从力学性能、防水方案及施工运输等方面进行考虑。接头的构造一般由连接件、榫槽、传力衬垫、弹性密封垫沟槽和嵌缝沟槽等部分组成。

8.4.2 管片接头的对接方式主要有全面对接式、部分表面对接式、键式、搭接式和凹式等。公路盾构隧道管片宜采用面对接式或设凹凸榫对接形式。当采用凹凸榫槽对接方式时，应结合盾构推进油缸的作用区域一并考虑。

8.4.3 接头紧固件按照紧固方法不同，可分为有螺栓连接（直螺栓、弯螺栓、斜插螺栓等，如图8.4.3所示）、无螺栓连接以及销钉连接等，公路盾构隧道的接头宜采用螺栓连接形式，通常环间螺栓的尺寸小于等于管片与管片之间的连接螺栓直径。采用螺栓连接进行设计时，尚应注意下列因素：

（1）对于混凝土平板形管片，需考虑接头的应力传递、配筋制约、楔形量等因素，结合管片脱模工艺和截面缺损部分的平衡因素，确定管片宽度方向的螺栓配置。

（2）管片沿宽度方向一般宜均匀配置2～3根螺栓，管片厚度较大时，也可按照双排布置。

（3）对于环间接头螺栓，宜采用一排螺栓，配置在离管片内侧1/4～1/2的位置上。

钢管片的接头螺栓设计结合结构计算确定其布置位置与数量。

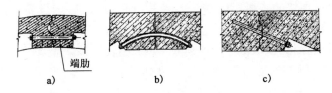

图 8.4.3　管片螺栓连接方案图

8.4.4　在接缝处可设置柔性的传力衬垫作为管片接头受力的缓冲,控制管片开裂。在管片刚度接头要求高的特殊隧道,如承担高水头压力的隧道衬砌,在确保管片制作精度的前提下,也可以采用混凝土凸面替代传力衬垫,凸面高度宜取 2~4mm,不宜超过 5mm。

8.4.5　管片结构宜在内侧设置嵌缝槽,在槽内添加止水材料来达到防水的目的。

8.4.6　盾构管片接缝需结合防水密封垫的要求进行沟槽预留,并根据防水密封垫的指标对沟槽的尺寸进行力学分析,综合确定防水方案。管片防水可根据隧道尺寸、设计水压力的不同,沿管片厚度方向设置一道或两道密封垫防水。

8.5　封顶块设计

8.5.1　封顶块的拼装方式有径向插入型、轴线插入型和两者并用的混合型。
图 8.5.1 为封顶块插入方式设计图。

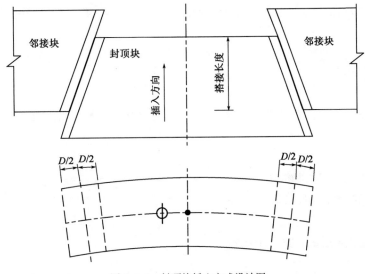

图 8.5.1　封顶块插入方式设计图

(1)径向插入型由于管片自锁能力差,目前已较少采用。
(2)轴向插入型、轴向插入与径向插入混合型成为目前盾构隧道封顶块拼装方式的主要类型。

(3)通常在确定封顶块插入类型时需综合管片分块方式、盾构设备推进油缸行程、封顶块管片拼装时所需的最小施工间隙等综合确定。一般来说,封顶块圆心角较小时,管片采用轴向插入即可满足要求。而当封顶块圆心角较大时,如采用轴向插入型,则封顶块梯形斜边与隧道轴线的角度较大,既不利于盾构施工期推进油缸作用力的传递,也不利于隧道环向轴力的传递,而径向与轴向混合的插入方式可以减小梯形斜边与隧道轴线的夹角,改善管片力学性能。

(4)纵向插入角度设计主要取决于拼装时封顶块径向搭接长度及径向插入时管片施工间隙,根据设计施工经验,径向插入时管片施工间隙可取 20~30mm;封顶块插入角度取 1:5~1:10。

8.5.2 封顶块的大小

封顶块的大小可根据管片分块方案、螺栓的布设方案、拼装点位的选择方式等因素综合确定。大直径盾构隧道不宜采用与标准块等圆心角的大封顶块方案。

8.6 注浆孔设计

8.6.1 管片上的注浆孔的布置需保证可向衬砌背后均匀压浆;一般应在每块管片设置至少一个注浆孔。

8.6.2 压浆孔的直径需根据使用的压浆材料决定,一般采用内径约 50mm 的压浆孔。

8.6.3 如把压浆孔作为起吊环使用时,应根据作业安全性、施工便利性等因素合理确定其位置及孔径。

8.7 吊装方案设计

8.7.1 管片设计需结合盾构设备配置相应的吊装装置,通常可选用真空吸盘吊装或螺栓举重吊装两种方式。

8.7.2 采用真空吸盘装置进行吊装时,应结合真空吸盘构造确定管片内弧面的设计方案,并对吊装过程的安全性进行验算。

8.8 盾构设备推进作用方案设计

8.8.1 管片结构迎千斤顶面需选择与盾构设备推进系统匹配的结构方案。
(1)迎千斤顶面一般可设置局部凸面,将推进油缸的顶推作用均匀传递到凸面上,凸面宜保持与管片边缘不小于50mm距离,以避免顶推作用对管片边缘的混凝土的不利作用。

(2)迎千斤顶凸面高度不宜过大,宜采用2~5mm。
(3)迎千斤顶面应进行混凝土结构局部承压能力验算。

8.8.2 盾构管片纵缝宜避开推进油缸撑靴作用区。

8.8.3 盾构隧道管片旋转拼装时,对应推进千斤顶撑靴作用的传力凸面一般不宜随管片旋转而调整方位。

8.9 管片制作误差要求

8.9.1 衬砌管片应采用高精度管片,管片精度应符合下列要求:
(1)单块管片制作的允许偏差:宽度±0.5mm(错缝拼装时宜取±0.4mm);厚度±1.0mm;弧、弦长±1.0mm;纵、环向螺栓孔孔径及孔位±1.0mm。
(2)整环拼装检验的允许偏差:相邻环的环面间隙小于1.0mm,纵缝相邻块间隙为小于1.5mm,对应的环向螺栓孔不同轴度小于1.0mm,衬砌环外半径-0.0~+3.0mm、内半径-3.0~+0.0mm。
(3)管片沟槽误差控制应与防水材料、剪切构造等要求相匹配。

8.10 盾构隧道特殊部位设计

8.10.1 盾构隧道与工作井宜采用刚性连接,并在工作井外侧加密设置2~5条变形缝。

8.10.2 盾构隧道在设置横向连接通道的位置前后宜设置变形缝,横向连接通道与主隧道之间宜采用刚性连接。

8.10.3 盾构隧道的变形缝宽度应结合防水方案综合确定,缝宽一般可取2~4mm;变形缝内宜设置高弹性模量软木衬垫,并粘贴在背千斤顶面处。

8.10.4 盾构隧道进出洞段宜采用环、纵向拉紧措施。

8.10.5 盾构隧道与工作井刚性连接部位,宜在管片预制时预埋钢板,以利于盾构隧道与工作井的刚性连接。

8.10.6 管片边角应设计为不易损坏的倒角形状。

8.10.7 管片应根据要求设置管片型号、定位标记、主筋位置等方便施工的标记符号。

9 结构计算

9.1 一般规定

9.1.1 公路盾构隧道结构可采用荷载结构法或地层结构法计算,并符合下列规定:
(1)当盾构穿越土质地层时,宜采用荷载结构法进行内力计算。
(2)当围岩质量较好,围岩和隧道结构共同承担外荷载时,宜采用地层结构法进行内力计算。
(3)当盾构穿越的环境较复杂,需要考虑盾构与周边建构筑物的相互影响时,宜采用地层结构法进行计算。

9.1.2 公路盾构隧道结构计算必须根据施工中各阶段及使用过程中可能出现的环境条件进行,并充分考虑各类荷载组合、地质差异及周边条件变化对结构的不利影响。结构计算应符合下列规定:
(1)隧道结构计算模式与计算工况应根据其工作条件、施工工序及受力特点确定。
(2)当内部结构需承受车辆荷载时,其计算及构造应符合现行《公路桥涵设计通用规范》(JTG D60)的相关要求。
(3)地层对结构的弹性抗力应根据结构形式、地层特性、加固方法、施工参数以及结构内力对弹性抗力的敏感程度等因数确定。
(4)采用地下连续墙或桩板墙围护的结构,可根据其与隧道结构的结合面处理方式,按叠合墙或复合墙计算。

9.1.3 公路盾构隧道的结构验算应符合下列规定:
(1)隧道管片和主体结构承载力、变形和裂缝验算宜采用基于分项系数的极限状态法验算。
(2)管片螺栓孔、嵌缝等局部构造的验算,可采用容许应力法。

9.2 作用

作用的确定是工程结构计算的先决条件,衬砌设计不仅应满足隧道投入使用后,而且必须满足施工过程中的安全性和工艺的要求。从这种观念出发,对于隧道设计根据作用组合方法分类,应考虑的作用种类主要分三种,即永久作用、可变作用和偶然作用。

9.2.1 公路盾构隧道的设计荷载应按表 9.2.1 选用,设计过程中应选择对隧道结构可靠性起关键作用的作用进行组合分析。

表 9.2.1 作 用 分 类

编号	作用分类		作 用 名 称
1	永久作用		竖向及水平岩土压力
2			水压力
3			结构自重
4			装修或设备自重
5			地面建筑物的影响力
6			地面超载
7			混凝土收缩及徐变作用
8			结构基础变位作用
9	可变作用	基本可变作用	地面车辆影响力
10			隧道内车辆及人群影响力
11			水位变化(潮汐)及波浪的影响力
12			风机等设备引起的动荷载
13		其他可变作用	温度作用
14			地面施工影响力
15			隧道施工影响力(顶推力、注浆压力等)
16	偶然作用		地震作用
17			爆炸力
18			火灾影响力
19			撞击力
20			沉船及抛锚影响力

9.2.2 水下隧道结构计算应按承载能力极限状态基本组合(ULS)、承载能力极限状态偶然组合(ALS)、正常使用极限状态标准组合(SLS)分别进行计算与验算,荷载组合的具体表达式按照现行《建筑结构荷载规范》(GB 50009)执行,并满足以下规定:
(1)隧道主体结构应按作用最不利工况进行组合校核。
(2)当计入地震或其他偶然作用时,不需验算结构的变形及裂缝宽度。
(3)当基坑围护结构兼作上部建筑物基础时,应进行垂直承载能力、地基变形及稳定性计算。

9.2.3 盾构隧道承载能力极限状态基本组合(ULS)、承载能力极限状态偶然组合(ALS)、正常使用极限状态标准组合(SLS)的作用分项系数可按表 9.2.3 选取。

表 9.2.3 作用分项系数

编号	作用分类		作用名称	作用分项系数 γ_f		
				ULS	ALS	SLS
1	永久作用		竖向及水平岩土压力	1.35	1.0	1.0
2			水压力	1.1	1.0	1.0
3			结构自重	1.35	1.0	1.0
4			装修或设备自重	1.35	1.0	1.0
5			地面建筑物的影响力	1.2	1.0	1.0
6			地面超载	1.2	1.0	1.0
7			混凝土收缩及徐变作用	1.35	1.0	1.0
8			结构基础变位作用	1.2	0.5	1.0
9	可变作用	基本可变作用	地面车辆影响力	1.4	—	0.5
10			隧道内车辆及人群影响力	1.4	1.0	0.5
11			水位变化及波浪的影响力	1.4	1.0	—
12			风机等设备引起的动荷载	1.4	1.0	—
13		其他可变作用	温度作用	1.4	1.0	1.0
14			地面施工影响力	1.4	—	—
15			施工影响力(千斤顶推力、注浆压力等)	1.4	—	—
16	偶然作用		地震作用	—	1.0	—
17			爆炸力	—	1.0	—
18			火灾影响力	—	1.0	—
19			撞击力	—	1.0	—
20			沉船及抛锚影响力	—	1.0	—

注：1. 永久作用对结构的承载能力有利时，其分项系数可降低 0.2。
2. 水压力对结构的承载能力有利时，其分项系数可取 1.0。
3. 竖向土压力与水平土压力应按相互独立的荷载进行组合。
4. 偶然作用相互之间不组合。
5. 有条件时，可根据作用的概率分布确定作用分项系数。

9.2.4 土压力的计算应符合以下规定：

(1)当水土压力采用水土合算时，地下水位以上的土体应采用天然重度，地下水位以下的土体应采用饱和重度。水土合算的方法，适用于土体渗透性很差的情况，一般适用于软黏土，施工期的水土压力计算。

(2)当水土压力采用水土分算时，地下水位以下的土体应采用浮重度。水土分算的方法适用于土孔隙中存在自由的重力水的情况或土的渗透性较好，一般适用于砂土、粉土中，主体结构施工期的水土荷载计算或者地层中主体结构运营期的水土压力计算。

(3)深埋隧道的竖向土压力可根据 Terzaghi 松散土压力理论确定。

考虑长期作用于隧道上的土压力时，宜针对地质条件、隧道埋置深度，分成两种情况来计算:当覆土厚度小于隧道外径时,一般不考虑地层的拱效应;当覆土厚度大于隧道的外径时,地层产生拱效应的可能性比较大,可以考虑在设计时采用松弛土压力。在砂性土中,当覆土厚度大于$(1\sim2)D$(D为管片环外径)时采用松散土压力;在黏性土中,如果是由硬质黏土($N\geqslant8$)构成的良好地层,当覆土厚度大于$(1\sim2)D$时多采用松散土压力。对于中等固结的黏土($4\leqslant N<8$)或软黏土($2\leqslant N<4$),宜将隧道的全覆土重量作为土压力考虑。

对于松散土压力的计算方法一般多采用太沙基(Terzaghi)公式。其计算图见图9.2.4。

$$P_v = \frac{B\gamma - C}{K\tan\varphi}(1 - e^{-\frac{KH\tan\varphi}{B}}) + qe^{-\frac{KH\tan\varphi}{B}} \quad (9.2.4\text{-}1)$$

$$B = \frac{D}{2}\cot\left(\frac{45°+\varphi/2}{2}\right) \quad (9.2.4\text{-}2)$$

式中:P_v——松弛土压力;
B——衬砌顶部的松弛宽度;
K——一般取$K=1.0$;
γ——土体单位重度;
C——土体黏聚力;
φ——土体内摩擦角;
H——覆盖层厚度;
D——衬砌环外径。

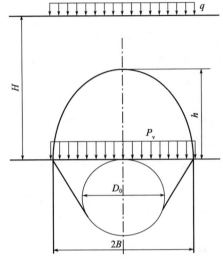

图9.2.4 松散土压力计算简图

松散土体高度的计算一般可采用下式计算:

$$h = \frac{B\left(1-\frac{C}{\gamma B}\right)}{K\tan\varphi}(1-e^{-K\tan\varphi\frac{H}{B}}) \quad (9.2.4\text{-}3)$$

对于水平土压力,可以取垂直土压力乘以水平土压力系数,对隧道同时还要考虑从隧道顶部到隧道底部的水平土压力的作用,所以隧道的水平荷载为一个梯形荷载。针对盾构隧道所修建的地段基本上均属于软弱地段,所以根据N值的不同而选择不同的系数。

9.2.5 盾构隧道衬砌上作用的水压力应符合以下规定:

(1)水压力是在水土分算时必须考虑的荷载,取全水头水压力进行计算,水压的确定应保证所设计的结构物在施工期间和使用期间的安全。

(2)在选择用于计算水压力的地下水位时应进行充分的论证。可以通过分别取各种水位进行计算,取最不利的情况进行设计。

(3)对于地下水、洪水或潮汐引起的水压力荷载,20年一遇水位条件下的水压力可按永久荷载计算,20年一遇水位至设计最高(最低)水位产生的水压力可按可变荷载计算。

9.2.6 结构自重应符合以下规定:

(1)在自重计算中,认为材料是均匀的介质,自重是沿衬砌轴线分布的垂直荷载。如果箱形管片自重沿衬砌轴线的分布变化不同的话,可以采用平均自重。

(2)对于衬砌结构计算中采用的材料的重度,在无实际明确的重度时可以参照表9.2.6考虑。

表9.2.6 衬砌管片计算常用材料重度(kN/m^3)

常用材料	一次衬砌			二次衬砌	
	钢筋混凝土	钢制	铸铁制	素混凝土	钢筋混凝土
重度	25.0	78.5	72.5	24.0	25.0

9.2.7 装修或设备自重荷载为隧道内部装修、设备安装或分割空间而产生的荷载,应根据设计基准期内可能发生的实际情况计算。

9.2.8 地面永久建筑荷载影响力为隧道施工前或施工完成后,在隧道上方或两侧影响范围内施作的永久建筑物或永久构筑物。应根据结构设计基准期内隧道周边的建设规划,确定建筑荷载影响力的作用位置与量值。

地面永久建筑物对隧道结构的影响可按以下方法计算:将建筑物重力换算为地表(或地层内)的分布荷载(或集中荷载),应用应力扩散理论分析其对隧道结构的作用力。对于无黏性的砂性土,可采用扩散角理论计算;对于黏性土及岩体,可采用土力学中应力传递理论公式计算。

9.2.9 地面超载应符合以下规定:

(1)作用在地面的超载(汽车荷载及地面结构物的作用而产生的荷载)应作为集中力或附加分布荷载作用在隧道衬砌上。

(2)陆域地段的隧道结构,地面超载可按20kPa考虑;当隧道上方为车行道路时,地面超载可按30kPa考虑;盾构工作井周边地面超载可按30kPa考虑;当施工期间地面有特殊使用要求或运营期间地面有特殊使用规划时,地面超载应按实际情况计算。

(3)对于一般地面荷载可以直接根据布辛尼斯克(Boussinesq)所推导的公式进行计算。地面结构物荷载对衬砌结构的影响,应根据结构物产生的荷载的大小、基础类型、基础与衬砌间的土层等情况进行计算。

9.2.10 当结构为超静定体系时,应计入混凝土收缩和徐变的影响力。可作为混凝土整体温度降低考虑:对于整体现浇的素混凝土衬砌可按降温20℃考虑;对于整体现浇的钢筋混凝土衬砌可按整体降温15℃考虑;对于分次浇筑的整体式素混凝土或钢筋混凝土结构可按整体降温10℃考虑;对于装配式钢筋混凝土结构可按整体降温5~10℃考虑。

9.2.11 结构基础变位作用的计算,应考虑基础有可能出现的变位差。当基础不均匀或荷载存在较大不对称时,结构计算过程中可适当增大基础相对变位值进行验算。

9.2.12 基本可变荷载标准值的计算应符合以下规定:

(1)公路车辆荷载、人群荷载应根据结构设计基准期内,隧道净空道路的荷载标准确定其作用位置与量值,计算方法可采用现行《公路桥涵设计通用规范》(JTG D60)的相关规定。

(2)立交公路车辆荷载及其产生的冲击力、土压力,应根据结构设计基准期内隧道周边道路建设规划确定其作用位置与量值,计算方法可采用现行《公路桥涵设计通用规范》(JTG D60)的相关规定。

(3)立交铁路荷载及其产生的冲击力、土压力应根据结构设计基准期内隧道周边建设铁路规划确定其作用位置与量值,计算方法可采用《铁路桥涵设计设计基本规范》(TB 10002.1)的相关规定。

(4)水位变化(潮汐)及波浪的影响力可以参照现行《港口与航道水文规范》(JTS 145)和《港口工程荷载规范》(JTS 144-1)的规定进行计算。

(5)风机等设备引起的动荷载可按以下规定计算:

①对于射流风机,可按其静止重量的10~15倍计算其对隧道结构的动荷载作用;

②对于轴流风机,可按有关规范的经验公式计算,或根据机械振动理论分析后确定;

③对于架空结构,除计入标准设备荷载外,还应计入不小于 $200Pa/m^2$ 的使用期分布荷载。

9.2.13 当隧道结构受到温度影响显著时,结构计算中应考虑温度作用。温度变化影响力可按下式计算:

$$\Delta L = \alpha L \Delta t \qquad (9.2.13)$$

式中:ΔL——构件的温度变化引起的变形值(m);

α——构件材料的线膨胀系数,混凝土及钢筋混凝土的线膨胀系数为 1.0×10^{-5};

L——构件的计算长度(m);

Δt——构件的计算温度差,一般可取构件施工时温度与设计基准期内最冷月平均气温或最热月平均气温之差(℃)。

9.2.14 地面施工荷载为工程建设期中,短期堆放物体或临时开挖覆土层导致隧道周边荷载的短期变化,应根据实际或预计发生的情况计算。当堆放或开挖引起的荷载变化可能长期存在时,应作为永久荷载考虑;浅埋隧道之上的大面积施工荷载,可简化为覆土厚度。

9.2.15 隧道施工荷载为盾构施工过程中产生的荷载,主要有千斤顶推力、壁后注浆压力、盾尾脱离后的土压力、管片装配器的操作荷载及其他施工荷载。

计算应符合以下规定:

1)千斤顶推力

千斤顶推力是在盾构推进过程中以盾构千斤顶推力的反力的形式作用于管片上的临时荷载,在施工荷载中对管片的影响最大。盾构的总推力是根据各种推进阻力的总和及其所需富余量决定的。在一般情况下,盾构千斤顶的设备总推力可以参照下式计算:

$$P = (70 \sim 100)A \qquad (9.2.15)$$

式中:P——盾构千斤顶的设备总推力(t);

A——开挖面的面积(m^2)。

但是,地质条件及施工方法对推力有很大影响。在一般情况下,当开挖面不能自稳时,采用上限值;能够自稳时,采用下限值。施工时的使用推力多为此值的 30%～60%。

每台千斤顶的推力和台数应根据盾构外径、总推力、管片结构和隧道路线等因素确定。

尤其是在急转弯曲线段及盾构纠偏时,不但由于千斤顶的操作会产生偏心荷载,还会出现曲线内外侧的压力暂时性不平衡,从而出现纵向弯曲应力等在直线上不可能出现的应力状态。这时,要结合地层抗力的评价和隧道纵向结构模型等因素,对于这些荷载进行仔细的研究。由于作用在环与环之间接头断面上的弯曲应力需由螺栓来承担,螺栓容易发生剪切破坏。

2)壁后注浆压力

向盾尾空隙进行壁后注浆时,由于注浆压力在管片注浆孔周围形成一个暂时作用的偏心荷载,在此荷载作用下,容易出现钢制管片面板的损伤、半径方向插入的 K 型管片会向隧道内滑移、接头螺栓破损、管片环变形等现象。

设计管片时,除围岩条件外,也要考虑施工的实际情况来确定注浆压力,并在这一压力下对管片的各部分进行验算。壁后注浆入口的压力应稍大于该处的静止水、土压力之和。注浆压力不能过大,以免管片背后土层受劈裂扰动,而造成过大的后期沉降与跑浆;注浆压力过小,则浆液填充过慢,间隙充填不密实,地表变形也将加大。实践上多取注浆压力为 1.1～1.2 倍静止水、土压力。日本《盾构隧道设计施工指南》中推荐注浆压力采用 0.3MPa,以此压力检算 B 型和 K 型管片的接头及面板的强度,在上海市已建的盾构隧道中,注浆压力通常用 0.3～0.4MPa。

3)盾尾脱离后的土压力

如果压浆工作完成前,盾尾脱出后形成的空间外的围岩稳定,则可不考虑此项荷载。但是,在软黏土类和松散易流动的砂层中,随着盾尾的前进,围岩坍落到衬砌坏顶部,在衬砌环上可能作用有较大的压力,应该检算在盾尾前进后作用在衬砌上的土压力。

盾尾前进后出现的土压力,一般按 20～30kPa 考虑。但在竖井附近和围岩受到很大扰动的地区,应根据实际情况,将上述数值适当地予以增加。

4)管片装配器荷载

管片装配器的操作荷载即作用于管片上的装配器荷载,除用此荷载计算起吊环之外,也可用来计算管片装配器对于管片各部分的影响。最近由于管片的自动装配、大口径盾构隧道管片的大型化使管片装配器的装备能力有增大的倾向。此荷载的数值可根据装配器的额定能力与动态效应进行推求。但因装配器的代用等情况的存在,采用额定能力不合适时,则需要进行合理的判断。

对于钢筋混凝土类的管片,将螺栓孔或注浆孔作为管片起吊孔使用的场合较多,也有在螺栓孔或注浆孔内安装拉杆作为反力座在施工时进行设备材料吊装的做法。在日本《盾构工程用标准管片(1990)》中,考虑到这种因素对于混凝土管片的影响,要求注浆孔的抗拔承载力超过 1.5 倍管片环重量。在采用自动装配装置时,为了使组装装置固定牢靠,会对起吊环产生较大的抗拔力,因此必须对起吊环的抗拔承载力进行验证。

5)其他施工荷载

除以上施工荷载外,还有一些需要考虑的对象,如后方台车自重的影响、真圆保持器等的千斤顶荷载、刀盘旋转力的影响、盾构形式及开挖面的各种设备等。另外,切削出渣搬运车及管片搬运车的反力有时也会对管片产生影响。如果这些影响较大时,根据需要设定合适的荷载,有必要时对结构稳定性进行计算。

9.2.16 地震对结构的作用力应根据隧道设计使用年限内10%超越概率条件下地震动参数设计。结构抗震计算可采用拟静力法、反应位移法和地震波时程分析法。

9.2.17 隧道承受的由炸药、燃气、粉尘等引起的爆炸力宜按等效静力荷载采用。在常规炸药爆炸动荷载作用下,结构构件的等效均布静力荷载标准值,可按下式计算:

$$q_{ce} = K_{dc} p_c \tag{9.2.17}$$

式中:q_{ce}——作用在结构构件上的等效均布静力荷载标准值;

K_{dc}——作用在结构构件上的均布动荷载最大值,可按现行国家标准《人民防空地下室设计规范》(GB 50038—2005)中第4.3.2条和4.3.3条的有关规定采用;

p_c——动力系数,根据构件在均布动荷载作用下的动力分析结果,按最大内力等效的原则确定。

注:其他原因引起的爆炸,可根据其TNT装药量,参考本条方法确定等效均布静力荷载。

9.2.18 隧道承受的汽车撞击力标准值在车辆行驶方向取1 000kN,在车辆行驶垂直方向取5 010kN,两个方向的撞击力不同时考虑,撞击力作用于行车道以上1.2m处,直接分布于撞击涉及的构件上。对于设有防撞设施的结构构件,可视防撞设施的防撞能力,对汽车撞击力标准值予以折减,但折减后的汽车撞击力标准值不应低于上述规定值的1/6。

9.2.19 隧道如需要考虑平战结合,一般只涉及5级或6级人防设计。在核爆动荷载作用下,结构构件变形极限已由允许延性比控制,且在确定各种构件允许延性比时,已考虑了对变形的限制,因而在防空地下室结构设计中,不必再单独对结构构件的变形与裂缝开展进行验算,一般只进行强度的验算。

如果人防管理部门明确公路隧道必须按人防工工程设计,则其人防荷载应根据现行《人民防空地下室设计规范》(GB 50038)有关规定办理,且需办理相关审批手续。如果仅仅因为工程的重要性而考虑人防荷载,一般也可直接参照表9.2.19-1～表9.2.19-3取值进行结构设计。

表9.2.19-1 顶板等效静荷载标准值(kN/m²)

覆土厚度 (m)	防常规武器抗力级别	
	5	6
$0.0 < h \leqslant 0.5$	110～90(88～72)	50～40(40～32)
$0.5 < h \leqslant 1.0$	90～72(72～56)	40～30(32～24)
$1.0 < h \leqslant 1.5$	70～50(56～40)	32～15(24～12)

续表 9.2.19-1

覆土厚度 (m)	防常规武器抗力级别	
	5	6
$1.5<h\leqslant2.0$	50～30(40～24)	—
$2.0<h\leqslant2.5$	30～15(24～12)	—

注:1. 顶板弹塑性工作阶段设计计算,允许延性比$[\beta]$取4.0。
2. h较小时,荷载取大值。
3. ( )内为考虑上部建筑影响的取值。

表 9.2.19-2　非饱和土中外墙等效静荷载标准值(kN/m²)

顶板埋置深度 (m)	土的类别	防常规武器抗力级别			
		5		6	
		砌体	钢筋混凝土	砌体	钢筋混凝土
$0.0<h\leqslant1.5$	碎石土、粗砂、中砂	85～60	70～40	45～25	30～20
	细砂、粉砂	70～50	55～35	35～20	25～15
	粉土	70～55	60～40	40～20	30～15
	黏性土、红黏土	70～50	55～35	35～20	20～15
	老黏性土	80～60	65～40	40～25	30～15
	湿陷性黄土	70～50	55～35	35～20	25～15
	淤泥质土	50～40	35～25	25～15	15～10
$1.5<h\leqslant3.0$	碎石土、粗砂、中砂	40～30		20～15	
	细砂、粉砂	35～25		15～10	
	粉土	40～25		15～10	
	黏性土、红黏土	35～25		15～10	
	老黏性土	40～25		15～10	
	湿陷性黄土	35～20		15～10	
	淤泥质土	25～15		10～5	

注:1. 砌体按弹性工作阶段计算,净高≤3.0m,开洞≤5.4m,钢筋混凝土按弹塑性工作阶段计算,$[\beta]$取3.0计算,高度5.0m。
2. h较小时,荷载取大值。

表 9.2.19-3　饱和土中外墙等效静荷载标准值(kN/m²)

顶板埋置深度 (m)	饱和土含气量 α_1(%)	防常规武器抗力级别	
		5	6
$0.0<h\leqslant1.5$	1	100～50	50～30
	≤0.05	140～100	70～50
$1.5<h\leqslant3.0$	1	80～60	30～25
	≤0.05	100～80	50～30

注:1. 钢筋混凝土外墙计算高度5.0m,允许延性比$[\beta]$取3.0。
2. α_1大于1时按非饱和土取值。$\alpha_1=0.05\sim1.0$时,按内插法取值。
3. h较小时,荷载取大值。

9.2.20 隧道结构应进行施工阶段荷载组合分析,且应符合以下规定:

(1)一般情况下,施工阶段可不考虑偶然荷载的作用。必要时,可考虑施工期火灾对隧道衬砌和防水材料的影响。

(2)应考虑盾构顶进压力、注浆压力及其浮力对结构受力的影响。

9.3 管片结构计算

9.3.1 隧道管片横断面结构计算必须根据设计区段中最不利条件确定,宜对下列关键断面进行分析计算:

(1)覆盖层最薄及最厚的断面。
(2)(地下)水位最低及最高的断面。
(3)下穿建筑物、道路附加荷载大的断面。
(4)偏压荷载较大的断面。
(5)横向地形或地质变化较大的断面。
(6)管片拼装错位较大的断面。
(7)邻近既有或规划的建(构)造物断面。

9.3.2 盾构隧道管片由于接头的存在,对衬砌内力分布会造成一定的影响。衬砌环计算对接头的处理常用的有两种方法:第一种是将衬砌环看作刚度均匀的结构,但考虑到接头的存在,将结构的刚度进行折减;第二种是将接头看作可以承受轴力和一定弯矩的弹性铰。目前,关于盾构隧道衬砌的计算方法有很多的研究,设计中常用的有:惯用法、修正惯用法、多铰圆环法、梁—弹簧法和壳—弹簧法。

1)惯用法

惯用法是将管片环作为刚度均匀的环来考虑的设计计算法,此方法不考虑管片接头部分的弯曲刚度下降,管片环和管片主截面具有同样刚度并且弯曲刚度均匀的方法。

2)修正惯用法(图9.3.2-1)

结构按均质圆环考虑,考虑接头对结构刚度的影响,管环整体结构刚度取为$(1-\eta)EI$,η为刚度折减系数,通常$\eta=0.2\sim0.3$,同时考虑错缝拼装管片接头部位弯矩的传递效应,对管片弯矩进行重分配(图9.3.2-2)。

接头处内力:

$$M_f = (1-\zeta)M \quad N_f = N$$

管片:

$$M_g = (1+\zeta)M \quad N_g = N$$

式中:ζ——弯矩调整系数,通常取0.2~0.3;

M、N——分配前按均质圆环计算弯矩及轴力;

M_f、N_f——分配后接头弯矩和轴力;

M_g、N_g——分配后管片本体弯矩和轴力。

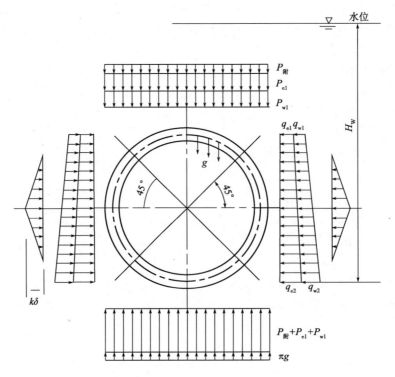

图 9.3.2-1　修正惯用法荷载计算图式

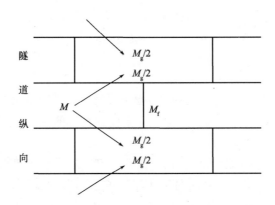

图 9.3.2-2　弯矩传递及分配示意

3）多铰圆环法

该法适用于具有一定强度的良好地层,把管片接头看作铰构造进行计算。

多铰环自身属于不稳定构造,但在周围地层土体的支撑围护作用下成为稳定构造。作用于管环上的荷载以主动土压力方式作用,与惯用法的荷载形式一致,伴随环的变形和变位产生的地层反力,通常按照文克勒假定进行计算。

4）弹性铰圆环法（图 9.3.2-3）

装配式钢筋混凝土管片是由多块管片拼装而成的圆形衬砌环,管片与管片之间采用环向螺栓连接,衬砌环与环之间采用纵向螺栓连接。在考虑管片结构横向受力时,可近似按平面应变模型考虑,取延米衬砌进行计算分析。在管片接头处,其圆环刚度小于管片本体截面刚度,但仍能传递一定弯矩,因此,将管片接缝视为一个弹性铰,整个衬砌圆环是一个含多个弹簧铰的衬砌圆环。

计算过程中,接头处的弹性铰采用一个旋转弹簧模拟,并假设铰接弹簧所传递的弯矩 M 与转角 θ 成正比,即:$M = K_\theta \theta$,其中,K_θ 为旋转弹簧刚度。地基弹簧采用文克勒的假定弹簧,对地基弹性抗力进行模拟,衬砌周边全周均作用地基弹簧,但当弹簧出现受拉时,则弹簧自动解除。管片环接头处采用径向、切向不发生错位考虑(即假定接头处径向、切向变位为0),但采用回转弹簧模拟管片接头抗

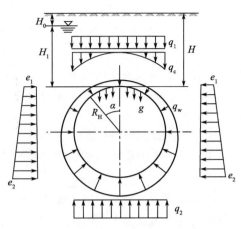

图 9.3.2-3　弹性铰圆环法荷载作用模式

弯刚度折减,回转弹簧的刚度取值对计算结果影响较大。管片纵缝接头形式、隧道所处的地层地质条件、隧道埋深等均对 K_θ 有较大影响,K_θ 的取值合理范围通常为 30～3 000MN·m/rad。在计算过程中,采用不同的 K_θ 值对结构进行分析,分析其变化规律,得出确保结构安全可靠的内力值。

5)梁—弹簧法(图 9.3.2-4)

梁—弹簧法又称 M-K 法,由日本学者村上(Murakami)和小泉(Koizumi)提出,该法利用地基弹簧模拟荷载,将管片主截面简化为圆弧梁或直线梁,将管片接头考虑为旋转弹簧,将管片环接头考虑为剪切弹簧,以评价错缝拼装效应。由于环间接头将引起管片环间的相互咬合作用,此时除考虑计算对象的环外,将对其有影响的前后环的 1/2 环也作为对象,采用空间结构进行计算。此模型同时考虑了管片接头刚度、接头位置及错缝拼装效应,在各种地层中均能得到较为理想的计算结果,是一种较为合理的计算模型。

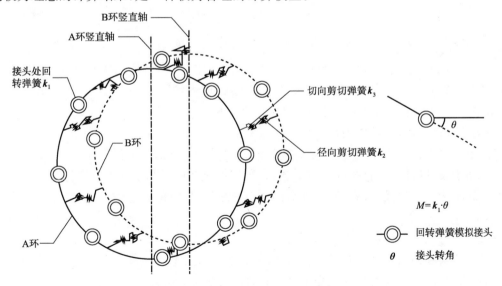

图 9.3.2-4　梁—弹簧模型计算示意图

如将该方法中剪切弹簧常数和旋转弹簧常数同时设定为零,则基本上与多铰环计算法相同;如将剪切弹簧常数设置为零,将旋转弹簧常数设为无限大时,则与刚度均匀环的计算法相同。所以可以认为这一方法不但包含了上述两个方法,同时还可以利用管片环接头剪切刚度的大小表征错接接头的拼接效应。所以从力学机理上讲是解释管环承载机制的有效方法。

该计算法使用的荷载基本上都是惯用荷载系统,然而也有将地基抗力全部或者部分转换成地基弹簧进行计算的方法。

用梁—弹簧模型可以对任意一种管片环的组装法以及接头的位置进行解析,也可以计算出环接头上产生的剪力。旋转弹簧常数和剪切弹簧常数除了可用试验求得外,对于一般性的管片接头,也可通过计算求出。

如果对剪切弹簧常数取值偏小,则主截面的计算弯矩也会偏小,所以,为了安全起见,也常采用将其设定为无穷大的方法。

6)壳—弹簧法(图9.3.2-5)

壳—弹簧法采用三维弧形弹性壳单元模拟单个管片体。三维壳面衬砌模型由1个整环和2个半环组成。以中间整环为研究对象。管片接头采用抗弯弹簧模拟,该弹簧沿管片接缝密布,抗弯刚度之和等于管片接头抗弯刚度值。环间接头采用环间径向剪切弹簧和环向剪切弹簧两种,对应布置在环间螺栓部位,将地层与管片环之间的相互作用用地层弹簧来表示。壳—弹簧法克服了用梁单元模拟管片壳体的不足,可以体现出管片内力沿幅宽的三维分布,是一个比梁—弹簧模型更接近实际情况的设计计算方法。

a)壳面　　　　b)管片接头布置　　　c)环间接头布置　　　d)地应力弹簧布置

图9.3.2-5　壳—弹簧计算模型

不管是哪一种方法,在自重、上覆荷载、垂直土压力、水平土压力及上部垂直荷载抗力的设定是基本一致的。主要的区别在于水平地层抗力的设定方法上,惯用法和修正惯用法是将水平地层抗力作为一个三角形均布荷载来考虑,而多铰环法、梁—弹簧法及壳—弹簧法是通过地层弹簧来考虑的。图9.3.2-6为盾构衬砌常用计算模型。

不同的设计阶段,管片内力计算可采用不同的计算方法,并符合以下规定:

(1)预工可设计阶段,或者围岩条件较好时,可采用均质圆环法计算。

(2)初步设计阶段,小直径的盾构隧道,宜采用修正惯用法和梁—弹簧法计算。

(3)施工图设计阶段,大直径、大埋深的隧道宜采用壳—弹簧法计算。

9.3.3　管片的刚度计算应符合以下规定:

(1)管片横断面内力计算时,接头抗弯刚度系数应根据模型试验、管片接头三维有限元分析、类似工程对比以及经验公式或理论公式计算等方法分析确定。

(2)当无条件时,接头抗弯刚度可根据盾构直径、分块形式、环宽、螺栓配置情况,参照

表 9.3.3 选用。

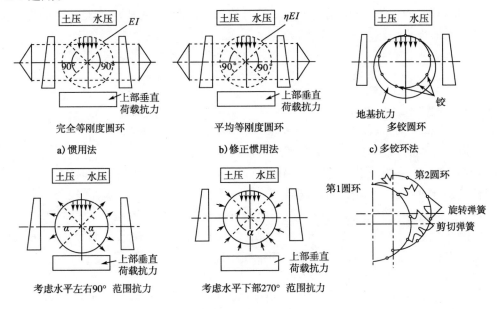

图 9.3.2-6 盾构衬砌常用计算模型

注：α 为地基抗力的作用范围。

表 9.3.3 国内部分盾构隧道管片接头抗弯刚度值统计

工程名称	管片外径 (m)	管片			环向螺栓	接头抗弯刚度 ($\times 10^5$ kN·m/rad)
		厚度 (cm)	环宽 (cm)	分块形式		
南京纬三路过江通道	14.5	60	200	7+2+1	3M36 斜	3～4(数) −3～−4(数)
南京长江隧道	14.5	60	200	7+2+1	3M36 斜	3～7.5,−4～−9.5
武汉长江隧道	11	50	200	9 等分	4M36 弯	4,−2.4(模)
上海长江隧道	15.0	0.65	200	7+2+1	2M36	2.72～7.04(模) 5.70～6.18(数)
广州港狮子洋隧道	10.8	50	200	5+2+1	3M36 斜	4,−5(模)
南水北调中线穿黄隧道	8.7	40	160	4+2+1	4M30 直	0.45～0.61(数)
南京地铁南北线	6.2	35	120	3+2+1		0.52,−0.63(模)
广州地铁	6	30	150	3+2+2	2M24 弯	0.012,−0.023(模)
上海地铁	6.2	35	120	3+2+3		0.06～0.2(数)
武汉地铁	6.2	35	150	3+2+1		0.8,−0.5

注：表中"模"表示模型试验，"数"表示数值模拟。

（3）当采用梁—弹簧法和壳—弹簧法进行计算时，环与环之间的径向剪切弹簧和切向剪切弹簧刚度值宜根据试验结果确定，在无条件时，可按最不利情况考虑。

9.3.4 弹性抗力是指当隧道结构在荷载作用下发生变形时周边岩体或土体限制结构变形的能力,因此当围岩对隧道支护结构的变形具有约束作用时,应考虑围岩对结构的弹性抗力作用。弹性抗力的大小可用如下公式计算:

$$F_d = K_d \delta \tag{9.3.4}$$

式中:F_d——弹性抗力(kN/m^2);

K_d——弹性抗力系数(kPa/m);

δ——结构变形量(m)。

结构内力计算时,地层抗力可根据下述方法确定:

(1)地层抗力宜采用"抗压不抗拉"的地层弹簧模拟。在采用数值分析时中,可以用抗压不抗拉的杆单元或者非线性弹簧单元模拟。

(2)地层弹簧的弹性抗力系数应根据土质条件来确定。在一般地下工程勘测中可以通过试验提供抗力系数,在资料不具备时可参考现行《公路隧道设计细则》(JTG/T D70)选取。盾构隧道计算中在使用抗力系数时应注意盾构隧道的自身特点。

地层抗力的确定,需要注意以下特点:

①弹性抗力需在注浆硬化后才产生,因此在设计时一方面对施工阶段的计算需要慎重处理,同时对同步注浆的浆液材料应有较好的早期强度。

②当弹性抗力系数 K 为 $0\sim10MN/m^3$ 时,它对内力的影响很大,必须仔细研究土质和施工情况后选用。

③表 9.3.4 为根据标准贯入试验 N 值而定的土体侧压力系数和地层反力系数。在砂土中,如开挖面的稳定性好,背部注浆可得到比较好的质量,围岩的松散程度不太严重,可取用表中的高值。反之,如开挖面不稳定,即使 N 值比较大,也应该用表中的低值。

表 9.3.4 土体侧压力系数和地层反力系数与标准贯入试验 N 值的关系

土体种类	λ	$K(MN/m^3)$	N
极密类的砂	0.35~0.45	30~50	$N \geq 30$
非常坚硬的黏性土			$N \geq 25$
密实砂性土	0.45~0.55	10~30	$15 \leq N < 30$
硬黏性土			$8 \leq N < 25$
中硬黏性土		5~10	$4 \leq N < 8$
松砂性土	0.50~0.60	0~10	$N < 15$
软黏土	0.55~0.65	0~5	$2 \leq N < 4$
极软黏土	0.65~0.75	0	$N < 2$

9.3.5 纵断面方向结构计算应符合下列规定:

(1)当隧道埋置深度沿纵向变化较大,地质条件沿纵向变化较大,上部附加荷载沿隧道纵向分布变化较大,小半径曲线施工时,宜对结构纵向强度与变形进行计算。

(2)隧道的纵向计算按弹性地基梁进行,在施工图阶段将以考虑接头影响的弹性地基梁进行复核,可采用图 9.3.5-1、图 9.3.5-2 所示的计算模型。

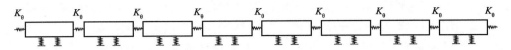

图 9.3.5-1 管片环间接头模拟

9.3.6 盾构管片接头计算应符合下列规定：

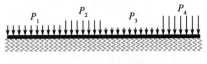

图 9.3.5-2 隧道纵向计算模型

（1）采用修正惯用法设计接头截面的内力时，对于弯矩可参照弯矩提高率，做折减处理。

（2）当作为多铰圆环计算管片的截面内力时，管片接头只需要传递剪力和轴力。但从便于施工出发，接头必须能够抵抗组装管片过程中产生的弯矩。

（3）当采用梁弹簧或壳弹簧模型进行计算时，通过计算可直接得到接头位置的截面内力，可选择其中最大的内力，将弯矩、轴力和剪力进行适当的组合进行设计。此时，接头必须能满足计算截面内力所采用的弹簧刚度。

（4）对于管片接头的剪应力计算一般可以省略，但在径向插入型 K 型管片上，如果接头角度较大，则需要对 K 型管片的脱落进行研究。

（5）管片环接头宜考虑地震、隧道纵向错位和施工的影响。

（6）宜对管片接头接缝沟槽的抗剪承载力进行计算，从而确定弹性密封垫的最大允许装配力。

9.4 施工计算

9.4.1 应对管片施工过程中管片堆放、管片单点吊装时的受力情况进行验算。管片堆放计算示意图见图 9.4.1-1，管片单点吊装计算示意图见图 9.4.1-2。

9.4.2 设计中应考虑千斤顶荷载对管片结构配筋的影响，采用容许应力法进行计算。千斤顶荷载可按照本指南 9.2.15 条的规定取值，安全系数取 1.75。

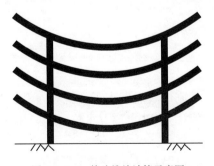

图 9.4.1-1 管片堆放计算示意图

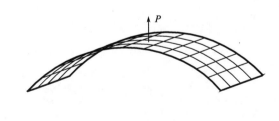

图 9.4.1-2 管片单点吊装计算示意图

9.5 管内主体结构计算

9.5.1 二次衬砌多用于保护管片的防腐蚀、防渗、校正中心线偏离、改善内表面平滑和内部装饰、加固一次衬砌的管片和防止不可预测的荷载变化引起隧道变形的措施、防止隧道浮起、防振、防噪的压重措施、耐火防管片老化、内部设施的设置与固定及隔墙措施等,根据上述用途,对二次衬砌构件可不计截面力。另一方面,考虑到隧道建成后来自新建的相邻结构物(隧道、建筑物基础和填土荷载)的影响,以及隧道分叉处断面补强或不均匀沉降处理和地震时的动力特性,在轴向设计中,有时必须将二次衬砌也当作主体结构予以考虑。二次衬砌计算应符合以下规定:

(1)设置二次衬砌时,应考虑水压力作用在不同界面时对结构可靠性的影响。管片衬砌防水完好时,地层荷载和水荷载等外荷载都直接作用在管片衬砌上;管片衬砌出现防水渗漏时,全部地层荷载和部分水荷载直接作用在管片衬砌上,其余水荷载则直接作用在二次衬砌上。

(2)通常情况下,由管片衬砌和二次衬砌构成的隧道衬砌应视为双层结构式衬砌。若施作的二次衬砌为结构性二次衬砌,则构件内力按其完成后施加在衬砌上的荷载来进行计算。当双层衬砌层间具有足够大的抗剪强度时,可按整体结构进行计算,否则,按仅传递径向压力的重合板进行结构计算。此时可假定内外层之间只传递法向压力而没有剪力和弯矩,双层之间的作用沿周向均布的不抗拉压缩弹簧模拟。对于层间压缩弹簧,可假定其压缩刚度等于内外层压缩区混凝土柱的抗压刚度。若二次衬砌为非结构型构件,可以仅将其自重作为加荷条件予以设计计算。

(3)对于承受内水压力的隧道,应选择适当的包括二次衬砌在内的结构模型,考虑应力历史与应力路径进行研究,根据地下水位和内水压力等条件,作用的土压力越大未必衬砌应力越大,应考虑土水压力范围的最大值与最小值条件下结构的截面内力。

9.5.2 管内主体结构计算

(1)隧道车道板的内力与变形计算,宜与侧墙、立柱一同考虑,按照空间板壳结构进行计算,荷载的选取应符合现行《公路桥涵设计通用规范》(JTG D60)的规定。

(2)口字件可以按箱形结构进行计算,应考虑施工荷载的影响。

9.6 抗浮验算

9.6.1 隧道抗浮验算应符合以下规定:
(1)抗浮验算仅考虑恒载的作用效应。
(2)覆土厚度应考虑设计寿命期内的变化,如疏浚、冲刷以及后期人工开挖等因素。
(3)覆盖层处于地下水位以上时按天然重度的标准值计算,处于地下水位以下时按浮重度计算。
(4)当隧道基地土体在地震时可能出现液化时,应按液化后土体的重度计算浮力。
(5)盾构施工期的抗浮验算,宜考虑注浆的影响。

9.6.2 水下隧道抗浮验算可根据式(9.6.2)计算:
在工程实践中,对盾构隧道抗浮验算常采用简化计算的方法,通过简单分析管片上浮力与上部土柱重量的平衡来估计需要的上覆土层厚度,偏安全考虑,不考虑土体侧摩阻力的有利作用。其隧道计算简图及管片示意图分别如图 9.6.2-1、图 9.6.2-2 所示。

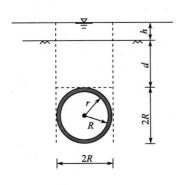

图 9.6.2-1　隧道计算简图

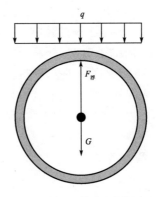

图 9.6.2-2　管片受力简图

$$\frac{W_s + W_a + F_z}{F_f} \geqslant K_f \quad (9.6.2-1)$$

$$F_f = r_b r_w V \quad (9.6.2-2)$$

式中：F_f——浮力设计值(kN/m)。

r_b——浮力作用分项系数，取 1.0。

r_w——水或液化土体的标准重度(kN/m³)；

V——计算单元中隧道结构封闭外轮的体积(m³/m)；

W_s——隧道结构自重标准值(kN/m)；

W_a——隧道上覆土层的有效压重标准值(kN/m)；

F_z——结构基桩或抗浮构造的抗浮力设计值(kN/m)；

K_f——抗浮安全系数，按 9.6.4 条确定。

9.6.3　水底盾构隧道的抗浮验算，应按 100 年一遇水沙系列对应的河床冲刷结论进行设计，按 300 年一遇水沙系列对应的河床冲刷结论进行校核。

9.6.4　盾构隧道使用过程中的抗浮安全系数不宜低于 1.2，在施工过程中的抗浮安全系数不宜低于 1.1。对地震液化及其他超设计标准工况进行抗浮校核时，抗浮安全系数可取 1.05。

关于隧道抗浮安全系数，尚无统一规定，本条根据相关规范及工程实践经验确定。目前，不同规范对抗浮验算有不同的规定。根据《道路隧道设计规范》(DG/TJ 08-2033—2008)，盾构隧道的抗浮安全系数，施工阶段取 1.1，使用阶段取 1.2；沉管隧道的抗浮安全系数，沉放、对接阶段取 1.02，使用阶段取 1.2。《地铁设计规范》(GB 50157—2013)规定："抗浮安全系数当不计地层侧摩阻力时不应小于 1.05；当计及地层侧摩阻力时，根据不同地区的地质和水文地质条件，可采用 1.10～1.15 的抗浮安全系数。"《给水排水工程管道结构设计规范》(GB 50332—2002)规定："对埋设在地表水或地下水以下的管道，应根据设计条件计算管道结构的抗浮稳定。计算时各项作用均应取标准值，并应满足抗浮稳定性抗力系数不低于 1.10。"

《给水排水工程构筑物结构设计规范》(GB 50332—2002)规定,构筑物在基本组合作用下的设计稳定抗力系数 K_s 上浮时不小于1.05,验算时,抵抗力应只计入永久作用,而可变作用和侧壁上的摩擦力不应计入;抵抗力和滑动、倾覆力应均采用标准值。

对于水下隧道结构,其线路较长,场地条件及地下水位的变异性较大;与单体地下建筑物相比,其侧壁摩擦所能提供的安全储备偏低,同时,由于防水等影响对差异变形要求较严格。本规范根据不同类别的水下隧道结构特点,参照各地工程实例,分别按不同工法隧道与不同施工阶段,推荐采用相应抗浮安全系数作为设计最低限值。

9.7 结构验算

9.7.1 公路盾构隧道结构设计应采用以概率理论为基础的极限状态设计法,分别按施工阶段和使用阶段进行强度、刚度和稳定性计算,并应对使用阶段的变形及裂缝宽度进行验算。当隧道埋深或地基沿纵向变化较大时,结构应具有足够的纵向强度与刚度,确保隧道纵向稳定,满足长期运营条件下结构纵向不出现危及运营安全的差异沉降。

9.7.2 隧道结构应按承载能力极限状态校核计算,结构上的作用(荷载)效应组合应符合式(9.7.2)的规定:

$$\gamma_0 \gamma_1 S(\gamma_m f_r, \alpha_k) \leqslant R\left(\frac{f_k}{\gamma_f}, \alpha_k, C\right) \tag{9.7.2}$$

式中:$S(\cdot)$——与作用在结构之上的荷载相关的作用效应函数;
　　$R(\cdot)$——与结构材料强度及几何尺寸相关的结构抗力效应函数;
　　f_r——作用在结构之上的作用组合标准值;
　　f_k——结构材料性能的标准值或极限值;
　　α_k——结构的几何参数标准值;
　　C——结构的极限约束值;
　　γ_0——结构重要性系数,见表9.7.3;
　　γ_1——结构附加安全系数,见表9.7.4;
　　γ_m——作用在结构之上的作用分项系数,见表9.2.3;
　　γ_f——结构材料性能的分项系数,见表9.7.5。

9.7.3 隧道的结构重要性系数(γ_0)应按表9.7.3取值。

表9.7.3 结构重要性系数(γ_0)

结构安全等级	重要性系数	结构安全等级	重要性系数
一级	1.1	三级	0.9
二级	1.0		

9.7.4 隧道支护结构附加安全系数(γ_1)应按表9.7.4取值。

表 9.7.4 支护结构附加安全系数(γ_1)

结构类型	分项系数	结构类型	分项系数
明洞、洞门等的现浇结构	1.05	盾构隧道的预制结构	1.0

9.7.5 结构材料强度标准值除以材料性能分项系数可得到材料强度设计值。考虑到不同种类材料强度值的离散性,故采用其不同的分项系数。隧道材料性能的分项系数(γ_f)应按表 9.7.5 取值。

表 9.7.5 材料的分项系数(γ_f)

强度类型		分项系数
钢筋混凝土	混凝土抗压强度	1.45
	混凝土抗拉强度	1.60
	钢筋抗压强度	1.25
	钢筋抗拉强度	1.25
	钢绞线及钢丝	1.50
钢结构	抗压强度	1.25
	抗拉强度	1.25

9.7.6 钢筋混凝土结构构件的承载能力极限状态计算应符合下列规定:
(1)钢筋混凝土轴心受压构件,其正截面强度应符合式(9.7.6-1)的规定:

$$\gamma_0 \gamma_1 N \leq 0.9\varphi\left(\frac{f_{ck}}{\gamma_{ck}}A + \frac{f_{sk}}{\gamma_s}A'_s\right) \tag{9.7.6-1}$$

式中:φ——钢筋混凝土构件的稳定系数,按表 9.7.6-1 查取。

表 9.7.6-1 钢筋混凝土构件的稳定系数 φ

l_0/b	≤8	10	12	14	16	18	20	22	24	26	28
l_0/d	≤7	8.5	10.5	12	14	15.5	17	19	21	22.5	24
l_0/r	≤28	35	42	48	55	62	69	76	83	90	97
φ	1.0	0.98	0.95	0.92	0.87	0.81	0.75	0.70	0.65	0.60	0.56
l_0/b	30	32	34	36	38	40	42	44	46	48	50
l_0/d	26	28	29.5	31	33	34.5	36.5	38	40	41.5	43
l_0/r	104	111	118	125	132	139	146	153	160	167	174
φ	0.52	0.48	0.44	0.40	0.36	0.32	0.29	0.26	0.23	0.21	0.19

注:1. 表中 l_0 为构件计算长度,b 为矩形截面短边尺寸,d 为圆形截面直径,r 为截面最小回转半径。
2. 构件计算长度 l_0 的确定:两端固定为 $0.5l$;一端固定,一端为不移动的铰为 $0.7l$;两端均为不移动的铰为 l;一端固定,一端自由为 $2l$(l 为构件支点间长度)。

(2)钢筋混凝土矩形截面或翼缘位于受拉区的 T 形截面受弯构件,其正截面承载力应符合式(9.7.6-2)的规定:

$$\gamma_0 \gamma_1 M \leq \frac{f_{ck}}{\gamma_{ck}}bx\left(h_0 - \frac{x}{2}\right) + \frac{f'_{sk}}{\gamma_s}A'_s(h_0 - a'_s) \tag{9.7.6-2}$$

此时,中性轴的位置按下列公式确定:

$$\frac{f_{sk}}{\gamma_s}A_s - \frac{f'_{sk}}{\gamma_s}A'_s = \frac{f_{ck}}{\gamma_{ck}}bx \qquad (9.7.6-3)$$

混凝土受压区高度 x 应符合下列条件:

$$x \leqslant \xi_b h_0 \qquad (9.7.6-4)$$

$$x \geqslant 2a'_s \qquad (9.7.6-5)$$

以上式中:N——轴向力设计值;

　　　　M——弯矩设计值;

　　　　f_{ck}——混凝土抗压强度标准值;

　　　　γ_{ck}——混凝土抗压强度分项系数;

　　　　γ_s——钢筋抗压、抗拉强度分项系数;

　　　　b——矩形截面宽度或倒 T 形截面的腹板宽度;

　　　　h_0——混凝土截面有效高度;

　　　　f_{sk}、f'_{sk}——钢筋抗拉、抗压强度标准值;

　　　　A——构件毛截面面积,当纵向钢筋配筋率大于 3% 时,A 应改用 $A_n = A - A'_s$;

　　　　A_s、A'_s——受拉区、受压区纵向钢筋截面面积;

　　　　a'_s——受压钢筋合力点至受压区边缘的距离;

　　　　ξ_b——混凝土受压区高度界限系数,按表 9.7.6-2 采用。

表 9.7.6-2　混凝土受压区高度界限系数 ξ_b

钢筋种类	混凝土强度等级		
	C50 及以下	C55、C60	C65、C70
HRB400	0.53	0.51	0.49
精轧螺纹钢筋	0.40	0.38	0.36

注:1. 截面受拉区内配置不同种类钢筋时,ξ_b 值应选用相应于各种钢筋的较小者。
　　2. $\xi_b = x_b/h_0$,x_b 为纵向受拉钢筋和受压区混凝土同时达到其强度设计值时的受压区高度。

(3)钢筋混凝土矩形截面偏心受压构件的正截面承载力计算应符合下列规定:

$$\gamma_0 \gamma_1 N \leqslant \frac{f_{ck}}{\gamma_{ck}}bx + \frac{f'_{sk}}{\gamma_s}A'_s - \sigma_s A_s \qquad (9.7.6-6)$$

$$\gamma_0 \gamma_1 Ne \leqslant \frac{f_{ck}}{\gamma_{ck}}bx\left(h_0 - \frac{x}{2}\right) + \frac{f'_{sk}}{\gamma_s}A'_s(h_0 - a'_s) \qquad (9.7.6-7)$$

当 $\xi = \dfrac{x}{h_0} \leqslant \xi_b$ 时,构件属于大偏心受压,应符合下列规定:

①式(9.7.6-6)中的 σ_s 应采用 f'_{sk}/γ_s。

②在计算中计入纵向受压钢筋时,混凝土受压区高度应符合式(9.7.6-5)的要求;不符合式(9.7.6-5)的要求时,构件正截面承载力可按下式计算:

$$\gamma_0 \gamma_1 Ne' \leqslant \frac{f_{sk}}{\gamma_s}A_s(h_0 - a'_s) \qquad (9.7.6-8)$$

③按式(9.7.6-8)求得的构件承载力比不考虑受压钢筋更小时,在计算中不应考虑受压钢

筋的作用。

当 $\xi > \xi_b$ 时，构件属于小偏心受压，应符合下列规定：

① σ_s 应按式(9.7.6-9)计算，但不应大于 f'_{sk}/γ_s 的值。

$$\sigma_s = 0.003 E_s \left(\frac{\beta_1}{\xi} - 1 \right) \tag{9.7.6-9}$$

② 当纵向力作用在钢筋 A'_s 的合力点与钢筋 A_s 的合力点之间时，尚应按式(9.7.6-10)进行验算：

$$\gamma_0 \gamma_1 N_f e' \leqslant \frac{f_{ck}}{\gamma_{ck}} bh \left(h'_0 - \frac{h}{2} \right) + \frac{f'_{sk}}{\gamma_s} A'_s (h'_0 - a_s) \tag{9.7.6-10}$$

以上式中：σ_s——小偏心受压构件中受拉（或受压较小边）钢筋的应力；

β_1——截面受压区应力图高度与实际受压区高度的比值，可按表9.7.6-3取值；

$e、e'$——纵向力作用点至受拉或受压钢筋合力点之间的距离；

a_s——受拉钢筋合力点至受拉区边缘的距离；

h'_0——受压钢筋 A'_s 合力点至靠近受拉钢筋 A_s 的截面边缘之间的距离。

表 9.7.6-3　系　数　β_1　值

混凝土强度等级	C50 及以下	C55	C60	C65	C70	C75	C80
β_1	0.8	0.79	0.78	0.77	0.76	0.75	0.74

9.7.7 隧道结构按正常使用极限状态设计时，应按荷载效应的正常使用极限状态标准组合(SLS)验算结构构件的容许应力、变形或裂缝宽度，采用下列极限状态表达式：

$$S_d \leqslant C \tag{9.7.7}$$

式中：C——结构构件达到正常使用要求所规定的限值，根据本指南第10章的相关规定取值；

S_d——正常使用极限状态的荷载效应（变形、裂缝和应力等）组合设计值。

9.7.8 矩形、T 形和工字形截面的钢筋混凝土受弯构件，其最大裂缝宽度可按式(9.7.8)计算：

$$\delta_{fmax} = C_1 C_2 C_3 \frac{\sigma_s}{E_s} \frac{30 + d}{0.28 + 10\mu} \tag{9.7.8}$$

式中：δ_{fmax}——最大裂缝宽度(mm)；

C_1——钢筋表面形状系数，对于光面钢筋 $C_1 = 1.4$，对于螺纹钢筋 $C_1 = 1.0$；

C_2——作用或荷载长期效应影响系数，短期静荷载（不考虑冲击荷载）作用时，$C_2 = 1.0$；长期荷载作用时，$C_2 = 1 + 0.5 \frac{N_l}{N_s}$，其中 N_l 为长期荷载作用下的内力，N_s 为短期荷载作用下的内力（弯矩或轴力）；

C_3——与构件受力形式相关的系数：板式受弯构件 $C_3 = 1.15$，其他受弯构件 $C_3 = 1.0$；轴心受拉构件 $C_3 = 1.2$；偏心受拉构件 $C_3 = 1.1$；偏心受压构件 $C_3 = 0.9$；

d——纵向受拉钢筋的直径(mm)，当用不同的直径的钢筋时，采用换算直径：$d = \frac{A_s}{s}$(s

为纵向受拉钢筋的总周长);当使用钢筋束时,取用一束钢筋截面换算为一根钢筋的换算;

μ——纵向受拉钢筋的配筋率,$\mu = \dfrac{A_s}{bh_0 + (b_f - b)h_f}$,当 μ 大于 0.02 时,取 $\mu = 0.02$;当 μ 小于 0.006 时,取 $\mu = 0.006$。对于轴心受拉构件,μ 按全部受拉钢筋的一半计算;

b_f——受拉翼缘宽度;

h_f——受拉翼缘厚度;

h_0——受压边缘到受拉钢筋重心的距离。

9.7.9 由作用(或荷载)短期效应组合引起的开裂截面纵向受拉钢筋应力 σ_s,可按下列公式计算。

轴心受拉构件:

$$\sigma_s = \frac{N_s}{A_s} \tag{9.7.9-1}$$

受弯构件:

$$\sigma_s = \frac{M_s}{0.87 A_s h_0} \tag{9.7.9-2}$$

偏心受拉构件:

$$\sigma_s = \frac{N_s e'_s}{A_s (h_0 - a'_s)} \tag{9.7.9-3}$$

偏心受压构件:

$$\sigma_s = \frac{N_s(e_s - z)}{A_s z} \tag{9.7.9-4}$$

$$z = \left[0.87 - 0.12(1 - \gamma'_f) \left(\frac{h_0}{e_s} \right)^2 \right] h_0 \tag{9.7.9-5}$$

$$e_s = \eta_s e_0 + y_s \tag{9.7.9-6}$$

$$\gamma'_f = \frac{(b'_f - b)h'_f}{bh_0} \tag{9.7.9-7}$$

式中:e_s——轴向压力作用点至纵向受拉钢筋合力点的距离;

e'_s——轴向拉力作用点至受压区或受拉较小边纵向钢筋合力点的距离;

z——纵向受拉钢筋合力点至截面受压区合力点的距离,且不大于 $0.87h_0$;

η_s——使用阶段的轴向压力偏心距增大系数,对于公路水下隧道结构,可取 $\eta_s = 1.0$;

y_s——截面重心至纵向受拉钢筋合力点的距离;

γ'_f——受压翼缘截面面积与腹板有效截面面积的比值;

b'_f、h'_f——受压区翼缘的宽度、厚度;在式(9.7.9-7)中,当 $h'_f > 0.2h_0$ 时,取 $h'_f = 0.2h_0$;

N_s、M_s——按荷载的短期组合计算的轴向力值、弯矩值。

9.7.10 隧道结构变形应符合表 9.7.10-1 及表 9.7.10-2 的规定。

表 9.7.10-1 受弯构件的容许挠度

构件类型		容许挠度(m)
吊车梁		$L_0/600$
结构跨度(m)	$B_0 \leqslant 5$	$L_0/250$
	$5 < B_0 \leqslant 8$	$L_0/300$
	$B_0 > 8$	$L_0/400$

注:1. 表中 L_0 为构件净计算跨度。
   2. 如果为悬臂构件,则表中的容许挠度应乘以 2.0。

表 9.7.10-2 盾构隧道结构容许收敛值

盾构隧道外径 D(m)	容许收敛(m)	盾构隧道外径 D(m)	容许收敛(m)
$D \leqslant 8$	$D/500$	$D > 12$	$D/300$
$8 < D \leqslant 12$	$D/400$		

9.8 防火计算

9.8.1 隧道施工期火灾工况验算宜符合以下规定:

火灾的持续时间设定为 30min,火灾的最高温度设定为 700℃,相应的隧道火灾基准曲线如图 9.8.1 所示。

火灾升温曲线的表达式为:

$$T_s = 20 + 700(1 - 0.325e^{-0.167t} - 0.675e^{-0.5t}) \quad (0 \leqslant t \leqslant 30) \tag{9.8.1}$$

9.8.2 隧道施工期火灾工况验算宜符合以下规定:

运营期隧道火灾基准曲线如图 9.8.2 所示。

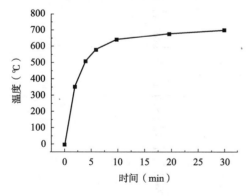

图 9.8.1 施工阶段火灾升温曲线图

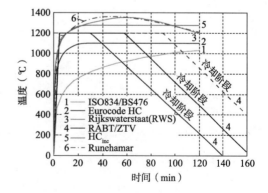

图 9.8.2 运营阶段火灾升温曲线图

(1)ISO834 曲线为标准建筑火灾曲线,曲线由普通建筑火灾实验得到,火灾的燃料主要为纤维质材料(木材,纸,织物等),该火灾曲线被广泛地用于建筑结构火灾场景分析中,在隧道

火灾方面,可以用来描述一次小型隧道火灾,曲线的表达式为:

$$T = 20 + 345\lg(8t+1) \qquad (9.8.2\text{-}1)$$

(2)HC 曲线起初用于石化工程和海洋工程,后被应用到隧道工程中。HC 曲线用来描述发生小型石油火灾(如汽油箱,汽油罐以及某些化学品运输罐)的燃烧特征。HC_{inc} 曲线用于模拟比较严重的火灾情况,在 HC 曲线的基础上,乘以系数 $\alpha = 1300/1100$ 得到,HC 曲线的表达式为:

$$T = 20 + 1080(1 - 0.325e^{-0.167t} - 0.675e^{-2.5t}) \qquad (9.8.2\text{-}2)$$

(3)RABT 曲线是德国通过一系列实验的研究结果发展而来。该曲线假设火场温度在 5min 内快速升高到 1 200℃,并在持续较短时间后冷却 110min,该曲线模拟一场简单的卡车火灾升温状况,但针对一些特殊的火灾类型,最高温度的持续时间也可延长到 60min 或更长的时间,然后冷却 110min,表 9.8.2-1 给出了 RABT 升温曲线控制坐标。

表 9.8.2-1　RABT 升温曲线坐标

时间(min)	温度(℃)	时间(min)	温度(℃)
0	15	30	1 200
5	1 200	140	15

(4)RWS 曲线由荷兰 Ministry of Public Works,the Rijswaterstaat(RWS)及 TNO 火灾研究中心 1979 年共同建立。它假设在最不利的火灾情况下,潜热值为 300 MW 燃油或油罐车持续燃烧 120 min,并假设 120 min 后消防人员已经将火势控制,接近火源并开始熄灭火源。RWS 曲线的建立主要用于模拟油罐车在隧道中燃烧的情况,油罐车火灾具有热释放率大,升温速度快的特点,该曲线可以较好地模拟油罐车火灾的这些特点,同时曲线还考虑了当油料减少最高温度逐渐下降的降温过程,表 9.8.2-2 给出了 RWS 升温曲线控制坐标。

表 9.8.2-2　RWS 升温曲线控制坐标

时间(min)	温度(℃)	时间(min)	温度(℃)
0	20	60	1 350
3	890	90	1 300
5	1 140	120	1 200
10	1 200	180	1 200
30	1 300		

9.8.3　衬砌及防水、防火材料的热物理参数可按照下列规定取值。

(1)衬砌混凝土的传热系数为:

$$\lambda_c = 1.16(1.4 - 1.5 \times 10^{-3}T + 6 \times 10^{-7}T^2) \qquad (9.8.3\text{-}1)$$

(2)衬砌混凝土的比热容为:

$$C_c = 900 + 80\left(\frac{T}{120}\right) - 4\left(\frac{T}{120}\right)^2 \quad (20℃ \leqslant T \leqslant 1200℃) \qquad (9.8.3\text{-}2)$$

(3)丁腈橡胶密封条的导热系数为 0.256W/(m·K),比热容为 1 700J/(kg·K),密度为 1 240kg/m³。

(4)石纤维棉防火板的导热系数 1 000℃为 0.226W/(m·K),1 300℃为 0.336W/(m·K),比热容为 1 240J/(kg·K),密度为 100kg/m³。

(5)弹性模量和热膨胀系数火灾高温下的劣化规律根据下式确定:

①弹性模量:

$$E(T)/E = 0.83 - 1.1 \times 10^{-3} T \quad (60℃ < T \leqslant 700℃)$$
$$E(T)/E = 0.06 \quad (700℃ < T \leqslant 1\,200℃) \tag{9.8.3-3}$$

②热膨胀系数:

$$\alpha_c = 6^{-6} + 4.92^{-9} T \tag{9.8.3-4}$$

(6)火灾热烟气与衬砌混凝土间的对流换热系数按照下式计算:

$$h_T = 7.051 \times e^{(T/372.56)} + 0.842 \tag{9.8.3-5}$$

9.8.4 隧道火灾工况验算应符合以下规定:

(1)火灾规模及升温曲线应符合本指南 9.8.1 条和 9.8.2 条的规定。

(2)对于受力钢筋,在设计火灾时间内表面温度不高于 250℃。

(3)对于不可更换的橡胶止水带,在设计火灾时间内不高于 70℃,或连续一小时不高于 100℃,且最高温度不高于 150℃。

9.8.5 隧道防火设计应符合下列规定:

(1)隧道顶部主体结构应设置抗热冲击、耐高温的防火保护层。

(2)A+级和 A 级水下隧道承载结构体的耐火极限不应低于 2.0h,耐火极限应采用 RABT 标准升温曲线测试;B级、C级和 D 级隧道承载结构体的耐火极限不应低于 2.0h,耐火极限应采用 HC 标准升温曲线测试。

(3)水下隧道排烟风道结构体的耐火极限不应低于 60min,耐火极限宜采用 RABT 标准升温曲线测试。

(4)送风管道、排烟管道应采用不燃材料制作。风道结构为主体结构的一部分时,其耐火要求应与主体结构相同。

10 耐久性设计

10.1 一般规定

10.1.1 盾构隧道结构应根据设计使用年限、环境类别及环境作用等级,并考虑结构因素、材料因素等进行耐久性设计。
（1）结构因素包括土、水荷载、施工荷载、构造措施与结构裂缝控制。
（2）材料因素包括水泥品种、集料与级配、外掺剂、水灰比等。

10.1.2 盾构隧道各部分结构及材料应根据其重要性进行耐久性设计,如表10.1.2所示。隧道主体结构的设计使用年限不应低于100年,隧道附属结构的设计使用年限不应低于50年,可更换的隧道附属结构的设计使用年限不应低于25年。

表 10.1.2 隧道耐久性设计分级

隧道结构分类	具 体 部 位	设计使用年限（年）
主体结构及重要材料	管片、地下泵房、螺栓、接缝防水材料等	100
不可更换附属结构	口字件、车道板、风道结构、遮光棚等	50
可更换附属结构	边沟、电缆沟、临时支护等	25

10.1.3 隧道的环境类别及其作用等级划分应根据结构所处环境条件,通过现场勘察及化验分析确定,应充分考虑结构所处位置及隧道结构内外环境条件的差异。

10.1.4 隧道结构所采用的各类材料应与使用环境相适应,可结合结构安全等级、可维修性以及环境作用等级,采取适当的附加防护措施。

10.1.5 隧道结构布置和构造形式应有利于减轻环境作用效应,应注意结构防排水措施的长期有效性及对结构耐久性的影响。

10.2 环境类别与作用等级

10.2.1 隧道的环境作用类别可按下列规定划分：
（1）一般环境（Ⅰ类）：非寒冷地区、不受氯盐影响的一般隧道或者下穿江河湖泊的水下隧道。

(2)冻融环境（Ⅱ类）：寒冷地区隧道的洞口段，主要为隧道结构及洞门的外表面。

(3)海洋氯化物环境（Ⅲ类）：海底隧道或者江河入海口附近水下隧道管片结构的临土侧及敞开段隧道的内外侧。

(4)除冰盐环境（Ⅳ类）：寒冷地区隧道的洞口段，主要为洞口结构内侧、结构底板、边沟与电缆沟。

(5)化学腐蚀环境（Ⅴ类）：地下环境中硫酸根离子、碳酸根离子或酸碱度及汽车尾气等，主要为结构临土侧及内侧。

10.2.2 隧道的环境作用等级应按表10.2.2划分。

表10.2.2 隧道环境类别的作用等级

环境类别	环境作用等级					
	轻微	轻度	中度	严重	非常严重	极端严重
一般环境（Ⅰ类）	A	B	C	—	—	—
冻融环境（Ⅱ类）	—	—	C	D	E	—
海洋氯化物环境（Ⅲ类）	—	—	C	D	E	F
除冰盐环境（Ⅳ类）	—	—	C	D	E	—
化学腐蚀环境（Ⅴ类）	—	—	C	D	E	—

10.2.3 处于一般环境（Ⅰ类）条件下的隧道结构或构件，其所受到的环境作用等级可以参照表10.2.3确定。

表10.2.3 隧道结构

作用等级	环境条件	结构构件示例
A	室内干燥环境	设置喷涂型防水或防火层的隧道结构内侧
	永久的静水浸没环境	隧道排水泵房（消防水、雨水、清洗水）
B	室内潮湿环境	隧道排水通道内侧；裸露的隧道结构内侧
	长期湿润环境	隧道结构外侧与水或湿润土体接触的部位
C	干湿交替环境	复合衬砌结构与防排水层接触部位；隧道区段接缝的两侧部位；隧道出入口光过渡带构件；排水管沟、泵房盖板

10.2.4 隧道出入口至该地区冰冻线以上的隧道段宜考虑冻融环境（Ⅱ类）的作用。冻融作用等级可以参照表10.2.4划定。

表10.2.4　冻融环境对混凝土结构的环境作用等级

环境作用等级	环境条件		
	地区①	地下水位	水质②
C	微冻	水位变动区	无盐
	严寒和寒冷	低于隧道结构	无盐
D	严寒和寒冷	水位变动区	无盐
	微冻	水位变动区	有盐
	严寒和寒冷	低于隧道结构	有盐
E	严寒和寒冷	水位变动区	有盐

注：①冻融环境按当地最冷月平均气温划分为微冻地区、寒冷地区和严寒地区，其平均气温分别为：$-3\sim2.5℃$、$-8\sim-3℃$和$-8℃$以下。
②指冻结水中所含有盐类，包括海水中的氯盐、除冰盐或其他盐类。

10.2.5　在海洋氯化物环境（Ⅲ类）下的水下隧道，其结构构件的环境作用等级应按表10.2.5确定。处于内陆盐湖、江河入海口附近水域的水下隧道应根据实测的含盐量确定环境等级。

表10.2.5　海洋氯化物环境的作用等级

环境作用等级	环境条件①	结构构件示例
C	水下区和土中区	隧道外侧
D	轻度盐雾区	陆上建筑的室内构件
E	重度盐雾区	隧道出入口段、海上通风塔室外构件
F	潮汐区和浪溅区	地层透水性较高的区段

注：①水下区和土中区：周边永久浸没于海水或埋于土中；轻度盐雾区：距平均水位15m高度以上的海上大气区、涨潮岸线以外100～300m内的陆上室内环境；重度盐雾区：距平均水位上方15m高度以内的海上大气区、离涨潮岸线100m以内的陆上室外环境。

10.2.6　需要使用除冰盐（Ⅳ类）地区的隧道，其敞开的引道段、距离出入口50m以内的埋入段宜参照表10.2.6划分环境作用等级。

表10.2.6　除冰盐环境的作用等级

作用等级	环 境 条 件	结构构件示例
C	轻度除冰盐盐雾	距离出入口50m的隧道段的行车道顶部
D	除冰盐水溶液轻度溅射	距离出入口50m的隧道段的行车道侧墙
E	直接接触除冰盐溶液或重度盐雾作用	路面、车道板、衬砌底板

10.2.7　直接与含硫酸盐等酸类物质水、土环境（Ⅴ类）接触的隧道结构构件，其化学侵蚀作用等级应参照表10.2.7确定。

表 10.2.7 水、土中硫酸盐和酸类物质环境作用等级

作用等级	硫酸根离子(SO_4^{2-})		二氧化碳(CO_2)	镁离子(Mg^{2+})	酸碱度
	水中(mg/L)	土中(mg/kg)	水中(mg/L)	水中(mg/L)	(pH 值)
C	200~1 000	300~1 500	15~30	300~1 000	6.5~5.5
D	1 000~4 000	1 500~6 000	30~60	1 000~3 000	5.5~4.5
E	4 000~10 000	6 000~15 000	60~100	≥3 000	<4.5

10.2.8 隧道结构内表面应关注汽车尾气对结构耐久性的影响。对于受汽车废气直射的构件，其化学侵蚀作用(Ⅴ类)等级应为 C 级。

10.3 结构材料要求

10.3.1 盾构隧道结构材料的类型应根据结构所处的环境类别选择，应符合下列规定：
(1)混凝土或钢筋混凝土构件应控制抵抗腐蚀性离子渗透的能力。
(2)钢或其他金属结构与构件的使用可以不受冻融环境(Ⅱ类)的限制。
(3)普通钢材和非合金铝等金属材料不宜用于海洋氯化物腐蚀环境(Ⅳ类)及化学腐蚀环境(Ⅴ类)，必须使用时应注意采取附加防腐蚀处理措施。
(4)采用聚合物类有机材料的结构或构件应避免直接暴露于高温或紫外线直射环境。
(5)当考虑结构表面防护层(防水层或其他防护层)对结构耐久性的有利影响时，应保证防护层的完整性及耐久性。

10.3.2 混凝土构件应根据环境类别配制混凝土，控制原材料中侵蚀性物质的含量，并检验混凝土试样相应的耐久性指标。
(1)根据环境作用等级确定混凝土最低强度等级、最大水胶比和最小胶凝材料的控制要求。
(2)在海洋氯化物腐蚀环境下，不宜单独采用硅酸盐或普通硅酸盐水泥作为胶凝材料配制混凝土，应掺加或大掺量掺加矿物掺合料，并宜加入少量硅灰。
(3)硫酸盐等化学腐蚀环境下应选用低 C_3A 量的水泥并适当掺加矿物掺合料，严重化学腐蚀环境下的耐久混凝土宜通过专门的试验研究确定。

10.3.3 钢筋混凝土构件除应满足 10.3.2 条之外，还应根据环境作用类型及等级选配防腐蚀能力合适的钢筋。环境作用等级在 D 级以上时，可采用带防腐涂层的钢筋，或经论证后选用纤维聚合物筋材。

10.3.4 当隧道结构采用钢或其他金属结构时，应采取可靠的防腐蚀处理措施保证其设计使用寿命。化学腐蚀环境(Ⅴ类)不应采用普通钢结构或铸铁结构。采用其他有机类材料(如防水卷材、聚合物砂浆等)时，应注意合理应用其耐腐蚀特性。

10.4 防腐蚀附加措施

10.4.1 对于环境作用等级为 E 或 E 级以上的混凝土构件，可在优质混凝土的基础上选用环氧涂层钢筋，也可在混凝土中掺入钢筋阻锈剂。环氧涂层钢筋可与钢筋阻锈剂联合使用，但不得与阴极保护联合使用。

10.4.2 在碳化引起钢筋锈蚀的一般环境下，可选用镀锌钢筋延长结构物的使用年限。对于钢丝网和某些预埋件，也可选用热浸锌方法加强防护。

10.4.3 对于环境作用等级为 E 或 E 级以上的混凝土构件，设计使用寿命为 100 年的特殊重要工程，可选用不锈钢钢筋。

10.4.4 以沥青、环氧沥青、环氧加煤焦油为基的复合型涂层或厚涂层，可用于地下、水下部分混凝土结构的防护。以环氧树脂、聚氨酯为基的复合型涂层或厚涂层，可用于上部结构。复合型涂层或厚涂层与混凝土的黏结力不小于 1.5N/m 时，自身的耐久性和对混凝土的有效防护时间不应低于 20 年。

10.4.5 隧道结构采用附加防护措施时，应注意其耐久性及施工和长期使用过程中材料的环境友好性。

10.5 管片耐久性设计

10.5.1 影响管片耐久性的主要因素如下：
（1）钢筋锈蚀。受海水（地下水）氯离子入渗控制，氯离子与地下水作用发生化学腐蚀。
（2）混凝土保护层剥落。受混凝土碳化腐蚀影响和钢筋锈蚀后体积膨胀而使混凝土保护层胀裂。
（3）混凝土表面龟裂。其为遇干湿、冷热交替的不均衡环境作用时，因混凝土碳化收缩与冬季干缩相互叠加所引起的一种破坏。
（4）混凝土裂缝（受缝宽和裂缝数控制）。使腐蚀介质中的氯和硫酸盐离子与地下水及氧气等入渗到混凝土内部。
（5）混凝土抗入渗性能不足。处于腐蚀性地下水和土壤中的含水溶性硫酸盐环境下，容易因腐蚀而影响结构的耐久性。
（6）预制管片在生产、运输和安装过程中的裂缝（缝宽有时已达到 0.2mm）及其边角受撞击而破损，应提高管片混凝土的抗冲击和抗拉性能。
（7）意外灾害（火灾、地震、战争、海啸、恐怖袭击等）。

10.5.2 管片结构的耐久性设计应符合下列规定：

(1)应同时针对预制管片和接缝防水密封垫进行耐久性设计。

(2)处于氯离子及化学腐蚀环境时,钢筋混凝土预制管片应采取防腐蚀措施,铸铁管片必须进行防腐蚀处理。

(3)环境作用等级为E、F级时,钢筋混凝土预制管片的外侧宜附加防护涂层。

10.5.3 在进行结构耐久性设计过程中,应按照结构设计使用年限的要求,根据环境类别及作用等级选定合适的结构材料,确定保障隧道结构耐久性的构造措施与防护措施。

10.5.4 当隧道采用混凝土结构时,满足耐久性要求混凝土的最低强度等级应达到表10.5.4的规定。

表10.5.4 耐久性设计要求混凝土的最低强度等级

环境作用等级	设计使用年限(年)		
	100	50	25
A	C30	C25	C25
B	C35	C30	C25
C	C40	C35	C30
D	C45	C40	C40
E	C50	C45	C45
F	C50	C50	C50

10.5.5 在无氯盐的环境条件下,当环境作用等级在C级或C级以下时,所采用的混凝土强度等级可低于表10.5.4中的最低等级,但两者差值不应大于10MPa,且不应低于对素混凝土强度的要求。当采用的混凝土强度等级比表中规定的低5MPa时,相应的保护层厚度应比规定值增加5~10mm;当采用的混凝土强度等级比表中规定值低10MPa时,相应的保护层厚度应增加10~15mm。

10.5.6 当隧道采用钢筋混凝土结构时,钢筋混凝土构件的保护层厚度应根据环境作用等级参照表10.5.6选用。大截面配筋构件宜适当提高钢筋的混凝土保护层厚度。

表10.5.6 钢筋混凝土的最小保护层厚度(mm)

环境作用等级	设计使用年限(年)		
	100	50	25
A	30	25	25
B	40	30	30
C	50	35	35
D	60	45	40
E	70	50	45
F	75	55	50

10.5.7 水下隧道结构的钢筋保护层厚度还应符合下列规定:

(1)当结构厚度大于500mm时,保护层厚度应大于40mm。

(2)海底隧道的保护层厚度应在表10.4.6的基础上增加5～10mm。

(3)边沟、电缆沟等部件的保护层厚度可采用25mm。

(4)受力钢筋的混凝土保护层厚度不得小于钢筋的公称直径。

(5)箍筋、分布筋及构造筋的最小保护层厚度不得小于20mm。

10.5.8 在荷载作用下钢筋混凝土构件的表面裂缝最大宽度计算值不应超过表10.5.8中的限值。

表10.5.8 钢筋混凝土构件表面裂缝计算宽度限值(mm)

环境作用等级	普通钢筋混凝土构件	预应力钢筋混凝土构件
A	0.4	0.2
B	0.3	0.2
C	0.2	0.15
D	0.2	0.1
E、F	0.15	0

注:对裂缝宽度无特殊外观要求的,当保护层设计厚度超过30mm时,可将保护层厚度取为30mm计算裂缝的最大宽度。

10.5.9 在冻融环境下,结构混凝土应符合下列规定:

(1)混凝土的抗冻性(抗冻耐久性指数DF)不低于表10.5.9的规定。厚度小于150mm的薄壁构件,表中的DF数值应再增加5(%)。

表10.5.9 混凝土抗冻性的耐久性指数DF(%)

设计使用年限(年)	100			50		
环境条件	高度水饱和	中度水饱和	盐冻	高度水饱和	中度水饱和	盐冻
严寒地区	80	70	85	70	60	80
寒冷地区	70	60	80	60	50	70
微冻地区	60	60	70	50	45	60

注:1. 耐久性指数DF为300次快速冻融循环后的动弹性模量与初始值的比值。如在300次冻融循环以前,试件的动弹性模量已降至初始值的60%以下或重量损失已超过5%,则以此时的循环次数N计算DF值,并取$DF=(N/300)\times 0.6$。快速冻融循环试验方法可参照水工试验标准,试件自现场或模拟现场混凝土构件中取样。如在试验室制作,试件的养护温度及龄期需按实际工程情况选定。对于盐或化学腐蚀环境,试验时用于浸泡试件的水,需采用与实际工程环境中相同成分和浓度的水。

2. 高度水饱和指冰冻前长期或频繁接触水或潮湿土体,混凝土内高度水饱和;中度水饱和指冰冻前偶受雨水或潮湿,混凝土内水饱和程度不高;盐冻腐蚀系指接触除冰盐及盐碱、海洋或其他化学物质时受冻。

(2)环境作用等级为D级及以上的混凝土构件必须掺用引气剂。冻融环境作用等级为C级的混凝土可不加引气剂,但此时的混凝土强度等级应不低于C40。

(3)冻融环境下混凝土胶凝材料中的粉煤灰掺量不宜超过30%,并应限制所用粉煤灰的含碳量(宜不大于2%)。

10.5.10 用于氯盐腐蚀环境中的钢筋混凝土构件,其混凝土 28d 龄期的氯离子扩散系数 D_{RCM} 值,应符合表 10.5.10 的规定。

表 10.5.10 混凝土中的氯离子扩散系数 D_{RCM}(28d 龄期,$10^{-12}\mathrm{m^2/s}$)

结构设计使用年限(年)	环境作用等级 D	E 以上
100	<7	<4
50	<10	<6

注:表中的 D_{RCM} 值是标准养护条件下 28d 龄期混凝土试件的测定值,仅适用于氯盐环境下采用的较大掺量和大掺量矿物掺合料的混凝土。对于其他组分的混凝土以及更长龄期的混凝土,应采用更低的 D_{RCM} 值作为抗氯离子侵入性能的评定依据。

10.5.11 管片结构的构造应有利于减小因变形而引起的约束应力,应合理设置施工缝、变形缝的位置和构造。结构的施工缝和变形缝尽量避开可能遭受最不利局部侵蚀环境的部位。

10.5.12 盾构隧道内部环境相对比较封闭,隧道内湿度较高,空气流动差,车流量大,隧道内空气中的 CO_2 浓度较高,混凝土管片内表面应考虑混凝土碳化。

10.5.13 当混凝土内部钢筋表面处的氯离子浓度达到临界浓度时,钢筋表面的钝化膜遭到破坏,失去了对钢筋的保护作用,钢筋开始锈蚀,其氯离子浓度可按照如下模型进行预测(余红发—孙伟模型)。

$$C(x,t) = C_0 + (C_s - C_0)\left[1 - \mathrm{erf}\left(\frac{x}{2\sqrt{\frac{H \cdot D_{Cl^-,0} \cdot t_0^m}{(1+R) \cdot (1-m)} \cdot t^{1-m}}}\right)\right] \quad (10.5.13)$$

式中:$C(x,t)$——t 时刻距表面 x 处的氯离子浓度;

C_0——混凝土内初始氯离子浓度;

C_s——混凝土暴露表面氯离子浓度,等于混凝土周围环境的氯离子浓度;

erf——误差函数,$\mathrm{erf}(x) = \frac{2}{\sqrt{\pi}}\int_0^x e^{-t^2}\mathrm{d}t$;

x——距混凝土表面的距离;

$D_{Cl^-,0}$——初始氯离子扩散系数;

t——扩散时间;

m——常数,一般为 0.64;

H——混凝土氯离子扩散性能的劣化效应系数;

R——混凝土的氯离子结合能力。

10.5.14 由于钢筋锈蚀,一方面使钢筋有效截面减小,力学性能退化;另一方面,锈蚀产物体积膨胀使混凝土保护层胀裂甚至脱落,钢筋与混凝土黏结作用下降,破坏它们共同工作的基础,从而严重影响混凝土结构物的安全性和正常使用性能。混凝土结构中钢筋锈蚀量可按照如下模型进行预测(徐善华模型)。

(1)混凝土保护层开裂前钢筋锈蚀的深度：

$$\delta_{e1}(t) = \lambda_{e1} \cdot (t-t_0)$$
$$\delta_{e1} = 46 k_{cr} k_{ce} e^{0.04T} (RH-0.45)^{2/3} c^{-1.36} f_{cu}^{-1.83} \quad (10.5.14\text{-}1)$$

式中：$\delta_{e1}(t)$——混凝土开裂前钢筋锈蚀深度(mm)；

λ_{e1}——混凝土开裂前钢筋锈蚀速度(mm/年)；

k_{cr}——钢筋位置修正系数，角部钢筋为1.6，中部钢筋为1.0；

k_{ce}——小环境条件修正系数，潮湿地区室外环境为1.0~1.5，潮湿地区室内环境为1.0~1.5，干燥地区室外环境为2.5~3.5，干燥地区室内环境为1.0。

T——环境温度(℃)；

RH——环境湿度(%)；

c——混凝土保护厚度(mm)；

f_{cu}——混凝土立方体抗压强度(MPa)；

t_0——钢筋开始锈蚀时间(年)；

t——结构使用年限(年)。

(2)混凝土保护层开裂后钢筋锈蚀的深度：

$$\delta_{e2}(t) = \begin{cases} \delta_{cr} + 2.5\lambda_{e1} \cdot (t-t_{cr}) & (\lambda_{e1} > 0.008) \\ \delta_{cr} + (4.0\lambda_{e1} - 187.5\lambda_{e1}^2) \cdot (t-t_{cr}) & (\lambda_{e1} \leqslant 0.008) \end{cases} \quad (10.5.14\text{-}2)$$

式中：$\delta_{e2}(t)$——混凝土开裂后钢筋锈蚀深度(mm)；

δ_{cr}——混凝土开裂时钢筋锈蚀深度(mm)；

λ_{e1}——混凝土开裂前钢筋锈蚀速度(mm/年)；

t_{cr}——混凝土开裂时间(年)。

10.5.15 由于钢筋的锈蚀和混凝土腐蚀将会导致钢筋混凝土结构承载能力下降，根据已有的锈蚀钢筋强度衰减模型和混凝土腐蚀强度劣化模型，建立混凝土结构承载能力退化模型，如图10.5.15所示。

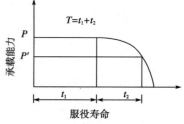

图10.5.15 盾构隧道管片承载能力退化示意图

10.5.16 工程使用一段时间后，应进行现场实测，依据实测氯离子浓度和二氧化碳浓度(沿混凝土构件截面)的分布，按时间变化预测构件的使用寿命，必要时及时予以修复。由于盾构隧道是可能遭受氯盐引起钢筋锈蚀的重要混凝土工程，宜根据具体环境条件和适当的材料劣化模型，进行结构使用年限的验算。

10.6 螺栓耐久性设计

10.6.1 管片接缝螺栓的设计使用寿命应与主体结构一致，必须满足100年的使用要求，应进行防腐蚀处理。

10.6.2 管片接缝拼装螺栓主要有以下几种防腐处理方法，分别为热浸锌防腐处理、渗锌（粉末渗锌）防腐处理、电镀锌防腐处理及新型防腐涂层处理（达克罗防腐涂层）、氧化聚合型室外防腐材料、复层矿脂包覆技术。

10.7 防水材料耐久性设计

10.7.1 管片接缝防水材料的设计使用寿命应与主体结构一致，必须满足100年的使用要求，应进行耐久性设计。

10.7.2 管片接缝防水材料宜采用压缩永久变形量小、应力松弛变化率低、耐老化的三元乙丙橡胶，或是由三元乙丙橡胶与遇水膨胀橡胶复合而成。

10.7.3 管片接缝防水材料应根据功能要求进行耐久性评价，对接触面设计压力下的松弛量进行确定，同时对最终张开量及错开量进行规定。

10.7.4 影响橡胶密封垫耐久性的主要因素有原材料与添加剂、温度及外力等，耐久性设计应考虑老化系数、压缩永久变形量及物理/化学接触应力松弛三个指标。

10.7.5 遇水膨胀橡胶止水条作为管片接缝第一道防水，其材料应优先选择松弛特性好的遇水膨胀橡胶材料，其次再选择聚氨酯弹性体材料。

11 抗震设计

11.1 一般规定

11.1.1 盾构隧道应根据所处位置及结构的重要性划分为重点设防类和标准设防类两个类别进行抗震设计。

（1）重点设防类：水下隧道结构（含水下隧道横通道），三车道及以上宽度的隧道结构。

（2）标准设防类：陆域两车道及以下宽度隧道结构、洞门结构。

11.1.2 设计基本地震动峰值加速度 $a_{\max\text{II}}$ 应根据结构设计使用年限按表 11.1.2-1 确定，当结构设计使用年限为 50 年时，可按现行《中国地震动参数区划图》（GB 18306）中地震动峰值加速度分区值确定，见表 11.1.2-2。

表 11.1.2-1 隧道结构的设计地震动峰值加速度

地震类型	设计地震峰值加速度
E1	设计使用年限内超越概率 63.5% 的地震动峰值加速度
E2	设计使用年限内超越概率 10% 的地震动峰值加速度
E3	设计使用年限内超越概率 2%～3% 的地震动峰值加速度

表 11.1.2-2 隧道结构设计使用寿命为 50 年的地震动峰值加速度 $a_{\max\text{II}}(g)$

基本动峰值加速度	0.05	0.1	0.15	0.20	0.30	0.40
E1 的动峰值加速度	0.02	0.04	0.05	0.07	0.10	0.14
E2 的动峰值加速度	0.05	0.10	0.15	0.20	0.30	0.40
E3 的动峰值加速度	0.12	0.22	0.32	0.40	0.57	0.76

11.1.3 盾构隧道结构在地震作用下应达到表 11.1.3 的性能要求。

表 11.1.3 盾构隧道结构的抗震性能要求

结构设防类别	地震类型	性能要求
重点设防类结构	E1 地震（小震）	性能要求Ⅰ
	E2 地震（中震）	性能要求Ⅰ
	E3 地震（大震）	性能要求Ⅱ

续表 11.1.3

结构设防类别	地震类型	性能要求
标准设防类结构	E1 地震（小震）	性能要求Ⅰ
	E2 地震（中震）	性能要求Ⅱ
	E3 地震（大震）	性能要求Ⅲ

注：1.性能要求Ⅰ：结构处于弹性工作阶段，结构不破坏。
　　2.性能要求Ⅱ：结构局部进入弹塑性工作阶段，局部结构可能破坏，经修补，短期内应能恢复其正常使用功能。
　　3.性能要求Ⅲ：结构处于塑性工作阶段，结构不出现整体坍塌，经修复后可正常使用。

11.1.4 抗震设防烈度与地震动峰值加速度之间对应关系应符合表 11.1.4 的规定。

表 11.1.4　抗震设防烈度与地震动峰值加速度之间对应关系

抗震设防烈度	6	7		8		9
地震动峰值加速度指标(g)	0.05	0.10	0.15	0.20	0.30	0.40
地震动峰值加速度范围(g)	<0.09	[0.09,0.14]	[0.14,0.19]	[0.19,0.28]	[0.28,0.38]	≥0.38

11.1.5　安装在隧道内的附属机电气设施的支座和连接，应符合地震时使用功能的要求，且不应导致相关部件的损坏。附属构造物和机电设备与主体结构应有可靠连接，避免地震时脱落伤人。

11.2　地震作用

11.2.1　盾构隧道的地震作用可按下列原则考虑：
（1）计算沿结构纵向的水平地震作用。
（2）同时考虑水平向和竖向的地震作用。
（3）当采用时程分析法时，同时输入三个方向分量的一组地震动时程。

11.2.2　地震作用应考虑隧道场地类别差异。隧道场地类别可根据岩石的剪切波速或土层等效剪切波速和场地覆盖层厚度，按表 11.2.2 分为四类。

表 11.2.2　隧道隧址类别划分

岩石的剪切波速或土的等效剪切波速(m/s)	场地类别				
	I_0	I_1	Ⅱ	Ⅲ	Ⅳ
v_s>800	0	—	—	—	—
500<v_s≤800	—	0	—	—	—
250<v_s≤500	—	—	<5	≥5	—
150<v_s≤250	—	—	<3	3～50	>50
v_s≤150	—	—	<3	3～15	15～80	>80

注：表中 v_s 为土体或岩体的剪切波速；表中数据为基础下部覆盖层厚度(m)。

11.2.3 I_0、I_1、Ⅲ、Ⅳ类场地的设计基本地震动峰值加速度 a_{max} 应根据Ⅱ类场地设计基本地震动峰值加速度 $a_{max\text{Ⅱ}}$ 和场地地震动峰值加速度调整系数 F_a，按式(11.2.3)确定。场地地震动峰值加速度调整系数 F_a 按表11.2.4所给值分段线性插值确定。

$$a_{max} = F_a \cdot a_{max\text{Ⅱ}} \tag{11.2.3}$$

表11.2.3 场地设计基本地震动峰值加速度调整系数 F_a

Ⅱ类场地设计基本地震动峰值加速度 $a_{max\text{Ⅱ}}(g)$	场地类别				
	I_0	I_1	Ⅱ	Ⅲ	Ⅳ
≤0.05	0.72	0.80	1.00	1.30	1.25
0.10	0.74	0.82	1.00	1.25	1.20
0.15	0.75	0.83	1.00	1.15	1.10
0.20	0.76	0.85	1.00	1.00	1.00
0.30	0.85	0.95	1.00	1.00	0.95
≥0.40	0.90	1.00	1.00	1.00	0.90

11.2.4 Ⅱ类场地上的设计基本地震动加速度反应谱特征周期应按现行《中国地震动参数区划图》(GB 18306)中地震动加速度反应谱特征周期分区值确定。I_0、I_1、Ⅲ、Ⅳ类场地设计基本地震动加速度反应谱特征周期应按表11.2.4确定。

表11.2.4 场地基本地震动加速度反应谱特征周期调整表(s)

Ⅱ类场地设计基本地震动加速度反应谱特征周期分区值(g)	场地类别				
	I_0	I_1	Ⅱ	Ⅲ	Ⅳ
0.35	0.20	0.25	0.35	0.45	0.65
0.40	0.25	0.30	0.40	0.55	0.75
0.45	0.30	0.35	0.45	0.65	0.90

11.2.5 Ⅱ类场地地表设计地震动峰值位移 $u_{max\text{Ⅱ}}$ 应按现行《中国地震动参数区划图》(GB 18306)中地震动峰值加速度分区值确定，按表11.2.5采用。

表11.2.5 Ⅱ类场地的设计基本地震动峰值位移 $u_{max\text{Ⅱ}}$ (m)

地震作用 \ 地震动峰值加速度分区(g)	0.05	0.10	0.15	0.20	0.30	0.40
E1	0.01	0.02	0.04	0.05	0.07	0.09
E2	0.03	0.07	0.10	0.13	0.20	0.27
E3	0.08	0.15	0.21	0.27	0.35	0.41

11.2.6 I_0、I_1、Ⅲ、Ⅳ类工程场地地表水平向设计地震动峰值位移 u_{max} 应取Ⅱ类场地设计地震动峰值位移 $u_{max\text{Ⅱ}}$ 乘以场地地震动峰值位移调整系数 F_u 的值，按式(11.2.6)确定；场地地震动峰值位移调整系数 F_u 按表11.2.6所给值分段线性插值确定。

$$u_{max} = F_u u_{max\text{Ⅱ}} \tag{11.2.6}$$

表 11.2.6　场地设计基本地震动峰值位移调整系数 F_u

Ⅱ类场地设计基本地震动峰值位移 $u_{\max Ⅱ}$（m）	场地类别				
	I_0	I_1	Ⅱ	Ⅲ	Ⅳ
≤0.03	0.75	0.75	1.00	1.20	1.45
0.07	0.75	0.75	1.00	1.20	1.50
0.10	0.80	0.80	1.00	1.25	1.55
0.13	0.85	0.85	1.00	1.40	1.70
0.20	0.90	0.90	1.00	1.40	1.70
≥0.27	1.00	1.00	1.00	1.40	1.70

11.2.7 场地地表竖向设计地震动峰值加速度取值应不小于水平向峰值加速度的 0.65 倍。竖向地震动峰值加速度与水平向峰值加速度的比值可按表 11.2.7 确定。但在活动断裂附近，竖向峰值加速度宜采用水平向峰值加速度值。

表 11.2.7　竖向地震动峰值加速度与水平向峰值加速度比值 K_v

水平向峰值加速度（g）	0.05	0.10	0.15	0.20	0.30	0.40
K_v	0.65	0.70	0.75	0.80	0.90	1.00

11.3　抗震设计

11.3.1 盾构隧道应考虑下列震害或地震效应：
(1) 强烈地震动导致隧道结构的振动破坏。
(2) 强烈地震动造成的场地失稳或失效，包括液化、震陷、滑坡等。
(3) 地表断裂错动，包括地表基岩断裂及构造性地裂造成的破坏。
(4) 局部地形、地貌、地层结构的变异引起的地震动异常造成的特殊破坏。

11.3.2 盾构隧道宜规避对抗震不利和危险地段；不能规避时，宜做地震安全性评价分析，并应以最短距离穿越对抗震不利和危险地段，或对其进行处理。
(1) 有利地段：开阔、平坦、密实、均匀的中硬土等。
(2) 一般地段：不属于有利、不利和危险的地段。
(3) 不利地段：软土，液化土，不均匀的土层（如古河道或暗埋的塘浜沟谷）等。
(4) 危险地段：地震时可能发生崩塌、地陷等及可能发生地层错动的发震断裂带。

11.3.3 盾构隧道的抗震计算方法应根据隧道的工程规模、重要程度、周围环境、地形地质条件、结构形式及输入地震荷载等因素综合确定。计算模型应反映结构在地震作用下的实际工作状态，计算结果应经分析判断确认其合理、有效后方可用于工程设计。隧道抗震可采用横向、纵向和三维空间模型等进行计算。

11.3.4 横向抗震计算适用于纵向长度较大、横向结构形式及构造不变的结构。横向计算模型应符合下列规定：

(1)沿隧道纵向选取一个或多个地层条件和结构形式具有代表性的隧道横断面作为计算断面。

(2)根据计算方法不同,采用适合本方法的计算假定条件与计算参数。

(3)采用拟静力分析法时,边界条件处理应与荷载的取值所采用的方法相匹配。

(4)采用时程分析法计算时,模型计算范围宜尽量取大,且边界条件不宜选用完全固定或完全自由等不合理边界。

11.3.5 纵向抗震计算适用于纵向长度较大、横向结构形式及构造不变、纵向可能穿越复杂地质、地形等的隧道结构,如:地形与地质条件变化显著的洞口段或隧道穿越大型断层破碎带、软硬岩层交界地带等。

11.3.6 三维模型抗震计算主要适用于大型、重要、特殊隧道结构,或地形、地质条件变化较大的局部区段,纵向结构形式变化较大、空间效应显著的结构等,如:洞口段、穿越活动断层带、软硬岩层交界地带、地下风机房等。

11.3.7 地震反应主要受惯性力控制的隧道,如位于岩质围岩中的隧道等,在经历设防地震烈度情况下,可采用拟静力法:将地震力简化为衬砌承受自重水平地震力、侧向土压力增量、洞顶土柱水平地震力。

11.3.8 地震反应主要受地层相对位移控制的隧道,如位于软土地层中的隧道等,其可采用反应位移法。采用此方法时,应考虑地层相对位移、周围地层的剪力及结构惯性力作用。

11.3.9 三维模型宜采用时程分析法进行结构动力分析,应符合下列规定：

(1)已做地震安全性评价的隧址,设计地震动时程应根据专门的工程场地地震安全性评价的结果确定。

(2)未做地震安全性评价的隧址,输入的设计地震动加速度时程可用人工合成的地震动时程曲线,包括水平向和竖向地震动时程曲线,其加速度反应谱曲线与设计地震动加速度反应谱曲线的误差应小于一定的值,其峰值加速度、峰值位移应与设计地震动峰值加速度、峰值位移一致。

(3)应采用不少于3组设计地震动时程,计算结果宜取时程分析法的包络值和反应谱法的较大值。地震动时程大于7组时,可以采用计算结果的平均值。

11.3.10 各种计算方法中地震作用按以下规定确定：

(1)采用时程分析法时,对于一般盾构隧道横断面,可按平面应变问题进行地震反应计算;对于主隧道与横通道、竖井等连接处以及地层条件发生显著变化的盾构隧道,应采用三维计算模型,计算模型的侧边界距结构的距离不宜小于3倍隧道水平有效宽度,底面边界宜取至设计地震作用基准面,或距结构的距离不小于3倍隧道竖向有效高度,边界应避免使用完全固定或完全自由等不合理边界条件。

(2)采用反应位移法时,根据是否具有场地输入地震动及计算精度的要求,分为反应位移法和广义反应位移法。隧道横断面方向反应位移法将地层位移差和周边剪切力作用于隧道进行计算;纵向反应位移法根据地层沿隧道纵向位移差,可通过隧道纵向等效拉、压和弯曲刚度简化,求解隧道在地震作用下衬砌结构纵向的内力。

(3)采用反应加速度法时,通过在地下结构位置处的地层发生最大变形时,对各地层和地下结构按照其所在的位置施加相应的水平有效惯性加速度来实现在整个土—结构系统中施加水平惯性体积力,计算结构的地震反应。针对淤泥质黏土、粉质黏土等软土地层,反应加速度法可以采用等代地震加速度法和等代惯性力法两种简化形式。

11.3.11 盾构隧道应根据抗震性能要求分别对相应结构的强度、变形和位移进行验算。

11.3.12 盾构管片接缝的变形量不应超过满足接缝防水材料水密性要求的允许值;接缝张开量不大于2mm,接缝错台不大于3mm,且接缝总的变形量不应超过满足防水密封垫水密性要求的允许值;伸缩缝处轴向钢筋(螺栓)的位移应小于屈服位移;伸缩缝处的转角小于屈服转角。盾构隧道直径变形率的界限值应为6‰。

11.3.13 横通道与主体结构结合处、盾构工作井与隧道结构连接处进行抗震验算,宜采用三维时程分析法对结构的安全性进行验算,计算模型范围和边界的选取,参考时程分析法对其计算模型的要求。结构结合处接缝总变形量不应超过满足防水密封垫水密性要求的允许值,伸缩缝处轴向钢筋(螺栓)的位移应小于屈服位移,伸缩缝处的转角小于屈服转角。

11.3.14 管片接头构造应按等效刚度梁模型计算结构纵向内力分布,并据此计算每环上的纵向接头上的内力,并验算其抗剪强度、抗拉强度及变形性能。

11.3.15 当抗震设防烈度为7度及以上区域时,盾构隧道应进行场地液化判别。在液化地基中穿越的隧道,应检验地层液化时的抗浮稳定性。当可液化土层处于隧道结构下部时,宜按以下要求选用地基抗液化措施。
(1)轻微液化:部分消除液化,或对基础和结构进行处理。
(2)中等液化:全部消除液化,或部分消除液化且对基础和结构进行处理。
(3)严重液化:全部消除液化。

11.3.16 应对隧道洞门的墙身截面强度、偏心距、基底应力、抗滑和抗倾覆稳定性分别进行抗震验算,地震作用只与墙体重力和土压力组合。

11.4 抗震措施

11.4.1 根据抗震设防烈度及盾构隧道的实际条件,应在提高隧道结构自身抗震能力与减少地震波传递到隧道结构两方面综合采取抗震措施。

11.4.2 当抗震设防烈度为 7 度时,在下列地段应设置变形缝:
(1)隧道与联络横通道连接处。
(2)洞门附近、竖井及工作井两端。
(3)地形及地质条件突变地段。
(4)上覆荷载变化较大地段。

11.4.3 当抗震设防烈度为 8 度时,除按照第 11.4.2 条要求采取抗震措施外,还应根据抗震计算要求设置可变形的柔性管片,在地震作用强烈的地段设置减震层。

11.4.4 当抗震设防烈度为 9 度时,除按照第 11.4.2 条及 11.4.3 条采取抗震措施外,还应根据抗震计算要求加强管片强度、管片连接并设置减震层,必要时可设置抗震内衬。

11.4.5 当盾构隧道穿越断层带时,可采取以下措施:
(1)根据抗震需要加强管片结构强度。
(2)断层两端过渡带设置 2~3 道变形缝或可变形管片。
(3)扩大开挖断面,在管片衬砌与地层间设置减震层。
(4)如果为活动性断层,则应考虑扩大隧道净空断面,以有效吸收错动量。

11.4.6 当盾构隧道的地基在地震作用下可能发生液化时,可采取以下抗液化措施:
(1)可根据条件在隧道局部或全长设置二次衬砌。
(2)采取增加上覆土层厚度、改善上覆土性能、增加管片衬砌整体纵向抗弯刚度、严格控制注浆压力等措施,控制盾构隧道管片在地震作用下可能发生的上浮。
(3)采用加密法、换土法、注浆法等方法进行地层加固,加固后地层应满足盾构隧道地层的相应标准。

12 结构防水

12.1 一般规定

12.1.1 公路盾构隧道防水设计应根据环境条件、环境作用等级、设计使用年限、结构构造特点、施工方法等因素进行，按照"定级合理、技术先进、措施可靠、选材适当、经济合理"的原则综合考虑，以满足结构的安全、耐久性和使用要求。

12.1.2 公路盾构隧道防水设计应遵循"以结构自防水为根本，以接缝防水为重点，多道防线，综合治理"的原则，以混凝土衬砌结构自防水为根本，衬砌管片接缝防水为重点，加强隧道与工作井等特殊部位防水，确保隧道整体防水效果。

12.1.3 公路盾构隧道防水等级宜根据工程的重要性、设计使用年限等按现行国家标准《地下工程防水技术规范》(GB 50108)选用二级及以上的防水标准。

12.1.4 公路盾构隧道的防水措施，应根据工程防水等级、衬砌形式及其他技术要求，在设计中按照表12.1.4的规定选用。

表12.1.4 不同防水等级衬砌的防水措施

防水措施		高精度管片	接缝防水				外防水防腐蚀涂层
			密封垫	嵌缝	注入密封剂	螺孔密封圈	
防水等级	一级	必选	必选	全隧道或部分区段应选	可选	应选	对混凝土有中等以上腐蚀的地层应选；非腐蚀性地层宜选
	二级	必选	必选	局部宜选	可选	应选	对混凝土有中等以上腐蚀的地层宜选

12.1.5 公路盾构隧道防水材料应根据外水压力及设计使用年限选用，防水方案和构造应考虑在长期的运营管理中便于维修保养，所采用的防水混凝土、水泥砂浆防水层、涂料防水层、卷材防水层、金属防水板、管片接缝橡胶密封垫、螺栓孔橡胶圈、橡胶止水带等材料特性应满足第7章"建筑材料"的相关要求，并应符合现行国家标准《地下工程防水技术规范》(GB 50108)、《地下防水工程质量验收规范》(GB 50208)的规定。

12.1.6 公路盾构隧道防水设计,应包括下列内容:
(1)防水等级和设防要求;
(2)防水混凝土的抗渗等级和其他技术指标;
(3)其他防水层选用的材料及其技术指标;
(4)管片接缝防水选用的材料及其技术指标;
(5)工程细部构造的防水措施,选用的材料及其技术指标。

12.1.7 公路盾构隧道渗漏水治理宜按照现行《地下工程防水技术规范》(GB 50108)的有关规定执行。

12.1.8 公路盾构隧道防水设计中,应积极采用经过试验和鉴定并经实践检验行之有效的新材料、新工艺、新技术。

12.2 管片自防水

12.2.1 钢筋混凝土管片应采用防水混凝土,并应根据防水等级的要求采取其他防水措施,确保在隧道承受的水压力范围内,混凝土管片结构具有相应的防水抗渗能力。

12.2.2 处于不同埋深区域的隧道结构,防水混凝土的抗渗等级应符合表12.2.2的规定。

表12.2.2 防水混凝土设计抗渗等级

工程埋置深度 H(m)	设计抗渗等级	工程埋置深度 H(m)	设计抗渗等级
$H<20$	P8	$H\geqslant30$	P12
$20\leqslant H<30$	P10		

12.2.3 防水混凝土可通过调整配合比,或掺加外加剂、掺合料等措施配置而成,其抗渗等级不得低于P8。

12.2.4 防水混凝土的环境温度不得高于80℃,并应根据盾构隧道所处的环境和工作条件,满足抗渗等级、抗压、抗冻和抗侵蚀等耐久性要求。

12.2.5 防水混凝土的施工配合比应通过试验确定,试配混凝土的抗渗等级应比设计要求提高0.2MPa,并宜采用蒸汽养护或浸水养护。

12.2.6 混凝土管片使用前宜进行混凝土氯离子扩散系数检测及单块抗渗检漏,宜满足设计要求后再使用,并应符合下列要求:
(1)氯离子扩散系数不宜大于3×10^{-12} m²/s。
(2)当隧道处于侵蚀性介质的地层时,应采用耐侵蚀混凝土,抗侵蚀要求应根据介质的性质按有关标准执行。

(3)钢筋混凝土管片单块检漏标准为:在设计抗渗压力下,恒压时间不小于2h,渗水最大深度不得超过管片厚度的1/5。

12.2.7 防水混凝土结构,应符合下列规定:

(1)结构厚度不应小于250mm。

(2)裂缝宽度应符合表10.4.8的规定,并不得出现贯通裂缝。

(3)钢筋保护层厚度应根据结构的耐久性和工程环境选用,迎水面钢筋保护层厚度不应小于50mm。

12.2.8 复合式衬砌的内层衬砌混凝土浇筑前,应将外层管片的渗漏水引排或封堵。采用塑料防水板等夹层防水层的复合式衬砌,应根据隧道排水情况选用相应的缓冲层和防水板材料。

12.2.9 用于防水混凝土的水泥应符合下列规定:

(1)水泥品种宜采用硅酸盐水泥、普通硅酸盐水泥,采用其他品种水泥时应经试验确定。

(2)在受侵蚀性介质作用时,应按介质的性质选用相应的水泥品种。

(3)不得使用过期或受潮结块的水泥,并不得将不同品种或强度等级的水泥混合使用。

12.2.10 用于防水混凝土的砂、石,应符合下列规定:

(1)宜选用坚固耐久、粒形良好的洁净石子;最大粒径不宜大于40mm,泵送时最大粒径不应大于输送管径的1/4;吸水率不应大于1.5%,不得使用碱活性集料;石子的质量要求应符合国家现行标准《普通混凝土用砂、石质量及检验方法标准》(JGJ 52)的有关规定。

(2)砂宜选用坚硬、抗风化性强、洁净的中粗砂,不宜使用海砂;砂的质量要求应符合国家现行标准《普通混凝土用砂、石质量及检验方法标准》(JGJ 52)的有关规定。

12.2.11 钢筋混凝土管片应采用高精度钢模制作,钢模每周转100次,必须进行系统检验,其允许偏差须符合表12.2.11的规定。

表12.2.11 模具允许偏差

序号	项目	允许偏差(mm)	检验方法	检查数量
1	宽度	±0.4	内径千分尺	6点/片
2	弧弦长	±0.4	样板	2点/片,每点2次
3	边模夹角	≤0.2	靠尺、塞尺	4点/片
4	对角线	±0.8	钢卷尺、刻度放大镜	2点/片,每点2次
5	内腔高度	−1～+2	高度尺	4点/片

12.2.12 钢筋混凝土管片制作尺寸的允许偏差应符合下列规定:

(1)宽度应为±1mm。

(2)弧、弦长应为±1mm。

(3)厚度应为+3mm,-1mm。

12.2.13 防水混凝土可根据工程管片抗裂需要掺入合成纤维或钢纤维,纤维的品种及掺量应通过试验确定;对于 $D \geqslant 14m$ 的管片结构,宜在管片混凝土中掺加防裂材料(如改性聚丙烯纤维),以减少混凝土凝结过程中的早期收缩裂缝。

12.3 附加防水层设计

12.3.1 对有特殊要求(如埋深较大或地层腐蚀程度高)地段的管片,应在衬砌结构外表面涂刷外防水涂层,以增强防水、防腐蚀性。

12.3.2 管片外防水涂层宜采用环氧和改性环氧涂料等封闭型、水泥基渗透结晶型或硅氧烷类等渗透型材料,并应符合下列规定:
(1)涂层应具有良好的耐化学腐蚀性、抗微生物侵蚀性和耐水性,并应无毒或低毒。
(2)涂层应能在盾构密封用钢丝刷与钢板挤压条件下不损伤、不渗水。
(3)在管片外弧面混凝土裂缝宽度达到0.2mm时,涂层应能在最大埋深处水压或0.8MPa水压下,长期不渗漏。
(4)涂层应涂刷在衬砌背面和环、纵缝橡胶密封垫外侧的混凝土上。

12.3.3 应结合外防水涂层的性能,提出黏结力、抗渗性、抗冲击、耐腐蚀性、体积电阻率、耐磨性、施工温度、涂料厚度与成膜时间等技术要求。

12.4 管片接缝防水

12.4.1 管片接缝防水设计应遵循以下原则:
(1)应设置防水密封垫。
(2)螺栓孔应设置防水密封圈。
(3)重要地段宜附加嵌缝材料密封。
(4)条件允许时可采用注入密封剂的方法防水。

12.4.2 管片应至少在管片外侧设置一道密封垫沟槽,满足下列条件之一时,宜在管片内侧增设一道密封垫沟槽:
(1)管片直径 $D \geqslant 14m$;
(2)设计水压力 $\geqslant 0.80MPa$。

12.4.3 接缝密封垫宜选择具有良好弹性或遇水膨胀性、耐久性、耐水性的橡胶类材料,其外形应与沟槽相匹配;采用单道防水措施时宜优先采用三元乙丙橡胶作为防水材料;采用双道防水措施时应采用防水机理不同的接缝防水材料,以相互形成互补。接缝防水示例如图12.4.3所示。

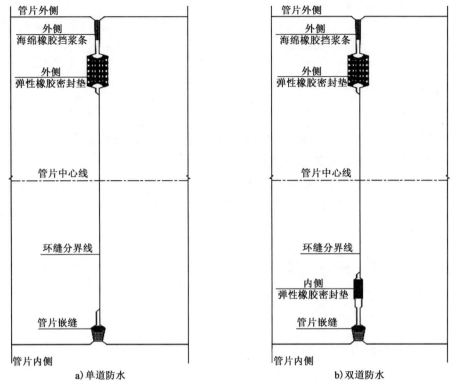

图 12.4.3　接缝防水示例

12.4.4　橡胶密封垫应沿环、纵面兜绕成框形,也可设计成门形或 L 形,其材质和断面构造形式,应与材料耐久性要求、制作工艺相适应,如图 12.4.4 所示。

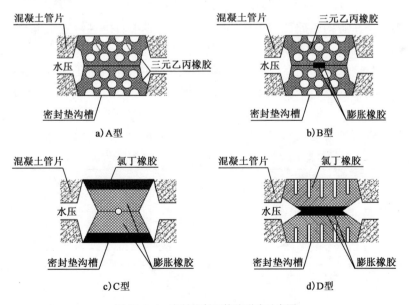

图 12.4.4　密封垫断面构造形式示意图

12.4.5 管片接缝密封垫应能被完全压入密封垫沟槽内(图12.4.5),密封垫沟槽的截面积应为密封垫截面积的1~1.15倍,其深度与密封垫的高度应符合下列要求:

图12.4.5 密封垫沟槽、密封垫形状截面图

$$\alpha = \frac{T-A}{T}$$

$$\alpha' = \frac{T-A-B}{T}$$

式中:α——弹性密封垫最大压缩率,即压至与槽伤口齐平时的压缩率,为设计所设定;

α'——弹性密封垫最小压缩率,为设计所设定;

B——设计中的接缝允许张开量的1/2;

A——要求的密封垫沟槽深;

T——要求的弹性密封垫高。

12.4.6 橡胶密封垫的止水性应通过模拟一字缝、T字缝拼装的水密性试验验证。试验技术要求为:在大于或等于2~3倍的隧道结构段最大埋深处水压作用下、接缝张开量大于或等于最大计算变形时,不产生渗漏。

12.4.7 对于采用纵向插入拼装的管片弹性橡胶密封垫的设计,应与施工工艺协调,控制插入摩阻力、密封垫闭合压缩力,满足衬砌环环面平整要求。

12.4.8 对于埋深变化较大的长大隧道,在确定了密封垫断面外形尺寸后,可按水压条件的变化,分段对内部构造或材质性能做相应调整。

12.4.9 弹性密封垫应符合下列规定:

(1)密封垫选型在盾构千斤顶顶力作用下应能保持其原有的弹性变形能力。

(2)密封垫在长期压应力的作用下,应限制其塑性变形量(永久压缩变形≤25%)。

(3)密封垫在长期水压作用下,当环、纵缝达到预定的张开量时仍能满足止水要求。

(4)弹性密封垫材料的技术性能指标应符合表12.4.10、表12.4.11中的相关规定。

12.4.10 弹性橡胶密封垫成品物理性能指标应满足表12.4.10的要求。

表12.4.10 弹性橡胶密封垫成品物理性能

项 目	指 标		
	氯丁橡胶	三元乙丙橡胶	
		Ⅰ型[a]	Ⅱ型[b]
硬度(邵尔A)(度)	50~60	50~60	60~70
硬度偏差(度)	±5	±5	±5
拉伸强度(MPa)	≥10.5	≥9.5	≥10

续上表

项　目		指　标		
		氯丁橡胶	三元乙丙橡胶	
拉断伸长率(%)		≥350	≥350	≥330
压缩永久变形(%)	70℃×24$^{0}_{-2}$h,25%	≤30	≤25	≤25
	23℃×72$^{0}_{-2}$h,25%	≤20	≤20	≤15
热空气老化(70℃×96h)	硬度变化(度)	≤8	≤6	≤6
	拉伸强度降低率(%)	≤20	≤15	≤15
	拉断伸长率降低率(%)	≤30	≤30	≤30
防霉等级		不低于二级	不低于二级	不低于二级

注：[a] Ⅰ型为无孔密封垫。
　　[b] Ⅱ型为有孔密封垫。

12.4.11 遇水膨胀橡胶密封垫胶料物理性能指标应满足表12.4.11的要求。

表12.4.11　遇水膨胀橡胶密封垫胶料物理性能

项　目		技术指标	
硬度(邵尔A)(度)		42±10	45±10
拉伸强度(MPa)		≥3.5	≥3
拉断伸长率(%)		≥450	≥350
体积膨胀倍率(%)		≥250	≥400
反复浸水试验	拉伸强度(MPa)	≥3	≥2
	拉断伸长率(%)	≥350	≥250
	体积膨胀倍率(%)	≥250	≥300
低温弯折(−20℃×2h)		无裂纹	无裂纹

注：1. 成品切片测试应达到本指标的80%。
　　2. 接头部位的拉伸强度指标不得低于本指标的50%。
　　3. 体积膨胀倍率是浸泡后与浸泡前的试样质量的比率。
　　4. 低温弯折的试样条件为−20℃下2h。

12.4.12 密封垫的宽度与高度应与设计的盾构隧道管片错位量、张开量相适应，并应符合下列规定：

（1）弹性密封垫的宽度关系到压力水的渗水路径长度，密封垫接触面的宽度B可取为最大错位量S的3倍左右（$B≈3S$）。在管片环、纵面有凹凸榫的情况下，相邻管片的拼装错位很小，接缝两面弹性密封垫的接触宽度足够，其宽度可比同样条件下没有凹凸榫的接缝密封垫宽度小。

（2）管片衬砌接缝应在出现最大计算变形量时,仍能保持在规定压力等于隧道实际承受的最大水压力下不渗漏。接缝变形量按下式计算：

$$\delta \geqslant \frac{B \times D}{\rho_{\min} - \frac{D}{2}} + \delta_0 + \delta_s$$

式中：δ——环缝弹性密封垫在设计水压力作用下的允许张开量(m)；
$\rho_{\min}$——隧道纵向变形曲线最小半径(m)；
D——隧道外径(m)；
B——管片环宽(m)；
δ_0——生产及施工误差造成的环缝间隙(m)；
δ_s——隧道后期变形等引起的接缝张开量(m)。

12.4.13 管片环、纵缝内侧应设嵌缝槽。对变形缝、进出洞和连接通道、交叉工程区段等变形量大的个别区域可整环嵌缝。

12.4.14 嵌缝防水应符合下列规定：
（1）在管片内侧环向与纵向边沿应设置嵌缝槽(图12.4.14),其深宽比应大于2.5,槽深宜为25~55mm,单面槽宽宜为5~10mm。
（2）嵌缝材料应具有良好的不透水性、潮湿基面黏结性、耐久性、弹性和抗下坠性。
（3）应根据隧道使用功能及防水等级要求,确定嵌缝作业区范围,采取嵌填堵水、引排水措施。
（4）嵌缝防水施工应在盾构千斤顶顶力影响范围外进行,并应根据盾构施工方法、隧道的稳定性确定嵌缝作业开始的时间。
（5）嵌缝作业应在接缝堵漏和无明显渗水后进行,嵌缝槽表面混凝土有缺损时,应采用聚合物水泥砂浆或特种水泥修补,强度应达到或超过混凝土本体的强度。
（6）嵌缝材料嵌填时,应先刷涂基层处理剂。嵌填应密实、平整。

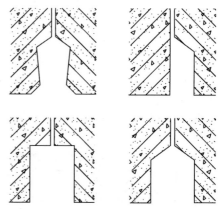

图12.4.14 管片嵌缝槽构造形式示意图

12.4.15 变形缝的构造及其材料同样应满足防水要求,并应符合下列规定：
（1）变形缝中应设置衬垫板,变形缝前环与变形缝后环面间的弹性密封垫须随衬垫板相应加厚。
（2）变形缝用的密封材料应比普通接缝用材料能适应更大的变形量,对于弹性密封垫可采用加高厚度或增加膨胀橡胶的比例来满足相应的设计要求。
（3）衬垫板材料宜在丁腈软木橡胶板、石棉橡胶板、沥青油毡、乳胶水泥板等中选用。

12.5 螺栓孔和注浆孔防水

12.5.1 螺栓孔、注浆孔(或吊装孔)均应采取防水措施。

12.5.2 注浆孔密封圈应在管片混凝土浇筑前固定在注浆管四周,单道或多道设置;管片螺栓孔密封圈应在管片拼装时设置;注浆管盖密封圈应在管片背后注浆完毕后设置。

12.5.3 螺孔防水应符合下列规定:
(1)螺栓孔密封圈应设置在管片肋腔的螺孔口(通常设置为锥形倒角的螺孔密封圈沟槽),有特殊需要时,也可设置在环、纵面螺栓孔口。
(2)螺孔密封圈的外形应与沟槽相匹配,并应有利于压密止水或膨胀止水;在满足止水的要求下,螺孔密封圈的断面宜小。
(3)螺孔密封圈应为合成橡胶、遇水膨胀橡胶制品。
图12.5.3为螺孔密封圈示意图。

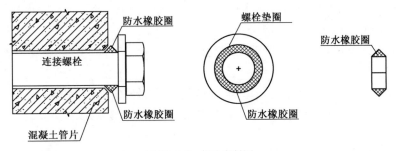

图 12.5.3 螺孔密封圈

12.5.4 注浆孔密封圈应包括注浆管密封圈和注浆管盖密封圈,其外形、尺寸应与注浆管、注浆管盖上预留的凹槽外形相匹配。

12.6 二次衬砌防水

12.6.1 采用复合式衬砌的盾构隧道,其内层衬砌的防水等级应高于外层衬砌,两层衬砌之间应设防水层,防水设计中还应重视防水层间的搭接和内层衬砌接缝的止水。

12.6.2 复合式衬砌的混凝土内衬,沿隧道结构纵向,应每隔10m左右需设置收缩缝,此内衬伸缩缝必须设置防水带,收缩缝防水设计应符合下列规定:
(1)嵌缝式。于内衬收缩缝内侧设嵌缝槽,选用弹性密封胶嵌填。
(2)贴附式。将宽度60~800mm的橡胶止水带固定于衬砌结构上再浇内衬混凝土。
(3)埋入式。将特制橡胶或塑料止水带设在内衬混凝土中间,以适应内衬收缩缝收缩时的防水。

12.7 附属工程防水

12.7.1 在盾构进出工作井的井圈范围内,宜设1～2道帘布橡胶圈与压板或气囊组成的井圈临时防水密封装置。

12.7.2 盾构隧道与工作井、横向人行通道间的永久接头防水应采取刚柔结合的措施,满足防水和可能产生的不均匀沉降的要求。

12.7.3 用类矿山法施工的横向人行通道的防水应符合下列规定:
(1)内衬应采用防水混凝土,其中拱顶应采用预拌自密实混凝土。
(2)初期支护与二次衬砌间宜设塑料防水板与土工织物组成的夹层防水层,并配合分区注浆系统加强防水;当施作防水层风险很大时,经论证后方可采用内防水层,内防水层可取聚合物水泥砂浆类抗裂防渗材料。

12.7.4 顶管法横向人行通道的防水应符合下列规定:
(1)顶管钢壳内衬应采用防水混凝土。
(2)顶管钢壳之间应设置遇水膨胀材料封闭接缝。

12.7.5 工作井基坑应有可靠的防渗与止水结构。坑外防渗结构的常用形式有连续搭接的水泥土搅拌桩帷幕、高压喷射注浆帷幕和注浆帷幕等防渗帷幕墙结构。

12.7.6 工作井防水等级宜根据工程的重要性、设计使用要求等按现行国家标准《地下工程防水技术规范》(GB 50108)选用二级或稍高于二级的防水标准,其具体的防水措施应按照表12.7.6的规定选用。

表12.7.6 工作井地下结构防水措施

工程部位		主体				施工缝					后浇带				变形缝					
防水措施		防水混凝土	防水卷材	防水涂料	塑料防水板	遇水膨胀止水带	中埋式止水带	外贴式止水带	金属板	外涂防水涂料	膨胀混凝土	遇水膨胀止水条	外贴式止水带	防水嵌缝材料	中埋式止水带	可卸式止水带	防水嵌缝材料	外贴防水卷材	外涂防水涂料	遇水膨胀止水条
防水等级	一级	应选	应选一至两种			应选两种					应选	应选两种			应选	应选两种				
	二级	应选	应选一种			应选一至两种					应选	应选			应选	应选一至两种				

13 始发与接收

13.1 一般规定

13.1.1 根据使用功能要求、工程地质条件、水文地质条件及建设场地周边环境等因素综合确定盾构始发与接收总体方案。
(1)根据盾构隧道施工组织要求,盾构的始发与接收宜在工作井内完成。
(2)有特殊要求时经过论证可采用无工作井的在地表始发与接收的盾构隧道施工方法。
(3)盾构中、短距离掘进时可设置变向工作井。
(4)盾构需要长距离掘进复合地层时,可结合路线总体设计及通风需要设置中间工作井,以辅助盾构换刀检修施工(图13.1.1)。
(5)对于长度大于9km的超长隧道,应结合地质条件、盾构机选型等对相向掘进及独头掘进方案进行技术经济比较。

图 13.1.1 设置中间工作井辅助施工

13.1.2 对于在竖井内始发、接收的盾构隧道,根据盾构直径、建设场地周边环境等,始发与接收地段隧道覆盖层厚度的确定应遵循安全、可靠、经济的原则,可按照如下规定确定:
(1)对于建设场地空旷、周边环境不敏感等一般建设条件,始发与接收的位置宜选择在隧道顶覆土厚度大于 $0.5D$ 的隧道区段。
(2)对于建筑物密集、环境影响敏感等特殊建设条件,预先采用地层加固、地表处置等辅助施工措施后,可适当减小始发与接收处隧道顶覆土厚度。

13.1.3 工作井的建筑设计应兼顾隧道施工及运营阶段的要求,并满足下列要求:
(1)满足隧道运营阶段隧道建筑限界要求,并宜利用竖井内空间,布置消防楼梯(电梯)及管线、风(烟)道、通风机房、变电所、泵房等隧道附属用房,满足隧道运营阶段车辆通行、通风、防灾救援等功能要求。
(2)满足隧道施工阶段施工设备限界要求,根据盾构设备设计、吊装、拼装、解体、始发及接收的要求合理分隔竖井内部空间,满足隧道施工阶段盾构吊装、拼装、解体、始发及接收的需要。
(3)对于兼顾通风、排烟功能的竖井,其设计尚应满足通风分段及防火分区等要求,并符合现行《建筑设计防火规范》(GB 50016)、《公路隧道照明设计细则》(JTG/T D70/2-01)、《公路隧道通风设计细则》(JTG/T D70/2-02)中的相关规定。

13.1.4 工作井的结构设计应符合隧道运营阶段的空间及作为永久结构受力和耐久性的要求;并应考虑盾构设备吊装、掘进时渣土的运出、衬砌材料的运输等施工荷载对工作井结构强度和刚度要求。

13.1.5 结合场地使用情况,盾构始发宜采用整体始发方案(图13.1.5),特殊条件下可采用分体始发方案;其中,竖井内整体始发方案的作业空间由始发竖井及后续段组成。

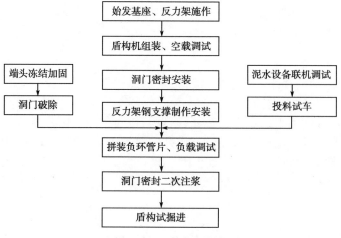

图 13.1.5 始发流程图

13.1.6 结合施工总体方案,盾构接收宜采用竖井内接收方案(图13.1.6);特殊条件下可采用土中接收后开挖竖井、无竖井或空推通过钻爆隧道后到达接收竖井的方法。

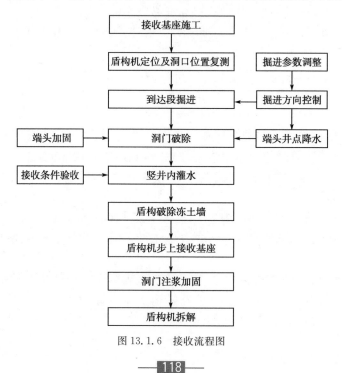

图 13.1.6 接收流程图

13.1.7 盾构始发后续段的围护结构及内部结构设计应符合安全、环保原则,满足盾构机吊装、拼装、解体、始发、接收和正常掘进施工的需要,应充分考虑施工阶段对周边环境的影响。

13.1.8 为确保盾构机始发、接收段的掘进方向和开挖面的稳定,盾构隧道始发与接收附近地段宜根据盾构直径、工程地质、水文地质及周边环境等采取适当的地基加固措施进行处理。

13.2 盾构始发

13.2.1 始发井内净空尺寸(图13.2.1-1)的确定,应根据盾构设备的直径、长度,并综合考虑盾构覆盖土层厚度、盾构始发方式、工程经济性、预留操作空间、密封装置安装空间、施工误差、作业安全等因素,满足盾构机吊运、组装、始发、到达及检修的施工要求。

(1)始发井的最小内净长可按下式计算:

$$L \geqslant L_1 + L_2 + L_3 + L_4 + E_1 + E_2$$

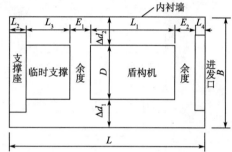

图 13.2.1-1 盾构始发井净空尺寸

式中:L——始发井长度(m);

L_1——盾构机长度(m),根据盾构机设计确定,包含盾壳长度及刀盘厚度,一般为$(0.7 \sim 0.8)D_e$,其中D_e为盾构直径;

L_2——反力支撑座厚度(m),一般为1.0~1.5m;

L_3——临时支撑垫宽度(m),一般为0.5~1.0m;

L_4——始发导口厚度(m),一般为0.5~1.0m,对于设置内衬的竖井结构,可利用内衬墙作为始发导口;

E_1、E_2——纵向作业余度(m),一般为0.75m。

(2)始发井的最小内净宽度可按下式计算:

$$B \geqslant D + \Delta d + T = D + \Delta d_1 + \Delta d_2 + T$$

式中:B——始发井宽度(m);

D——盾构机的宽度(圆形盾构为外径)(m);

Δd——为盾构机拼装预留的水平操作空间(m),一般根据盾构直径的不同取1.0~2.0m;

T——施工误差(m),与工作井围护方式、深度及盾构始发轴线控制的轴线偏差有关,一般为0.5~1.0m。

(3)始发井的最小内净高可按下式计算:

$$H \geqslant h + \Delta h_1 + \Delta h_2$$

式中:H——始发井内净高(m);

h——始发洞门圈的高度(m);

Δh_1——为盾构机顶部拼装预留的竖向操作空间(m),结构中板或框架梁应高出始发洞门圈钢环最高点至少0.5m,以满足顶部始发洞门钢环及始发密封装置的安装;

Δh_2——为盾构机底部拼装预留的竖向操作空间(m)，结构底板顶面应低于始发导口最低点至少0.75m，以满足底部始发洞门钢环及始发密封装置的安装。

图13.2.1-2为盾构始发井示意图。

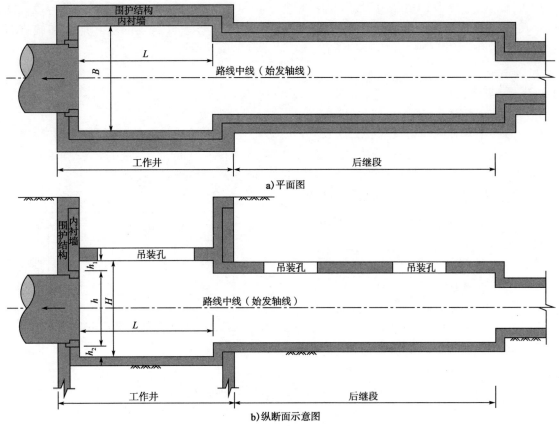

图13.2.1-2　盾构始发井示意图

13.2.2　根据拆除临时围护结构和防止掘削面地层坍塌方法的不同，盾构竖井内始发方法可分为事先切削临时墙法和直接切削临时墙法，如图13.2.2-1所示。

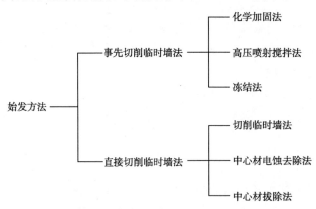

图13.2.2-1　盾构竖井内始发方法分类

(1)事先切削临时墙法适用于始发洞门围护结构为钢筋混凝土结构的条件,可分为化学加固法、高压旋喷加固法、深层搅拌加固法、冻结法等。

(2)直接切削临时墙法适用于始发洞门围护结构为玻璃纤维筋混凝土结构及其他特殊材质的条件,可分为切削临时墙法、中心材电蚀去除法、中心材拔除法等。

(3)盾构竖井内始发示意图如图 13.2.2-2 所示。对于采用复合式刀盘的盾构机始发,可优先采用直接切削临时墙法。

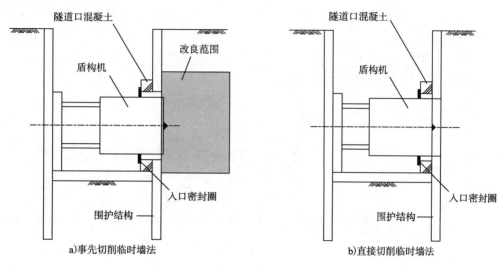

图 13.2.2-2　盾构竖井内始发示意图

13.2.3　盾构始发应根据周边环境合理选择始发场地,始发场地布置宜考虑盾构吊装、组装及掘进出渣、泥水循环等盾构辅助施工场地布置及地基承载力的要求。

(1)始发场地周边应有足够的空间,满足吊装设备安装及作业的平面、净空要求,并满足吊装设备对场地地基承载力的要求,否则需采取必要的地基加固措施。

(2)吊装设备的基础应有足够的强度、刚度,满足受力及变形要求,其基础宜利用竖井及后继段结构。

(3)对于曲线段始发的后继段应根据设备后配套设备限界及长度、始发姿态确定其长度及内净空,以满足盾构始发的功能要求。

(4)泥水盾构的泥水循环、泥浆池等应布置在隧道 3D 范围以外。

图 13.2.3 为盾构下井组装示例。

13.2.4　盾构机始发前的运输与组装应满足下列要求:

(1)盾构机运输前应制订完善的方案,应根据设备型号、运输路线进行包装式样、机体拆分的选择,并对有可能产生参与应变和发生损伤的部位进行加固或采取其他保护措施。

(2)现场组装时,应确保设备具备设计要求的规格和性能。

13.2.5　盾构机组装完成后宜进行现场调试,分为空载调试和负载调试。

(1)盾构机组装完成和连接完毕后,方可进行空载调试,主要调试内容为:液压系统、润滑系统、冷却系统、配电系统、注浆系统以及各种仪表的校正,并着重观测刀盘转动和端面跳动是否符合要求。

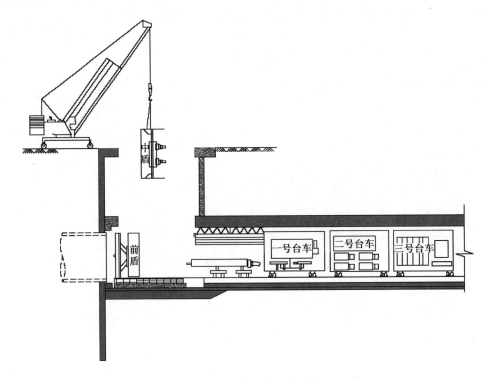

图13.2.3　盾构下井组装示例

(2)证明盾构机具有工作能力后方可进行负载调试,主要内容是检查各种管线及密封的负载能力、各个工作系统和辅助系统能否达到满足正常生产要求的工作状态。

(3)负载调试时间宜为试掘进时间。

(4)负载调试时应采取严格的技术和管理措施,保证工程安全、工程质量和隧道线形。

13.2.6　盾构始发前应根据路线总体设计方案,采用合理的始发姿态,即以设计的中心位置及设计高程为基准,通过调整始发基座的轴线位置及高度,对始发点及始发方向进行必要的修正,确保盾构掘进时的平面和纵面姿态满足要求(图13.2.6)。

(1)盾构机始发轴线应满足路线总体设计要求,宜选择在路线平面设计为直线段始发。

(2)位于曲线上的盾构始发,隧道平面半径不宜小于2000m,根据盾构设备分段宜采用割线始发。

(3)为防止盾构始发时会出现"栽头"现象,宜将盾构机上抬2~3cm。

13.2.7　始发洞门设计应符合下列要求:

(1)开口结构需要有足够的强度和刚度,以抵挡水、土压力。

(2)接收井端墙应预留始发洞门,洞门直径宜大于盾构机外径35~50cm,以满足盾构始发的要求。

(3)根据管片安装、施工阶段始发洞门止水装置的密封要求,确定洞门的预留预埋设计的形式及断面尺寸等。

(4)在施工始发洞门时,宜在洞门圈内侧设置环向钢板,便于洞门密封装置的拆卸,确保接收时止水可靠。

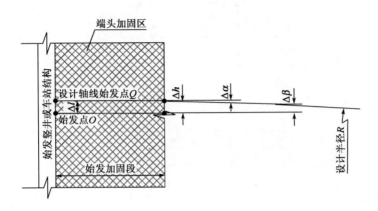

图 13.2.6　盾构始发至起始纠偏点掘进示意

13.2.8 采用整体始发方案时,盾构始发后续段内净空应满足下列要求:

(1)根据盾构设备的分节长度、结构形式、始发姿态、隧道建筑限界综合拟定后续段的内净空断面形式。

(2)盾构后继段的布置宜结合明挖暗埋隧道建筑限界、盾构后继台车的设备限界综合确定。

(3)盾构后继段的结构设计应满足隧道运营工况、盾构掘进工况的受力需要。

(4)为了满足盾构整体始发需要,应在竖井后面预留足够长度和宽度的盾构始发后继段,并根据盾构设备尺寸及组装需要,在后继段内预留吊装孔。

13.2.9 盾构始发段地基处理应根据洞门的结构和拆除方法、尺寸和埋深,并考虑地形地貌、水文地质条件、环境要求和对地下管线与地面建筑物的影响因素,选用合理、安全的地基加固处理工法,如旋喷桩、搅拌桩、SMW 桩、冻结法、降水法或组合加固等。

(1)纵向加固长度的初步确定:纵向加固长度应大于盾构主机长度(图 13.2.9),一般应大于盾构主机长度 2~3m,以确保盾尾进入洞圈并开始注浆后,盾构机刀盘尚未脱离加固区土体,加固区前方地层的水土完全被加固土体及隧道背衬注浆所隔断,不至于产生水土流失而引起地层损失造成地表沉降。

(2)径向加固厚度的初步确定:盾构始发端头径向加固厚度主要起止水和稳定地层的作用,考虑径向加固区可以和盾壳共同作用抵抗周围水土压力,根据国内盾构施工经验,径向加固厚度应不小于 3.0m。

(3)加固方法的确定原则:根据工程地质条件、水文地质条件,遵循安全、可靠、经济的原则,按照第 15 章相关要求合理选定,$D>14m$ 的盾构始发加固宜采用地层加固与冻结相结合的加固方案。

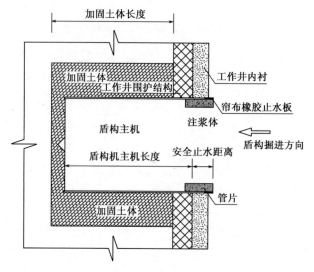

图 13.2.9　加固土体长度大于盾构主机长度

13.2.10　将加固土体视为厚度为 t 的周边自由支承的弹性圆板,计算模式如图 13.2.10-1 所示,对始发加固土体进行强度验算。

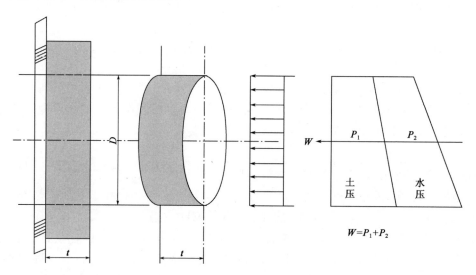

图 13.2.10-1　侧向荷载示意图

(1)抗拉强度验算。

$$\left.\begin{array}{l}\sigma_{\max}=\pm\beta\dfrac{\omega r^{2}}{t^{2}}\leqslant\dfrac{\sigma_{\mathrm{t}}}{K_{1}}\\ \beta=\dfrac{3}{8}(3+\mu)\end{array}\right\},\text{则 } t\geqslant\sqrt{\dfrac{3\omega r^{2}}{8\sigma_{\mathrm{t}}}(3+\mu)}$$

式中：r——端墙开洞半径，$r=D/2$；
　　　t——加固土体长度（mm）；
　　　ω——作用于开洞中心处的侧向水土压力，对砂性土，水、土压力分别计算；对黏性土，水土压力合算，土体计算参数按加固前选用；
　　　μ——加固后土体的泊松比，一般取 0.2；
　　　K_1——安全系数，一般取 1.5；
　　　σ_t——加固土体的极限抗拉强度，一般取极限抗压强度的 0.1。

（2）抗剪强度验算。周边自由支承的圆板，其支座处的最大剪力也可按弹性力学原理求得，抗力验算公式为：

$$\tau_{max}=\frac{3\omega r}{4t}\leqslant\frac{\tau_c}{K_2}, 则\ t\geqslant\frac{3K_2\omega r}{4\tau_c}$$

式中：K_2——抗剪安全系数，一般取 1.5；
　　　τ_c——加固后土体的极限抗剪强度，一般可取极限抗压强度的 0.6。

（3）整体稳定验算。洞外加固土体在上部土体和地面堆载 P 等作用下，可能沿某滑动面向洞内整体滑动，假定滑动面是以端墙开洞外顶点 O 为圆心，开洞直径 D 为半径的圆弧面，见图 13.2.10-2，此时引起下滑的力矩为：

$$M_{滑}=M_1+M_2+M_3$$

式中：M_1——地面堆载 P 引起的下滑力矩，$M_1=PD^2/2$；
　　　M_2——上覆土体自重 $Q_上$ 引起的下滑力矩，$M_2=Q_上 D/2$；
　　　M_3——滑移圆弧线内土体的下滑力矩，$M_3=rtD^3/3$；
　　　rt 为加固后土体的重度。

抵抗下滑的力矩为：

$$M_{抗}=M_1+M_2+M_3$$

式中：M_1——滑移圆弧线 AB 段的抗滑力矩，$M_1=C_u HD$；
　　　M_2——滑移圆弧线 BC 段的抗滑力矩，$M_2=C_u D^2(\pi/2-\theta)$；
　　　M_3——滑移圆弧线 CD 段的抗滑力矩，$M_3=C_{ut}\theta D^2$；
　　　C_u——加固前土体的黏结力；
　　　C_{ut}——加固后土体的黏结力。

$$\theta=\sin^{-1}\frac{t}{D}$$

抗滑侧移安全系数 $K_2=M_{抗}/M_{滑}\geqslant 1.5$，则：

$$t\geqslant D\sin\left(\frac{1.5M-\frac{\pi}{2}C_u D^2}{C_{ut}D^2-C_u D^2}\right)$$

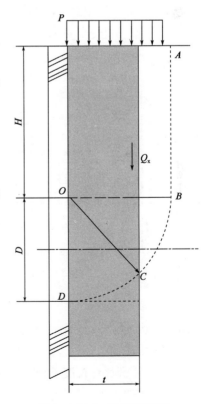

图 13.2.10-2　滑动面示意图

13.2.11 盾构始发洞门凿除时应确保洞门结构安全,宜分段、分区、分层凿除;洞门结构采用玻璃纤维筋混凝土时可用盾构机直接切削始发,且设置玻璃纤维筋的区域应大于洞门圈至少 50cm。

13.2.12 为满足盾构设备放置、安装和掘进的要求,盾构始发基座必须有足够的强度、刚度和安装精度,并应符合下列规定:

(1)盾构直径 $D>14m$ 时宜采用钢筋混凝土始发基座(图 13.2.12-1),$D \leqslant 14m$ 时可采用钢结构始发基座(图 13.2.12-2)。

(2)始发基座应根据盾构机刀盘厚度、切口环、支撑环及盾尾等的长度合理分段设置,以便于盾构机的组装。

(3)始发基座断面形式应与盾构机外径匹配,其顶面宜设计为圆弧状。

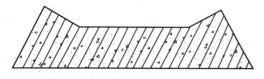

图 13.2.12-1 钢筋混凝土始发基座

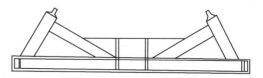

图 13.2.12-2 钢结构始发基座

13.2.13 反力架(图 13.2.13)为盾构尾部的推进油缸提供后座反力,反力架端面为后盾管片提供基准面,平整度满足管片拼装要求,刚度和强度必须满足盾构始发推力要求。

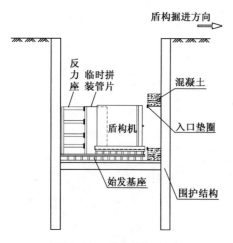

图 13.2.13 盾构始发反力架

(1)盾构直径 $D>14m$ 时宜采用钢筋混凝土反力架,$D \leqslant 14m$ 时可采用钢结构始发基座。

(2)反力架后靠应有明确的传力路径,宜利用工作井内衬墙作为其后靠,特殊情况下可在反力架后设置斜撑。

(3)在盾构机主体被移至始发井前,利用空间测量出反力架安装的位置并在其安装位置标识。

(4)反力架左右偏差应控制在±5mm 之内,高程偏差控制在±5mm 之内,上下偏差控制在±10mm 之内。

(5)始发台水平轴线的垂直方向与反力架的夹角<±2‰,盾构姿态与设计轴线竖直趋势偏差<2‰,水平趋势偏差<±3‰。

13.2.14 负环管片宜尽量采用隧道正常掘进安装的管片,并根据盾构机、工作井尺寸及始发要求合理布置负环管片及预埋件,并应符合下列规定:

(1)负环管片总长度不得小于盾构机长度,井内始发时最少负环管片环数可按下式确定:

$$N = \frac{D_{1S} - D_F + A}{W_S}$$

式中：N——负环管片环数；

D_{1S}——设计第一环管片起始里程；

D_F——洞口围护结构在完成第一次凿除后的里程；

A——盾构机长度；

W_S——管片环宽。

(2) 靠近反力架的最端部一环负环管片宜采用钢管片。

(3) 负环管片定位时，管片环面应与始发轴线垂直。

(4) 负环管片与反力架的连接应安全、可靠，可采用环向均匀分布的钢管。

(5) 环向连接钢管内宜采用混凝土填充密实，确保具有足够的强度、刚度。

13.2.15 为确保始发时满足洞门密封止水要求，盾构始发时应采用可靠的洞门止水装置，并应符合下列规定：

(1) 洞门密封装置可分为压板式和折叶式（图13.2.15），由橡胶止水帘布、扇形压板、翻板、垫片、加劲板和螺栓等组成。

(2) 始发时宜在橡胶帘布外侧涂抹一层油脂，防止盾构进入洞门时刀盘损坏橡胶帘布。

(3) 橡胶止水帘布、扇形压板、翻板的安装应与管片环向端面平行，且垂直于始发轴线。

(4) 始发洞门密封装置的橡胶止水帘布应设置在压板、折叶的内侧。

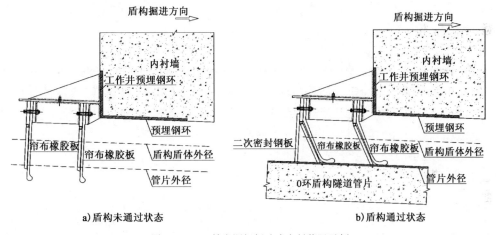

图 13.2.15　始发洞门折叶式密封装置示例

13.2.16 始发洞门结构必须有足够的强度、刚度，宜采用钢筋混凝土结构，并应对其进行耐久性设计。

(1) 根据工程地质、水文地质及盾构直径，应优先采用拆除负环管片后再浇筑的洞门结构。

(2) 洞门结构应采用防水混凝土，厚度不宜小于500mm。

(3) 洞门应与竖井及管片结构连接牢靠，并在接缝设置不少于2道防水措施。

13.2.17 始发后继段结构设计应符合下列要求：

(1)结构设计应具有足够的强度、刚度,分别满足始发施工和隧道运营阶段的受力要求。

(2)运营期结构布置应尽量利用始发施工阶段的既有结构,以减小拆除量,方便施工、节省造价。

(3)结构应满足耐久性设计。

13.2.18 应根据始发时盾构机的姿态,分阶段采用可靠的洞门封堵措施,并应符合下列规定:

(1)盾尾最后一道盾尾密封刷尚未完全进入洞门密封装置前,应在密封装置与盾壳、盾壳与内衬墙间的空腔内注入油脂,确保洞门密封。

(2)盾尾最后一道盾尾密封刷完全进入洞门密封装置后,宜采用密封钢板将翻板及管片外侧预埋钢板焊接,形成二次封堵,并在盾尾刷与管片间的建筑间隙里注入油脂。

(3)盾尾完全进入洞体后,应调整洞口密封,并采用具有早期强度的浆液进行洞口注浆。

13.2.19 反力架、负环管片的拆除应符合下列要求:

(1)反力架、负环管片的拆除时间根据背衬注浆的砂浆性能参数和盾构的始发掘进推力决定。

(2)为保证洞口的管片不受到反力架、负环管片拆除的影响,宜在拆除负环管片前先对洞口的管片进行拉紧固定,拉紧的数量依实际情况而定。

13.3 盾构接收

13.3.1 接收井净空尺寸(图13.3.1-1)拟定要根据盾构机的直径、长度、需要同时拼装的盾构机数目以及工期要求而定。盾构接收工作井除应考虑盾构接收、解体或整体移位的要求外,还应考虑人孔、通风孔、阀箱等设施的设置需求,满足盾构机拆卸、吊出的施工要求,其净空尺寸要求可比始发井小,接收井尺寸可按下列规定计算。

(1)接收井最小内净长度可按下式计算:

$$L \geqslant L_1 + E_1 + E_2$$

式中:L——接收井长度(m);

L_1——盾构机长度(m),根据盾构机设计确定,包含盾壳长度及刀盘厚度,一般为$(0.7\sim0.8)D_e$,其中D_e为盾构直径;

E_1、E_2——纵向作业余度(m),一般为0.75m。

(2)接收井最小内净宽度可按下式计算:

$$B \geqslant D + \Delta d + T = D + \Delta d_1 + \Delta d_2 + T$$

式中:B——接收井宽度(m);

D——盾构机的宽度(圆形盾构为外径)(m);

Δd——盾构机拼装预留的水平操作空间(m),一般根据盾构直径的不同取1.0~2.0m;

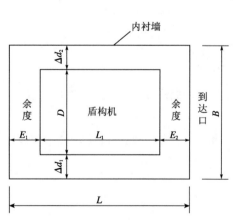

图13.3.1-1 盾构接收井净空尺寸

T——施工误差(m),与工作井围护方式及深度有关,一般为 0.3~0.5m。

(3)接收井的最小内净高可按下式计算:

$$H \geqslant h + \Delta h_1 + \Delta h_2$$

式中:H——接收井内净高(m);

h——接收洞门圈的高度(m);

Δh_1——盾构机顶部拼装预留的竖向操作空间(m),结构中板或框架梁应高出接收洞门圈钢环最高点至少 0.5m,以满足顶部接收洞门钢环及接收密封装置的安装;

Δh_2——盾构机底部拼装预留的竖向操作空间(m),结构底板顶面应低于接收洞门圈钢环最低点至少 0.75m,以满足底部接收洞门钢环及接收密封装置的安装。

图 13.3.1-2 为盾构接收井示意图。

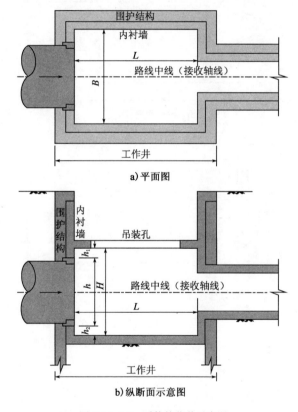

图 13.3.1-2 盾构接收井示意图

13.3.2 中间井在前进方向的内净尺寸应满足始发井、接收井的相关要求。当需要在井内旋转盾构机时,中间井的长度宜大于盾构机对角线的长度与余度之和,余度不宜小于1m。

13.3.3 根据盾构接收位置可分为竖井内接收解体、地中对接解体、接收井内掉头二次始发

等,盾构接收应符合下列规定:

(1)长隧道宜采用竖井内接收解体。

(2)盾构中、短距离掘进时可采用接收井内掉头二次始发(图 13.3.3)。

(3)对于长度大于 9km 的超长隧道,宜采用地中对接解体。

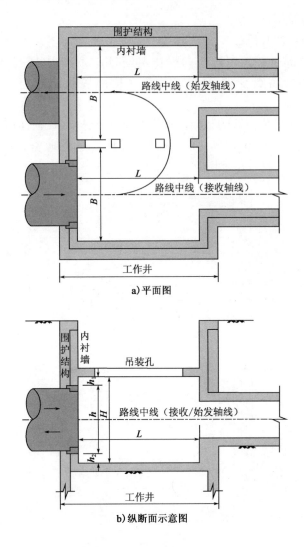

图 13.3.3 盾构掉头井示意图

13.3.4 根据接收竖井内接收装置的不同,盾构接收工法可分为直接接收法、水中接收法、设置接收室法及套筒接收法。

(1)直接接收法适用于盾构直径 $D \leqslant 14m$ 或地下水较少的情况。

(2)水中接收法适用于盾构直径 $D > 14m$ 且地下水丰富的情况。

(3)特殊情况,如无法正常接收的条件下,可采用设置接收室法或套筒接收法。

图 13.3.4 为竖井到达方法示例。

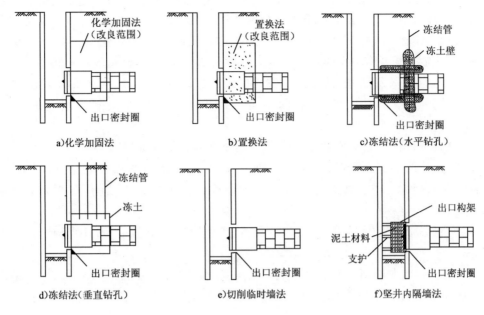

图 13.3.4 竖井接收方法

13.3.5 接收洞门设计应符合下列要求：

(1) 开口结构需要有足够的强度和刚度，以抵挡水、土压力。

(2) 接收井端墙应预留接收洞门，洞门直径宜大于盾构机外径 35～50cm，以满足盾构接收的要求。

(3) 根据管片安装、施工阶段接收洞门止水装置的密封要求，确定洞门的预留预埋设计的形式及断面尺寸等。

(4) 在施工接收洞门时，宜在洞门圈内侧设置环向钢板，便于洞门密封装置的拆卸，确保接收时止水可靠。

13.3.6 在盾构推进至盾构接收施工范围时，应对盾构机的位置和盾构隧道的测量控制点进行准确的测量，并对盾构接收井的洞门进行复核测量，根据路线总体设计要求及接收洞口预留预埋情况确定盾构机的贯通姿态及掘进纠偏计划，优化施工参数，确保盾构机准确进入接收洞口。

(1) 盾构机贯通时的盾构中心与隧道设计高程的偏差控制在 －10mm，平面偏差控制在 ±20mm 之内。

(2) 尽可能减少切口水压波动，一般实际的泥水压力要小于设计值，并根据监测信息，做及时调整。

(3) 严格控制主要掘进参数，如总推力、推进速度、排泥量，减少泥水压力波动，采用低速均匀掘进，避免对土体产生大的扰动，加强泥浆管理和出土量监控，防止超挖和欠挖。

(4) 加强壁后同步注浆控制，控制好浅覆土段的同步注浆压力和注浆量。

13.3.7 盾构接收段地基处理应根据洞门的结构和拆除方法、尺寸和埋深,并考虑地形地貌、水文地质条件、环境要求和对地下管线与地面建筑物的影响因素,选用合理、安全的地基加固处理工法,如旋喷桩、搅拌桩、SMW 桩、冻结法、降水法或组合加固等。

(1)纵向加固长度的初步确定:纵向加固长度应大于盾构主机长度,一般应大于盾构主机长度 2~3m,以确保刀盘进入洞圈后,盾尾也进入加固区土体,加固区后方地层的水土完全被加固土体及隧道背衬注浆所隔断,不至于产生水土流失而引起地层损失造成地表沉降。

(2)径向加固厚度的初步确定:径向加固厚度的确定同盾构始发。

(3)加固方法的确定原则:根据工程地质条件、水文地质条件,遵循安全、可靠、经济的原则,按照第 15 章相关要求合理选定,$D>14m$ 的盾构接收加固宜采用地层加固与冻结相结合的加固方案。

(4)接收端头加固、强度验算、抗力验算及整体稳定性验算按第 13.2.10 条执行。

13.3.8 盾构接收洞门凿除时应确保洞门结构安全,宜分段、分区、分层凿除;洞门结构采用玻璃纤维筋混凝土时可用盾构机直接切削接收,且设置玻璃纤维筋的区域应大于洞门圈至少 50cm。

13.3.9 盾构接收时应采用可靠的洞门止水装置,确保接收时满足洞门密封止水要求。

(1)洞门密封装置可分为压板式(图 13.3.9-1)和折叶式(图 13.3.9-2),由橡胶止水帘布、扇形压板、翻板、垫片、加劲板和螺栓等组成。

(2)接收时宜在橡胶帘布外侧涂抹一层油脂,防止盾构进入洞门时刀盘损坏橡胶帘布。

(3)橡胶止水帘布、扇形压板、翻板的安装应与管片环向端面平行,且垂直于接收轴线。

(4)接收洞门密封装置的橡胶止水帘布应设置在压板、折叶的内侧。

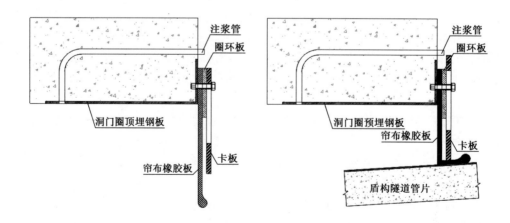

图 13.3.9-1 接收洞门压板式密封装置示例

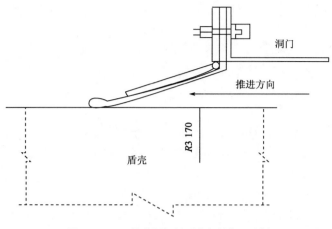

图 13.3.9-2 接收洞门折页式密封装置示例

13.3.10 盾构接收基座必须有足够的强度、刚度和安装精度,以满足盾构设备掘进、解体及吊装的要求。

(1)盾构直径 $D>14$m 时宜采用钢筋混凝土接收基座(图 13.3.10-1),$D\leqslant14$m 时可采用钢结构接收基座(图 13.3.10-2)。

(2)接收基座应根据盾构机刀盘厚度、切口环、支撑环及盾尾等的长度合理分段设置,以便于盾构的解体。

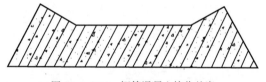
图 13.3.10-1 钢筋混凝土接收基座

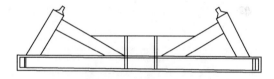
图 13.3.10-2 钢结构接收基座

(3)接收基座的断面设计形式应与盾构机外径匹配,其顶面宜设计为圆弧状,并应采取可靠的措施,确保接收阶段管片拼装有足够的反力支撑。

(4)当水中接收法时,接收基座可采用素混凝土结构。

13.3.11 接收洞门结构必须有足够的强度、刚度,宜采用钢筋混凝土结构,并应对其进行耐久性设计。

(1)根据工程地质、水文地质及盾构直径,应优先采用拆除洞门环管片后再浇筑的洞门结构。

(2)洞门结构应采用防水混凝土,厚度不宜小于 500mm。

(3)洞门应与竖井及管片结构连接牢靠,并在接缝设置不少于 2 道防水措施。

13.3.12 根据接收时盾构机的姿态,分阶段采用可靠的洞门封堵措施。

(1)盾尾最后一道盾尾密封刷尚未完全脱出洞门密封装置前,应在密封装置与盾壳、盾壳与内衬墙间、盾尾刷与管片间的空腔内注入油脂,确保洞门密封。

(2)盾尾最后一道盾尾密封刷完全脱出洞门密封装置后,宜采用密封钢板将翻板及管片外侧预埋钢板焊接,形成二次封堵。

(3)盾尾完全脱出洞体后,应调整洞口密封,并采用具有早期强度的浆液进行洞口注浆。

13.3.13 盾构接收时应对洞口管片采取拉紧措施。拼装完最后一环管片,千斤顶不要立即回收,及时将洞口段数环管片纵向临时拉紧成整体。

13.3.14 水中接收时应符合下列要求:
(1)工作井内的水位应满足确保接收时内外压力平衡,确保洞门结构安全。
(2)应根据盾构机进入工作井内的长度,控制井内液位,防止盾构机上浮。

13.3.15 接收套筒设计应符合下列要求:
(1)接收套筒应有足够的强度、刚度和安装精度以满足盾构设备接收的要求。
(2)接收套筒宜采用钢结构,便于组装及拆除。
(3)接收套筒直径宜大于盾构机外径 35～50cm。

13.3.16 相向掘进对接施工作为一种特殊的接收方式,可分为机械对接(图 13.3.16-1)和土木对接(图 13.3.16-2)。
(1)当地质条件极差、地下水丰富时,宜采用机械对接技术。
(2)当地质条件较好且地下水位较低时,可采用土木对接技术。
(3)采用土木对接技术时,应根据地质条件采取适当的地层加固措施,确保施工安全。

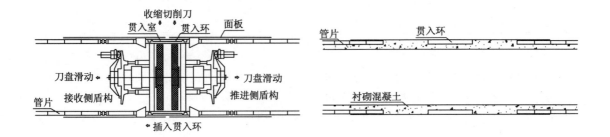

图 13.3.16-1 机械对接示意图

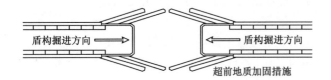 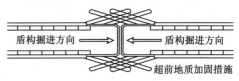

图 13.3.16-2 土木对接示意图

13.4 井内建筑

13.4.1 井内建筑布置不仅应满足盾构施工要求,还应结合隧道运营期全线总体功能规划对行车道、疏散通道、通风设施、设备用房等进行合理布设。

13.4.2 井内平面布局应结合使用功能、防火防灾、安全疏散等因素布置,力求简洁、实用、功能分区明确,并满足下列要求:
(1)应优先满足行车道的布置,可结合5.4节隧道横断面尺寸设置。
(2)行车道以外的使用区域应做防火分区划分,各个防火分区应有可靠的防火分隔,每个防火分区的安全出口不宜少于2个。
(3)设备用房建筑面积不应超过 $1\,500\,m^2$。

13.4.3 井内运营期分层宜结合使用功能确定,行车道层净高应满足隧道洞内标准横断面要求,使车辆经过工作井时行车道顶面视觉上衔接顺畅,井内其他层净高不宜低于 3m。

13.4.4 井内疏散通道可采用疏散楼梯、疏散电梯、人行疏散横通道等形式,宜尽量结合施工期的结构构件设置。

13.4.5 井内使用区域应结合通风要求合理布置风(烟)道、通风机房,可和出地面风井联合设置。

13.4.6 井内预留孔洞应满足供配电、排水、检修等需要。

13.5 盾构井结构

13.5.1 确定盾构井结构方案前,应综合井底深度、邻近地表环境、工程地质条件、地下水位等因素选定其实施方案,可选明挖法、沉井法。
(1)地表沉降要求严格时可采用明挖法,但井深超过 60m 时,宜有经济性比选论证。
(2)地下水位埋藏较深,地表空旷且沉降要求宽松时,可采用沉井法。

13.5.2 盾构井采用明挖法时,应结合建设条件选择合理的基坑支护结构形式,包括围护墙结构、支撑与围檩结构,支护结构设计应符合下列规定:
(1)结合基坑规模、环境条件等级、地质条件等级、当地经验拟定合理的基坑支护结构安全等级,参照《公路水下隧道设计规范》(报批稿)执行。
(2)应对基坑进行稳定性验算,内容包括:整体稳定性、坑底抗隆起稳定性、抗倾覆稳定性、抗水平滑动稳定性、抗渗流稳定性、抗承压水稳定性。

13.5.3 采用地下连续墙作为明挖盾构井的围护墙时,其设计应满足下列要求:

(1)应对围护墙的承载能力极限状态进行计算,宜对其正常使用极限状态进行验算,当环境作用等级较低时,裂缝控制宽度可取 0.3mm。

(2)地下连续墙竖向主筋净距不得少于 75mm,并应为钢筋笼吊装缆索、支撑围檩及主体结构的预留锚筋预留充分的间隙。

(3)应结合地质情况及当地施工水平选用合理可靠的地下连续墙接头形式。

(4)地下连续墙顶部应设置圈梁,其宽度应大于墙的厚度,墙顶嵌入圈梁的深度不宜小于 50mm。

13.5.4 明挖盾构井内部结构宜采用现浇钢筋混凝土框架结构,宜将围护墙作为主体结构侧墙的一部分与内衬墙共同受力,墙体的结合方式根据使用、受力及防水等要求,可选用叠合墙或复合墙。

13.5.5 盾构井采用沉井方案时,宜采用圆形沉井,当采用矩形沉井时,长宽比宜小于 3。井内结构布置在满足工艺和使用要求的前提下,应遵循受力明确、施工方便、安全可靠、经济合理的原则,并宜对称布置,以便沉井能平稳下沉。

13.5.6 宜根据工程地质、地下水水位、沉井高度,确定井下沉时井内挖土及降水方案,明确井底封底方式,提出下沉助沉措施。

(1)为初步拟定井壁厚度,使井能平稳下沉至设计高程并便于封底,应选择适当的下沉系数,可按式(13.5.6)估算。

$$k_{st} = \frac{G_k - F_{fw,k}}{F_{fk}} \quad (13.5.6)$$

式中:k_{st}——沉井下沉系数,宜取 1.05~1.25,沉井位于淤泥、淤泥质土时,下沉系数不小于 1.05;

G_k——沉井自重标准值(包括外加助沉重量的标准值)(kN);

$F_{fw,k}$——下沉过程中水浮力标准值(kN);

F_{fk}——井壁总摩阻力标准值(kN)。

(2)当下沉系数较大(≥1.5)时,或在下沉过程中遇有特别软弱土层时,应要求施工单位进行下沉稳定验算,以防止突沉或下沉高程难以控制,下沉稳定系数可取 0.8~0.9。

(3)按可能出现的最高水位分封底阶段和使用阶段进行抗浮验算。

13.5.7 沉井井壁厚度应满足下沉要求、各阶段稳定性要求、各阶段强度和刚度要求、使用阶段抗渗要求。

13.5.8 盾构出洞面可采用玻璃纤维筋混凝土,应做承载能力及变形验算,计算时满足下列假定:

(1)截面应变保持平面;

(2)混凝土不考虑抗拉强度;
(3)玻璃纤维筋不考虑抗压强度;
(4)混凝土和玻璃纤维筋黏结良好。

13.5.9 宜采用空间结构模型对盾构井主体结构进行计算,初步设计时,可采用平面模型进行粗算。

13.6 盾构井地层加固

13.6.1 当洞口段土体不能满足盾构始发和接收对防水、防坍等安全要求时,应采取加固措施,并应符合下列规定:
(1)加固方案可根据洞口附近隧道埋深、工程地质和水文地质条件、盾构类型、盾构外径、地表环境等条件确定,加固方法可选用注浆、旋喷桩、搅拌桩、玻璃纤维桩、冻结法、降水法等。
(2)盾构始发、接收加固范围宜为外包 3m。
(3)当洞口处于砂性土或有承压水地层时,应有可靠的降水、堵水等防止涌水、涌砂措施。

13.6.2 当盾构井坑底土质为淤泥质软土、黏土等软弱土层时,宜对坑底进行加固,加固形式应满足基坑抗隆起、抗渗流的需要,应降低地下水位变化对结构沉降的影响,可采用裙边+抽条、裙边、满堂等形式。

13.6.3 对于加固深度超过 20m,或土层内有孤石的地层宜采用旋喷桩加固。

13.6.4 对于特殊地层,如流砂地层、扰动砂性土层,可采用冻结法对进出洞面土体做加固处理,冻结参数及要求详见第 15 章的相关规定。

14 附属工程设计

14.1 一般规定

14.1.1 盾构隧道的附属工程主要包括：横通道、防淹门、路面、口字件（或其他结构形式）、集水坑及泵房。

14.1.2 附属工程设计应做好与主体工程及交通工程等相关专业的协调工作。

14.1.3 在确保主体结构安全和功效的条件下，应充分发挥附属工程的作用（疏散、逃生及救援、防排水、抗灾等功能）。

14.1.4 附属工程设计应满足精细化、多用途化的要求。应重视内部空间的充分利用及功能分区等。

14.1.5 可采用预制口形构件结合现浇行车道板的结构形式或滑模现浇结构形式，实现盾构掘进、管片安装及行车道板等内部结构同步施工的要求，缩短施工工期、提高施工期的抗浮安全性、降低施工风险等。

14.1.6 防淹防护门的设置宜按施工期间和运营期间分别设置，确保施工及运营时间的安全。

14.1.7 集水坑和泵房的设计应通过水量计算并留一定的富余量，以确保运营安全。

14.2 内部结构

14.2.1 盾构的内部结构设计主要包括：行车道板、路面、烟道板、泵房、疏散滑梯、救援楼梯、防撞侧墙等。

盾构隧道的内部设计需综合考虑盾构直径、建筑限界、通风及紧急疏散、机电设备等各功能和设备的空间要求，并对其有限的空间进行合理分配；同时需进一步考虑盾构隧道施工的总体安排，从而选择合理的横断面布置、结构设计及施工方法。

14.2.2　混凝土保护层最小厚度应根据环境条件、耐久性及防火要求等进行确定,并满足相应规范要求。

14.2.3　结构受力计算应按荷载代表值的最不利组合进行承载能力极限状态和正常使用极限状态的计算、校核。

14.2.4　路面结构等不易维修或不便于维修的结构应适当提高其使用寿命或提出保养措施。

14.2.5　内部车道结构宜优先考虑在防水能力、力学性能、工程造价等方面具有优势的现浇结构。烟道板宜采用便于施工、质量控制及在运行期冲淤荷载下受力状态较好的预制结构。

14.3　横通道

14.3.1　盾构隧道人行横通道设置间距可取200m,并不得大于300m。

14.3.2　横通道宜与逃生楼梯、逃生通道等相连接,以利于紧急情况下人员疏散。

14.3.3　横通道宜尽量设置在围岩较好地段。

14.3.4　横通道应设置一定的纵坡,宜为0.5%～5%,以利于排水,当纵坡大于15%时,宜设置踏步台阶,边墙两侧宜设置扶手,设置扶手后人行横通道净宽应满足规范的规定。

14.3.5　横通道衬砌应具有完善的防排水措施,路面应干燥并具有防滑功能。

14.3.6　横通道两端洞口应设置甲级防火门,防火门应具有双向推开和自动关闭功能。

14.3.7　横通道内的照明装置应设置为与防火门联动开闭,其路面亮度不小于1cd/m^2。

14.3.8　横通道内应设置疏散指示标志,间距应不大于20m。

14.3.9　横通道与隧道主洞连接处的结构应进行加强设计。

14.4　防淹防护门

14.4.1　防淹防护门的设置宜按施工期间和运营期间分别设置:施工期间宜多设置临时性的防淹防护门(如两端洞口各一处、掌子面附近一处等);运营期间主要考虑在洞口附近设置永久性的防淹防护门。

14.4.2 防淹防护门应具有自动和手动两种控制模式。

14.4.3 防淹防护门应具有耐腐蚀、抗最大水头压力、封闭性好等性能。

14.5 集水坑及泵房

14.5.1 隧道排水设计宜按地下水和营运清洗污水、消防污水分开排放的原则进行,设置完善的纵横向排水沟管,排水系统宜具有方便的维修疏通设施。

14.5.2 隧道内排水沟管过水断面应根据水力计算确定。排水沟管应设置沉沙井、检查井,并铺设盖板,其位置、结构构造应考虑便于检查、维修和疏通。

14.5.3 寒区隧道内应根据实际情况设置防寒环向、纵向盲沟,洞外应设暗沟、保温出水口等排水设施,使隧道内外形成一个通畅、便于维修的防寒排水系统。

15 辅助工程措施

15.1 一般规定

15.1.1 辅助施工是为了保证施工安全而采用的临时支护或临时加固措施,可不考虑其支护能力对结构永久安全的影响。如需考虑其永久作用时,应进行专门分析研究后确定。

15.1.2 盾构隧道常用辅助施工措施作用分类见表15.1.2。

表 15.1.2 常用辅助施工措施的作用

同步注浆	地层加固措施	防止和减少地层沉陷,限制管片位移和变形
二次注浆	地层加固措施	对同步注浆的薄弱点进行补强
搅拌桩	地层加固措施	盾构进出洞、加固周边敏感建筑
	地层支护措施	地下室、竖井、基坑
旋喷桩	地层加固措施	盾构进出洞、加固周边敏感建筑
	地层支护措施	修建联络通道
冻结法	地层加固措施	盾构进出洞、更换盾尾刷
	地层支护措施	修建联络通道,地下室、竖井、基坑

15.1.3 辅助施工措施应与隧道主体支护结构的设计、施工密切配合,在施工过程中应加强监控量测与信息反馈,以便及时调整辅助施工方法或设计参数。

15.2 同步注浆

15.2.1 盾构掘进过程中需同步进行壁后注浆,防止和减少地层沉陷,保证地层压力较为均匀地径向作用于管片,限制管片位移和变形,提高结构的稳定性,并加强隧道防水。

15.2.2 盾构隧道同步注浆设计宜按照下列程序进行:
(1)查明场地的工程地质特性和水文地质条件。
(2)根据初步确定的注浆方案进行注浆试验。
(3)根据注浆试验确定各项注浆参数和技术措施。
(4)在施工期间进行观测,根据观测情况对原设计进行必要的优化、调整。

15.2.3 盾构隧道同步注浆设计宜包含下列内容:
(1)注浆材料:包括浆液种类和浆液配方。
(2)注浆量:总的注浆浆液数量。
(3)注浆压力:规定不同地区不同深度的允许最大注浆压力。
(4)注浆速率:规定不同工况下注浆速度的快慢。

15.2.4 盾构隧道同步注浆材料应通过试验设计配合比,满足胶凝时间、强度、稠度、泌水率等指标要求。

15.2.5 盾构隧道同步注浆材料类型可根据地层条件、水文条件及类似工程经验相应地选择单液惰性浆、单液硬性浆或双液浆,并确定其指标要求。

15.2.6 地面保护要求不高的地段或较坚硬并有一定自稳能力的土层或岩层,可考虑采用单液注浆。

15.2.7 盾构隧道穿越地层变化较大时,宜采用双液浆作为同步注浆材料,在施工过程中及时调整 A 液、B 液的比例以适应不同的地层条件。

15.2.8 盾构隧道穿越敏感建构筑物时,宜采用单液硬性浆或双液浆,确保浆液早期强度(28d)不低于 0.5MPa,并满足控制敏感建构筑物变形的要求。

15.2.9 盾构隧道穿越富水地层时,宜采用用凝结时间较短的双液浆,防止浆液被地下水稀释。

15.2.10 大直径盾构隧道穿越江河海,且覆土较浅时,宜采用高性能大比重单液浆,确保隧道抗浮稳定性,浆液的基本性能指标宜满足表 15.2.10 要求。

表 15.2.10 浆液的基本性能指标

项目	标准	项目	标准
密度	≥1.85g/cm³	泌水量	<5mL
坍落度(新拌)	12~14cm	抗压强度(28d)	≥0.5MPa
坍落度(20h)	≥5cm	抗压强度(90d)	≥1.0MPa
屈服强度(20h)	800Pa		

15.2.11 采用泥水平衡盾构施工时,同步注浆浆液宜采用单液硬性浆或双液浆。

15.2.12 盾构隧道同步注浆量的确定是以盾尾建筑空隙量为基础并结合地层、线路及掘进方式等考虑适当的注浆系数,以保证达到充填密实的目的。注浆系数主要由注浆压密系数、土质系数、施工消耗系数、超挖系数等决定。

注浆量一般按下式计算：

$$Q = V\lambda$$

式中：Q——理论注浆量；

V——盾尾间隙，$V=\pi(D^2-d^2)L/4$（其中 D 为刀盘外径，d 为管片外径，L 为管片长度）；

λ——注浆系数，一般取 1.5～2.5，在掘进过程中可做适当调整。

15.2.13 盾构隧道同步注浆压力必须克服地下水压力、土压力及管道的摩阻力才能将浆液压注到盾尾空隙中。但压浆压力又不能对周围土体产生劈裂注浆，损坏盾尾密封，或是浆液前窜到开挖面而影响开挖面的稳定。注浆压力应在综合考虑地质条件、管片强度、设备性能、浆液特性和开挖面土舱或泥水压力的基础上来确定。

15.2.14 盾构隧道同步注浆速率由掘进速度来决定，注浆速度可按下式计算：

$$v = \frac{Q}{t}$$

式中：v——注入速度（m^3/s）；

Q——每环注入量（m^3）；

t——每行程推进时间（s）。

15.3 二次注浆

15.3.1 在盾构隧道同步注浆施工过程中，由于各种因素可能导致管片与地层间的空隙没有充填满，需要进行二次注浆填充一次注浆未填充部分，从而改善盾构隧道管片衬砌结构的力学状态，减少对土层的扰动和地面沉降，有效地控制了隧道的上浮，提高了隧道止水效果。

15.3.2 盾构隧道哪些区域需进行二次注浆可通过下列方法判断：

(1) 根据管片后漏水情况以及地面沉降情况，判断是否进行二次注浆。

(2) 根据同步注浆的记录进行分析，及时做出注浆压力、注浆量、时间曲线，分析注浆速度与掘进速度的关系，评价同步注浆效果，判断是否需要进行二次注浆。

(3) 采用无损探测（超声波检测、探地雷达检测）检测同步注浆的注浆效果，判断是否需要进行二次注浆。

15.3.3 盾构隧道二次补充注浆浆液宜采用单液硬性浆或双液浆，其选用原则是：充填性好、和易性好、离析少、强度高、浆液硬化后体积收缩少、不被地下水稀释。

15.4 水泥土搅拌桩法

15.4.1 盾构隧道进行基坑坑底加固，形成支挡结构，保持盾构稳定掘进，保证盾构顺利始发接收，形成防渗止水帷幕，防止敏感建筑变形，且地质情况为淤泥、淤泥质土、粉土、素填土、黏性土、饱和黄土以及无流动地下水的饱和松散砂土等宜采用水泥搅拌桩工法。

15.4.2 深层搅拌的加固深度一般取决于施工机械的功率,路上施工可达 27m(施工机械能力为 30m),而在海上的有效加固深度为 21.8m(含水深和软土层厚度)。

15.4.3 对于盾构隧道拟采用水泥土搅拌法,除了常规的工程地质勘察要求外,尚应查明下列因素。

(1)填土层的厚度和组成,特别是大块物质的尺寸和含量,必须清除大块石等障碍物后再予以施工。

(2)土的含水率:当水泥土配比相同时,其强度随土样的天然含水率的降低而增大。当土的含水率在 50%~80% 之间变化时,含水率每降低 10%,水泥土强度可提高 30%。

(3)有机质含量:有机质含量较高会阻碍水泥水化反应,影响水泥土的强度增长。故对有机质含量较高的明、暗浜填土及吹填土应予以慎重考虑。对生活垃圾填土不应采用水泥土搅拌法加固。

15.4.4 搅拌桩的加固形式有:柱状加固、壁状加固、格栅状加固和块状加固等不同形式,如图 15.4.4 所示。其适用范围应符合下列规定:

(1)柱状加固一般应用于房屋基础加固、地坪加固、路基加固等。

(2)壁状和格栅加固可作为深基坑开挖时的挡土结构。

(3)块状加固一般用于坑底加固,防止坑底隆起和阻断地下水的渗流。

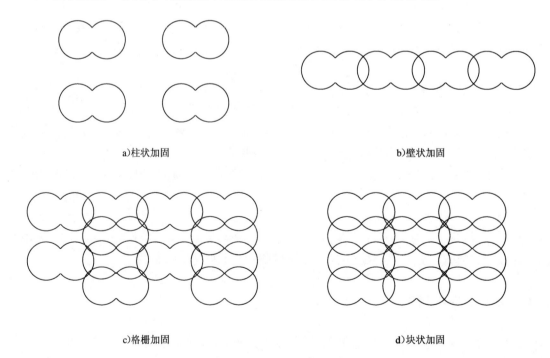

a)柱状加固　　　　　　　　　　　　b)壁状加固

c)格栅加固　　　　　　　　　　　　d)块状加固

图 15.4.4　搅拌桩加固形式

15.5 高压旋喷搅拌法

15.5.1 盾构隧道对相邻构筑物地基补强或者地下埋设物的保护、对旧有构筑物地基或桩基础的补强,对盾构始末段的加固,宜采用高压旋喷桩工法。其特点为:提高抗剪强度;降低土体的可压缩性;改善透水特性;改善动力特性。

15.5.2 旋喷桩适用于下列土质加固:砂性土($N<15$)、黏性土($N<10$)、填土(不含或者含少量砾石)。对下列土质条件需慎重考虑:坚硬土层($N>50$ 的砂性土以及 $N>10$ 的黏性土)、人工填土(建筑时间短的人工填土,尤其是堆积松散,含块石、见中大裂隙)、砂砾层(含有卵石)。

15.5.3 水平旋喷桩的直径大小跟地层密实度关系密切,因此喷射参数需要随着地层的变化进行调整,以保证桩体前后均匀。通常应根据估计直径来选用喷射注浆的种类和旋喷方式。对于大型或重要的工程,估计直径应在现场通过试验确定。一般条件下,单管法的桩径可按下列公式确定,也可参考表 15.5.3 初步确定,定喷和摆喷的有效长度为旋喷桩直径的 1.0~1.6 倍。

黏性土:

$$D=(0.5\sim 0.005)N^2$$

砂性土:

$$D=0.001(350+10N-N^2)(5\leqslant N<15)$$

表 15.5.3 旋喷桩的设计直径(m)

土质	方法	单管法	二重管法	三重管法
黏性土	0<N<5	0.5~0.8	0.8~1.2	1.2~1.8
	6<N<10	0.4~0.7	0.7~1.1	1.0~1.6
	11<N<20	0.3~0.6	0.6~0.9	0.7~1.2
砂性土	0<N<10	0.6~1.0	1.0~1.4	1.5~2.0
	11<N<20	0.5~0.9	0.9~1.3	1.2~1.7
	21<N<30	0.4~0.8	0.8~1.2	0.9~1.5

注:N 为标准贯入击数。

15.5.4 高压旋喷桩的浆量计算可采用体积法或者喷量法。应取其计算结果较大者作为设计喷射浆量,注浆量可按下列公式计算:
(1)体积法:

$$Q = \frac{\pi}{4}D_e^2 k_1 h_1(1+\beta) + \frac{\pi}{4}D_0^2 k_2 h_2$$

式中：Q——需要用的浆量（m^3）；
　　　D_e——旋喷管直径（m）；
　　　D_0——注浆管直径（m）；
　　　k_1——填充率（0.75～0.9）；
　　　h_1——旋喷长度（m）；
　　　k_2——未旋喷范围土的填充率（0.5～0.75）；
　　　h_2——未旋喷长度（m）；
　　　β——损失系数（0.1～0.2）。

(2)喷量法。

以单位时间喷射的浆量及喷射持续时间，计算出浆量，计算公式为：

$$Q = \frac{H}{V}q(1+\beta)$$

式中：Q——浆量（m^3）；
　　　V——提升速度（m/min）；
　　　H——喷射长度（m）；
　　　q——单位时间喷浆量（m^3/min）；
　　　β——损失系数（0.1～0.2）。

根据计算所需的喷浆量和设计的水灰比，即可确定水泥的使用数量。

15.5.5 根据注浆目的不同，注浆材料可采用普通型、速凝早强型、高强型或抗渗型等，宜按下列原则选用：

(1)普通型一般采用325号或425号硅酸盐水泥浆，不加任何外加剂，水灰比为1∶1～1.5∶1，无特殊要求的工程宜采用普通型。

(2)对地下水丰富的工程需要在水泥浆中掺入速凝早强剂。

(3)为提高固结体强度，可采用高强度等级水泥，或选择高效的扩散剂和无机盐组成的复合配方。

(4)抗渗型注浆材料的水玻璃模数要求在2.4～3.4较为合适，浓度要求30～45波美度。

15.5.6 旋喷桩的强度与图纸和施工方法相关。单管法在砂质土中的加固强度一般为2.0～7.0MPa，在黏性土中的加固强度一般为1.5～5.0MPa，三重管在砂质土中的加固强度一般为2.0～15.0MPa，在黏性土中的加固强度一般为0.8～5.0MPa。在一定土质条件下，通过调节浆液的水灰比和单位时间的喷射量或改变提升速度等措施可适当调节加固体强度，设计中对加固强度的确定需根据土质条件和加固体所要求的强度综合考虑，并且可以用调节加固范围的方法满足设计要求。

15.5.7 桩的平面布置需根据加固的目的给予具体考虑,其平面布置形式如图15.5.7所示。排桩、板墙可用作防水帷幕,整体加固则常用于防止基坑底部的涌土或者提高土体的稳定性,水平封闭可用于形成地基中水平隔离层。

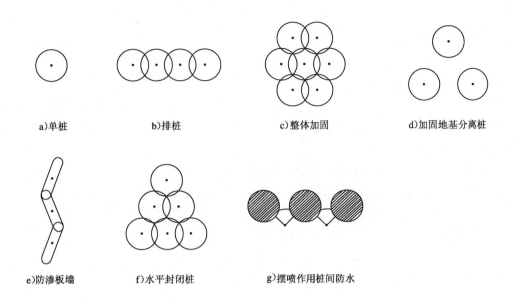

图 15.5.7 桩的平面布置形式

15.6 冻结法

15.6.1 盾构隧道修建联络通道、地下室、竖井、基坑、盾构进出洞加固,盾尾刷更换加固等宜采用冻结法。其中冻土帷幕作为临时承载结构,应在设计的时间内保证土方开挖和结构施工的安全,并使周围环境和建(构)筑物不受损害。

15.6.2 冻结法设计应包括下列内容:
(1)冻土帷幕结构方案比较与选择;
(2)冻土帷幕的承载力和变形验算(Ⅰ类冻土帷幕除外);
(3)冻结孔布置设计;
(4)冻结帷幕形成验算;
(5)冻结制冷系统设计;
(6)对冻土帷幕的监测与保护要求;
(7)冻土壁后填充注浆与融沉注浆设计;
(8)可能对周围环境和建(构)筑物产生影响的分析;
(9)对周围环境和建(构)筑物的影响监测与保护要求。

15.6.3 冻土帷幕结构形式的选择

(1)冻土帷幕按其功能与要求分为三类,见表15.6.3-1。应根据冻土帷幕功能要求分类选择不同形式和安全性能的冻土帷幕结构。

表 15.6.3-1 冻土帷幕功能分类

类别	功能与要求	说　明
Ⅰ	仅用于止水而无承载要求	如岩石裂隙和混凝土界面缝隙止水
Ⅱ	仅用于承载而无止水要求	如不透水黏性土层的加固
Ⅲ	既要求承载又要求止水	如含水砂土层的加固与止水

(2)冻土帷幕结构形式选择原则如下:
①冻土帷幕宜按受压结构设计。
②在含水砂性土层中应采用封闭的冻土帷幕结构形式。
③冻土帷幕的几何形状宜与拟建地下结构的轮廓接近,并易于冻结孔布置。
④冻土帷幕结构形式选择应有利于控制土层冻胀与融沉对周围环境的影响。
⑤竖井和隧道冻土帷幕宜采用圆形或近似圆形断面。
⑥基坑深度小于5m时,冻土帷幕可按重力式挡土墙设计。
⑦有严格变形控制要求时,可采用"冻实"的冻土帷幕形式。

(3)可按表15.6.3-2选择冻土帷幕及内支撑形式来确定承载比例。复杂、重要结构物,内支撑承载比例按100%计算。

表 15.6.3-2 冻结帷幕和内支撑形式及承载比例

序号	工程类型	冻土帷幕形式	内支撑形式	承载比例(%) 冻土帷幕	承载比例(%) 内支撑
1	盾构进出洞	可采用墙式冻土帷幕。大型盾构出洞可增加"门"形冻土帷幕抗浮	不设内支撑	100	
2	旁通道及集水井	通道部分可采用直墙圆拱冻土帷幕,集水井可采取满堂加固或采用"V"字形冻土帷幕	钢支撑+木背板;钢支撑+木背板+喷射混凝土	100	25~50
3	竖井	可采用竖直环形冻土帷幕	钢筋混凝土井壁;钢筋混凝土井壁+缓压层	100	50~90
4	隧道	可采用水平环形冻土帷幕	钢格栅+喷射混凝土;钢支撑+木背板+喷射混凝土	100	80~100
5	基坑围护	基坑深度小于5m时可采用重力式挡土墙	冻土帷幕表面保温	100	

15.6.4 冻结设计基础参数应符合下列规定:

(1)冻结帷幕平均温度应根据冻结帷幕承受荷载大小(或开挖深度)确定,也可按表15.6.4选取。冻结帷幕承受荷载大、安全要求高的工程宜取较低的冻结帷幕平均温度。

表 15.6.4 冻结帷幕平均温度、最低盐水温度设计参考值

开挖深度(m)	0~12	12~20	20~32	>32
冻土帷幕平均深度(m)	−8~−6	−9~−7	−10~−8	<−10
最低盐水温度(℃)	−27~−25	−28~−26	−29~−27	−32~−29

(2)最低盐水温度应根据设计冻土帷幕平均温度、地层环境及气候条件确定,也可按表15.6.4选取。设计冻土帷幕平均温度低、地温高、气温低时取较低的盐水温度。

15.6.5 冻土帷幕厚度设计与强度检验应符合下列规定:
(1)Ⅱ类和Ⅲ类冻土帷幕应按承载力要求设计冻土帷幕厚度。
(2)冻土帷幕的力学计算模型可按均质线弹性体简化,其力学特性参数宜取冻土帷幕平均温度下的冻土力学特性试验值。
(3)Ⅲ类冻土帷幕强度检验安全系数按表15.6.5选取,Ⅱ类冻土帷幕强度检验安全系数取Ⅲ类冻土帷幕的0.9倍。

表 15.6.5 Ⅲ类冻土帷幕强度检验安全系数

项目	抗压	抗拉	抗剪
安全系数	2.0	3.0	2.0

(4)有特殊要求时验算冻土帷幕的变形。
(5)Ⅰ类冻土帷幕按冻结交圈要求设计冻土帷幕厚度。Ⅰ类冻土帷幕可不做强度验算,但应在冻土帷幕交圈后再积极冻结不少于3d。

15.6.6 冻结孔布置与冻土帷幕形成预计应符合下列规定:
(1)冻结孔布置参数包括冻结孔成孔控制间距、冻结孔开孔间距、冻结孔孔位、冻结孔深度和冻结孔偏斜精度要求等。冻土帷幕形成参数包括冻土帷幕交圈时间、预计冻土帷幕扩展厚度和冻土帷幕平均温度等。
(2)冻结孔成孔间距应按冻结工期要求、设计盐水温度和冻结冻平均温度等确定,布置单排冻结孔时冻结孔成孔控制间距可按表15.6.6-1选取,但不宜大于冻土帷幕设计厚度。多排冻结孔密集布置时,内部冻结孔成孔间距可取边孔的1.2倍。冻结孔偏斜精度要求按表15.6.6-1选定。冻结孔开孔间距不宜大于冻结孔成孔间距与冻结孔最大偏斜之差。

表 15.6.6-1 单排冻结孔成孔间距设计参考值及冻结孔偏斜精度要求

冻结孔类型	水平或倾斜冻结孔			垂直冻结孔	
冻结孔深度(m)	≤10	10~30	30~60	≤40	40~100
冻结孔成孔间距(mm)	1 100~1 300	1 300~1 600	1 600~2 000	1 200~1 400	1 400~1 800
冻结孔最大偏斜(mm)	150	150~350	150~600	150~250	250~400

(3)当布置单排冻结孔在规定冻结工期内达不到设计冻土帷幕厚度和平均温度时,应布置多排冻结孔冻结。

(4)冻结孔宜均匀布置并避开地层中的障碍物。在隧道管片上布置冻结孔时,开孔位置宜避开管片螺栓口、钢筋混凝土管片主筋和钢管片肋板。

(5)冻结孔深度可按下式确定:

$$L_{ks} = L_{sj} + L_0 + L_1$$

式中:L_{ks}——冻结孔深度(m);
L_{sj}——从冻结孔孔口到冻土帷幕设计边界的距离(m);
L_0——不能循环盐水的冻结管端部长度(m);
L_1——冻结管端部冻结削弱影响深度(m)。

(6)当只需要加固地层深部土体时,可采用浅部冻结管保温或下双供液管的方法进行局部冻结。

(7)冻土帷幕扩展厚度可按下式计算:

$$E_{yj} = v_{dp} t$$

式中:E_{yj}——预计冻土帷幕厚度(m);
v_{dp}——冻土帷幕平均扩展速度(m/d);
t——冻结时间(d)。

冻土帷幕平均扩展速度可按表15.6.6-2选取或采用通用计算方法计算。

表 15.6.6-2　单排孔冻土帷幕扩展速度设计参考值

冻结时间(d)	20	30	40	50	60
冻结帷幕扩展速度(mm/d)	34	28	24	22	20

注:如为密集布孔,内部冻结孔之间的冻土帷幕扩展速度可比本表给出的设计参考值增加5%~20%。

(8)冻土帷幕交圈时间可按下式估算:

$$t_{jq} = \frac{S_{max}}{v_{dp}}$$

式中:t_{jq}——预计冻土帷幕交圈时间(d);
S_{max}——冻结孔成孔控制间距(m);
v_{dp}——冻土帷幕平均扩展速度(m/d)。

(9)冻土帷幕形成期应不少于预计冻土帷幕厚度和平均温度达到设计要求的时间。

(10)冻土帷幕温度分布可简化为定常温度场计算。冻土帷幕平均温度宜采用通用数值方法或通用经验公式计算。

15.6.7　冻结法施工需进行冻土帷幕壁后填充注浆与融沉注浆,并应符合下列规定:

(1)充填注浆设计以及技术要求如下:在支护层与冻土帷幕交界面间以及喷射混凝土与永久结构交界面间预留注浆管,待永久结构达到一定强度时对壁后进行充填注浆,以减少周围土体变形。一般混凝土浇筑一周后可进行充填注浆。

(2)融沉注浆参见填充注浆宜在停止冻结1个月后,或根据测温结果及根据地表沉降变化量进行跟踪补偿注浆。

15.6.8 在地层冻结区域内有下列情况时,设计中应进行深入分析并应符合下列规定:
(1)地下水流速大于5m/d,有集中水流或地下水水位有明显(≥2m/d)波动;
(2)土层结冰温度低于－2℃或有地下热源可能影响土体冻结;
(3)地层含水率低影响土体冻结强度;
(4)用其他施工方法扰动过的地层;
(5)有其他可能影响地层冻结或地层冻结可能严重影响周围环境的情况。

15.6.9 当冻土帷幕表面直接与大气接触,或通过导热物体与大气产生热交换时,应在冻土帷幕或导热物体表面采取保温措施。

15.6.10 在冻土帷幕形成期间,冻土帷幕内或冻土帷幕外200m区域内的透水砂层中不宜采取降水措施。必须降水施工时,冻结设计应充分考虑降水产生的不利影响。

16 特殊地段设计

16.1 一般规定

16.1.1 盾构隧道设计应尽量避免覆土过浅、曲线半径过小、纵坡过大、双洞间距过小等情况出现,应避免从地下障碍物附近、卵砾石地层、复合地层、建(构)筑物边缘或下部穿越。

16.1.2 当盾构隧道必须从特殊地段穿越时,其设计应遵循下列原则:
(1)应以保证施工安全及周边环境安全为基本出发点。
(2)在勘察阶段注意查明和分析工程的地质状况与隧道周边环境状况,在设计阶段应给出应急处理预案。
(3)应根据隧道所处位置与地层条件合理确定地层及周边建筑物的变形控制指标。
(4)应根据隧道所处条件,确定壁后注浆的材料和压力与流量,在施工过程中根据量测结果,进行注浆材料、压力与流量的动态调整。
(5)敏感地段应适当加密监测测点和频率,根据监测结果不断调整盾构掘进参数。

16.2 小净距段

16.2.1 两并行盾构隧道或分期实施盾构隧道开挖面间距小于$1D$(D为盾构隧道开挖直径)时即为小净距隧道。

16.2.2 应根据隧道所处的地层条件、盾构形式、隧道断面大小、两条隧道之间的相对位置与距离,预测施工对已建隧道的影响和平行隧道掘进时的互相影响。

16.2.3 宜采取加固隧道间土体、打设隔离桩、先行隧道内设置钢支撑等辅助措施控制地层和隧道变形。

16.2.4 施工中要采取相应措施,降低后行盾构推进对先行隧道的挤压作用及单侧卸载作用。合理设置土压力;降低推进速度,严格控制推进方向,偏差最大不得超过±30mm;盾构推进过后进行注浆;控制盾构姿态,确保盾尾间隙均匀,加大盾尾油脂压注量来防止浆液通过盾尾流失;穿越前对盾构机及其他辅助设备进行全面彻底检修,确保盾构连续穿越完成。

16.2.5 对先行隧道和既有隧道加强监测,了解隧道变化情况,如有变化,可及时更改推进参数,保证隧道的安全。

16.3 浅覆土段

16.3.1 盾构隧道在特殊情况下因地质条件、使用目的、已有建(构)筑物等控制因素,会下穿小于$(1\sim1.5)D(D$ 盾构隧道开挖直径)的覆土,设计时应根据覆土厚度及地质情况进行综合设计,确保隧道安全。

16.3.2 浅覆土段盾构施工过程中应关注如下几方面问题:
(1)浅覆土段易产生地表冒浆、沉降、坍塌。
(2)隧道结构上浮。
(3)高水压段易产生冒顶通透水流。

16.3.3 浅覆土段盾构隧道设计应符合下列规定:
(1)采用土体加固、冻结、抛土、抛石、河底注浆、加设抗浮板等措施对隧道顶部覆土进行预处理。
(2)土压盾构机在河底饱和黏土层中推进时,有工作面挤压合力等于主动土压力、挤压合力等于静止土压力、挤压合力等于被动土压力 3 种临界受力平衡状态。当盾构正面挤压力 P_g 小于工作面主动土压力 P_a,开挖面土体将向土仓内坍塌引发覆土塌陷,地面沉降明显,河水将沿塌陷裂缝进入土仓造成涌水事故;当盾构正面挤压力 P_g 介于主动土压力 P_a 和静止土压力 P_0 之间($P_a<P_g<P_0$),盾构前方覆土层将有一定的沉降,与后续的工序造成的沉降叠加,将不利于控制隧道总沉降,同时由于前方土体受到扰动,使盾构控制困难。适合盾构正常推进的工况是正面挤压力 P_g 介于被动土压力 P_p 和静止土压力 P_0 之间($P_0<P_g<P_p$),前方覆土将有一定的隆起,用以补偿后续工序引起的沉降,又不至于将覆土层顶裂。根据以上分析土压平衡盾构盾构安全推进的最小覆土厚度为:

$$\left.\begin{array}{l} P_a = \left[\left(H_w+h+\dfrac{D}{2}\right)\gamma_w + \left(h+\dfrac{D}{2}\right)\gamma'K_a - 2c\sqrt{K_a}\right]\dfrac{\delta D^2}{4} \\ P_0 = \left[\left(H_w+h+\dfrac{D}{2}\right)\gamma_w + \left(h+\dfrac{D}{2}\right)\gamma'K_0\right]\dfrac{\delta D^2}{4} \\ P_p = \left[\left(H_w+h+\dfrac{D}{2}\right)\gamma_w + \left(h+\dfrac{D}{2}\right)\gamma'K_p + 2c\sqrt{K_p}\right]\dfrac{\delta D^2}{4} \end{array}\right\}$$

$$\left.\begin{array}{l} K_a = \tan^2\left(45°-\dfrac{\varphi}{2}\right) \\ K_0 = 1-\sin\varphi' \\ K_p = \tan^2\left(45°+\dfrac{\varphi}{2}\right) \end{array}\right\}$$

$$h > \frac{\frac{4p_g}{\delta D^2} - 2c\sqrt{K_p} - H_w \gamma_w}{\gamma_w + \gamma' K_p} - \frac{D}{2}$$

(3)隧道穿越饱和土层会受到水的浮力,当浮力超过隧道上覆土重量和隧道及隧道内设备自重时隧道将上浮,当管片脱离盾尾时,隧道被包围在壁后注浆的浆液中,受到浆液的浮力比在饱和土中受到的浮力要大得多,同时盾构推进挖出土方导致地基卸载,拼装好的隧道会受到地基回弹的作用向上偏离中心轴线。在浮力和地基回弹共同作用下,隧道上覆土产生隆起,若最大隆起值得不到有效控制,覆土层将被顶裂,产生透水裂缝,河水沿透水裂缝涌入盾尾将严重影响隧道和隧道施工的安全。考虑盾构推进时产生的地层损失与地基回弹对隧道的影响的抵消作用,隧道抗浮可以用下式控制:

$$P + q < Fy$$

并以此推导出阻止隧道上浮所需的最小覆土厚度为:

$$h > \frac{\delta R_0^2 \gamma_y - \delta(R_0^2 - R_i^2)\gamma_c}{2R_0 \gamma'}$$

(4)当河底浅覆土厚度不满足第(2)、(3)条两种情况之一时应采河底覆土加固措施,常用的措施有:

①河底抛土加大隧道上覆土层厚度。

这种方法一般用于深水河底隧道加固中,它既能满足盾构推进隧道安全所要求的最小覆土厚度,又节约成本简便易行。

②河底注浆加固。

由于航运及排水的要求,在浅水河道中加固隧道浅覆土不宜采用河道抛土的办法,因此河底注浆加固及设置抗浮板是浅水河道加固的首要选择。通过注浆河底覆土形成一层不透水的硬壳层,同时 c、φ 值相应增大,能有效减小盾构推进时所需的最小覆土厚度的计算值。

③加设抗浮板,为盾构推进及阻止隧道上浮提供反力。

在特别浅的覆土区域,应在注浆加固的同时增设抗浮结构,如抗拔桩及抗浮板,用于平衡盾构推进时土体产生的侧向压力,以便盾构能以较适当的推进力及推进速度快速通过河底危险区。

16.3.4 浅覆土盾构隧道施工应符合下列规定:

(1)土压平衡盾构需严格管理开挖面压力,由于覆土荷载减少,使开挖面压力的允许的管理幅度缩小,即使少量的误差,也可以给开挖面稳定性带来很大影响,施工前要对隧道轴线的河底水深情况进行一次全面的测量,复核隧道覆土的厚度,绘制河底地形图,并根据地形图计算出土压力。更重要的是还要根据推进时潮位的不断变化情况对其进行相应的调整。严格控制波动范围,一般控制在设定值±5%以内。

(2)泥水平衡盾构机推进过程中严格控制切口泥水压力波动,波动为$-0.3 \sim +0.1$bar,以确保开挖面稳定;密切关注空压机供气系统,确保空压机供气系统的连续性,压力波动不宜大于 0.5bar;气仓内泥水液位不宜出现较大波动,液位波动控制在 20%以内;必要时采取人工调整参数,以减少切口泥水压力波动。

(3)提高同步注浆质量与管理,严格控制初凝时间,合理掌握注浆压力使注浆量、注浆流量和推进速度形成最佳匹配。

16.4 卵砾层及复合地层段

16.4.1 复合地层是在盾构前方的工作面由不同的工程地质层"混合"组成的,除了关注在工作面上(或垂直断面上)的"混合"之外,同时重视沿着隧道轴线的方向上存在的不同地质层的混合,应将复合地层定义为在三维方向上,围岩主要由物理力学性质、工程地质与水文地质特征相差较大的几种地层组成。

16.4.2 卵砾层及复合地层段盾构隧道设计应符合下列规定:
(1)当盾构隧道通过卵砾石层、复合地层,应根据卵砾石复合地层厚度、分布位置等情况,采用相应的工程措施对其进行处理。
(2)加强勘察工作,提高不同地层交界面探测的准确度。
(3)通过优化隧道平纵位置,尽可能使隧道在单一地层内通过,如果隧道侵入基岩,应尽量减少入岩深度。
(4)对于土石混杂、软硬不匀的地层应合理设计刀盘、刀具,优选开口率大的面板结构。
(5)盾构机应配备必要的破碎设备和刀具磨损检测报警装置,宜选择压力控制灵敏的盾构设备。

16.5 敏感环境地段

16.5.1 环境敏感地段系指盾构隧道施工下穿、侧穿已有建(构)筑物、堤坝、公路、铁路、地下管线等设施地段。

16.5.2 盾构通过敏感环境段设计应符合下列规定:
(1)应加强对邻近建(构)筑物、地下管线的勘察,查明建(构)筑物基础埋深、基础形式及上部结构形式;查明管线平面位置、埋深、规格尺寸、材料类型、接头形式、输送物体,并预测施工对他们的影响程度。
(2)根据建(构)筑物、管线与隧道的位置关系、施工影响程度制订迁改、加固方案,确保施工安全。
(3)施工过程中要周密管理,控制变形,并根据所穿越工程的重要程度、穿越类型、周边环境条件等情况划分敏感环境等级,并针对不同等级进行监控量测设计。

16.5.3 盾构邻近建(构)筑物、地下管线等施工时,以不造成原有建(构)筑物、地下管线的不良影响为前提,而能定量表示出有害影响程度的允许值,表16.5.3-1、表16.5.3-2是各类建(构)筑物、地下管线容许位移的参考值。当原有建(构)筑物存在容许值时,必须满足;当没有许定容许值就必须和建(构)筑物物管单位协商后定出容许值。商定容许值要重点考虑功能及结构方面的情况。

表 16.5.3-1 建(构)筑物容许位移沉降参考值

基础种类	基础形式	相对沉降量(mm)		最大沉降量(mm)	
		标准值	最大值	标准值	最大值
混凝土	连续基础	10	20	20	40
钢筋混凝土	独立基础	15	30	50	100
	连续基础	30	40	100	200
	筏型基础	20~30	40~60	100~150	200~300

表 16.5.3-2 地下管线位移沉降参考值

管线类型		位移沉降容许值(mm)
柔性管道		40
刚性管道	压力	20
	非压力	30

16.5.4 盾构邻近建(构)筑物、地下管线等施工要采取必要的监测和必要的加固技术措施，并应符合下列规定：

1）邻近施工的监测内容

（1）原有建(构)筑物的监测，包括沉降、裂缝、倾斜的监测。

（2）建(构)筑物地基土体的监测，包括土体变形、水土压力监测。

（3）盾构施工参数监测，包括盾构推力、出土率、注浆充填率、盾构姿态的监测。

2）邻近建筑物保护的技术措施

（1）对建(构)筑物实施加固措施：主要包括结构加固和基础托换，其中结构加固包括对结构本体加固(梁、柱、墙)和基础加固(桩、地锚、拉杆)。

（2）对地基实施加固措施，加固盾构周围土体防止土体松动和扰动，控制盾构上部土体变形；也可通过隔离帷幕排桩屏蔽盾构施工对构筑物的影响。

（3）对盾构实施施工参数控制。

16.6 小半径段

16.6.1 对于小半径段盾构隧道，盾构机掘进时隧道轴线控制难度大，纠偏困难。盾构机本身为直线形刚体，不能与曲线完全拟合。曲线半径越小则纠偏量越大，纠偏灵敏度越低，轴线就比较难于控制。小半径转弯段从总体设计到盾构施工参数需要经过计算并结合地质条件、施工经验等因素综合考虑后方可确定。

16.6.2 小半径段盾构隧道，管片容易在水平分力作用下发生较大的位移，造成管片侵限现象。隧道管片衬砌轴线因推进水平分力而向圆曲线外侧（背向圆心一侧）偏移，盾构机每掘进一环，由于管片端面与该处轴线产生夹角，在千斤顶的推力作用下产生一个水平分力，使管环脱出盾尾后，受到侧向分力的影响而向曲线外侧偏移。应防止由于盾构推进反力不均匀引起的管片环变形、移动、管片错台、管片严重开裂、渗水等。

16.6.3 对于小半径段盾构隧道,主要应重点考虑下列技术措施:

(1)设计中综合盾构机掘进参数、盾构设备(超挖刀、铰接装置)、管片选型和拼装等方面原因。

(2)应采取同步注浆和二次注浆相结合的措施,以保证小半径圆曲线段成型管片不出现侧向移动,以及及时填充围岩空隙保证土体稳定。

(3)使用超挖装置时,应控制超挖量。

(4)壁后注浆应选择体积变化小、早期强度高、速凝型的注浆材料。

(5)应增加施工测量频率。

(6)应采取措施防止后配套车架脱轨或倾覆。

17 监控量测

17.1 一般规定

17.1.1 施工期应根据工程地质、水文地质条件、施工环境及施工技术等确定监控量测方案,监控量测的范围应包括结构、施工状态和周边环境。

17.1.2 结构的监测技术方案应包含监测项目、监测频率和监测报警值等。

17.1.3 结构的监测范围一般为结构外沿两侧各($2\sim3$)D(D为盾构直径或工作井开挖深度)范围内,但在环境敏感施工地段,监测范围应视周围环境和建(构)筑物情况予以适当加大。

17.1.4 测点初始值应在测点稳定后进行测读,取三次观测数据的平均值作为初始观测值。

17.1.5 监测所采用的监测仪器及元件应满足各类监测工作的要求。

17.1.6 沉降监测的等级划分、精度要求和适用范围应符合表17.1.6的规定。

表17.1.6 沉降监测的等级划分、精度要求和适用范围

监测等级	观测点的高程中误差(mm)	相邻观测点高差中误差(mm)	适用范围
Ⅰ	±0.3	±0.1	线路沿线变形特别敏感的超高层、高耸建筑、精密工程设施、重要古建筑物、重要桥梁、管线和运营中结构、轨道、道床等
Ⅱ	±0.5	±0.3	线路沿线变形比较敏感的高层建筑物、桥梁、管线;隧道施工中的支护结构、隧道拱顶下沉等
Ⅲ	±1.0	±0.5	线路沿线的一般多层建筑物、桥梁、地表、管线、基坑隆起等

注:观测点的高程中误差是指相对于最近的沉降控制点的误差而言。

17.1.7 施工中应按施工进度及时进行监测,对监测数据进行分析处理后,及时反馈给建设、设计、监理和施工单位。

17.2 监测项目

17.2.1 监测应采用仪器监测与巡视检查相结合的方法。

17.2.2 盾构工作井仪器监测应根据表17.2.2进行选择。

表17.2.2 盾构工作井施工监测项目

类 别	监测项目	监测仪器及元件
必测项目	基坑周边环境观察	—
	地表沉降或隆起	水准仪
	围护桩(墙)顶水平位移和竖向位移	全站仪或经纬仪 水准仪
	支撑轴力	应变计、轴力计
	地下水位	水位计
	立柱内力	应变计、钢筋计
	立柱沉降	水准仪
	围护桩(墙)变形	测斜仪
	建构筑物沉降	水准仪
	建构筑物倾斜	全站仪 测斜仪
	建构筑物裂缝	测缝计
	地下管线沉降	水准仪
选测项目	围护桩(墙)内力	钢筋计
	孔隙水压力	渗压计
	基坑底部隆起	水准仪
	土体分层沉降及水平位移	分层沉降仪 测斜仪

17.2.3 盾构区间的仪器监测应根据表17.2.3进行选择。

表17.2.3 盾构隧道施工监测项目

类 别	监 测 项 目	监测仪器及元件
必测项目	洞内及洞外观测	—
	地表沉降或隆起	水准仪
	建构筑物沉降	水准仪
	建构筑物倾斜	全站仪 测斜仪
	建构筑物裂缝	测缝计
	地下管线沉降	水准仪

续表 17.2.3

类　别	监 测 项 目	监 测 仪 器 及 元 件
必测项目	管片拱顶沉降	精密水准仪
	洞内收敛	全站仪或收敛仪
选测项目	土体分层沉降及水平位移	分层沉降仪 测斜仪
	管片应力	混凝土应变计
	管片钢筋内力	钢筋计
	管片衬砌和地层接触应力	土压力盒
	管片环缝张开量	测缝计
	管片纵缝张开量	测缝计
	地下水位	水位计
	管片外注浆效果	地质雷达

17.2.4 监控量测应在工作井开挖前或盾构掘进前测得初始读数。在对土体、工作井围护结构和主体结构、隧道结构和周围环境进行监测的同时，应对盾构开挖面土压力、推力、推进速度、盾构姿态、注浆量、注浆压力、出土量等施工参数同步采集，及时进行监测数据的分析和反馈。

17.2.5 隧道工作井基坑开挖后，应观察地层的工程地质特性、地表及地表裂缝情况，地下水类型、渗水量大小、位置、水质气味、颜色等，围护结构（含桩）及支撑结构状况。观察频率为基坑开挖后 1 次/天；异常情况增多时，提高观察频率。主体结构完成后结束。

17.2.6 隧道施工过程中应进行洞内及洞外观察。洞内观察主要是对已安装的管片衬砌的工作状态(包括：管片变形、开裂、错台、拼装缝、掉块以及漏水状况等)、盾构机和出土情况进行观察和记录；洞外观察主要是地表开裂、地表隆沉、建(构)筑物开裂、倾斜、隆沉等状况的观察和记录。洞内观察和洞外观察应根据隧道内和周边建(构)筑物环境情况确定其观测频率，但每天观测应不少于一次。

17.3 测点布置

17.3.1 工作井附近地表沉降或隆起监测测点的布置应符合下列规定：
(1)在基坑四周距坑边 10m 的范围内沿坑边设 2 排沉降测点，排距 3～8m，点距 5～10m。当基坑邻近处有建(构)物或地下管线时，应增加沉降测点。
(2)在工作井站与盾构隧道结合部位应增设测点。

17.3.2 桩(墙)顶的水平位移和垂直位移监测应符合下列规定：
(1)沿基坑四周每边设置 3～4 个主测断面，断面在基坑两侧的围护桩(墙)顶设测点。

(2) 对于水平位移变化剧烈的区域,宜适当加密测点,有水平横支撑时,测点宜布置在两道水平支撑的跨中部位。

(3) 同一测点可以兼作水平位移和垂直沉降观测使用。

17.3.3 支撑轴力监测应沿基坑四周每边设置 3～4 个主测断面,断面在基坑两侧的围护桩(墙)顶设测点。该断面位置的全部支撑均设测点。受力较大的斜撑和基坑深度变化处宜增设测点。测点一般布置在支撑的端部或中部,当支撑长度较大时也可安设在 1/4 点处。对监测轴力的重要支撑,宜同时监测其两端和中部的沉降和位移。

17.3.4 地下水位监测测点宜布置在基坑的四角点以及基坑的长短边中点;可利用部分降水井做监测。

17.3.5 立柱内力监测应选择 4～5 根具有代表性的立柱进行内力监测,测点布置在立柱中部。一般可沿立柱外周边均匀布置 4 个测点。

17.3.6 立柱沉降监测应选择 4～5 根具有代表性的立柱进行沉降监测,测点一般布置在与立柱刚性连接的顶板表面上,采用铆钉枪打入或钻孔埋设膨胀螺栓。

17.3.7 围护桩(墙)变形监测应沿基坑四周每边设置 3～4 个主测断面,沿桩(墙)竖直方向上监测间距为 0.5m 或 1.0m。监测总深度应与围护桩(墙)深度一致。基坑的深度变化处宜增加测点。

17.3.8 围护桩(墙)内力监测应沿基坑四周每边设置 3～4 个主测断面。

17.3.9 孔隙水压力监测应在基坑的四角点以及基坑的长短边中点布置,测点距基坑围护结构距离 1.5～2m。

17.3.10 土体分层沉降及水平位移监测

在特殊地质地段和周围存在重要建(构)筑物时,应按设计要求进行土体分层沉降和土体水平位移监测。土体分层沉降监测和土体水平位移监测一般需同时布置。

土体分层沉降的监测宜采用钻孔埋设分层沉降标。沉降标的设置间距为 1～2m;测斜时每 0.5m 或 1.0m 读数一次。在竖向位置上主要布置在各土层的分界面,当土层厚度较大时,在地层中部增加测点。埋设沉降标时,钻孔的深度应大于基坑底的高程。沉降标的埋设稳定期不应少于 30 天。

深层土体垂直位移和水平位移的初始值应在分层标和测斜管埋设稳定后进行,一般不少于 7 天。每次监测应重复进行两次,两次误差值不大于 ±1.0mm。

17.3.11 在特殊地质地段和周边存在高大建(构)筑物时,应按设计要求进行基坑底部隆起监测。测点布置可根据基坑长度在其中线处设 2~3 点。监测应视土层和环境的不同情况，在开挖距坑底 5~8m 时开始初读数。

17.3.12 盾构段地表沉降或隆起监测测点的布置应符合下列规定：

(1)纵向地表测点沿盾构推进轴线设置，测点间距为 10~30m。在地层或周边环境较复杂地段布置横向监测断面。横向地表测点的布置范围应根据预测的沉降槽确定，一般可在隧道结构外沿两侧各 $(2\sim3)D$（D 为盾构直径）范围内布设。一排横向地表测点不宜少于 7 个，且应依据近密远疏的原则布置。

(2)在盾构始发的 100m 初始掘进段内，监测布点宜适当加密，并宜布置一定数量的横向监测断面。

(3)在结构断面变化的部位如隧道与工作井结合部位应设置监测点。

17.3.13 管片衬砌变形监测主要包括隆沉、水平位移监测及断面收敛变形监测。盾构每 10 环管片测一个断面，如采用收敛仪进行管片衬砌收敛监测，断面的拱顶（0°）、拱底（180°）、拱腰（90°和 270°）处共埋设 4 个测点，量测横径和竖径的变化，并以椭圆度表示管片圆环的变形，实测椭圆度"横径-竖径"。

17.3.14 土体分层沉降及水平位移监测应符合下列规定：

(1)监测断面应与本指南第 17.3.13 条所设监测断面相对应，以监测盾构施工对地层的影响。土体分层沉降应采用钻孔埋设分层沉降标，用分层沉降仪进行监测；也可采用多点位移计等进行监测。土体水平位移应采用钻孔埋设测斜管，用测斜仪进行监测。

(2)对于土体分层沉降，磁性沉降标的设置间距 1~2m。埋设沉降标测点时，在隧道两侧的钻孔深度应超过隧道底板 2~3m，而位于隧道顶部的钻孔深度应在隧道拱顶之上 1~2m。测点的埋设稳定期应视不同地层情况在 10~30 天之间。

(3)测斜时，每 0.5m 或 1.0m 读数一次。测斜管的埋设必须与周围土体紧密相连，埋设稳定期应视不同地层情况在 10~30 天之间。

17.3.15 管片衬砌和地层的接触应力监测断面应与本指南第 17.3.13 条所设监测断面相对应，每一断面不少于 5 个测点。

17.3.16 管片内力监测的监测断面应与本指南 17.3.13 条所设监测断面相对应，每一块管片布置一对测点。钢筋应力计和混凝土应变计应在管片预制时安装。

17.3.17 建(构)筑物沉降监测应符合下列规定：

(1)沉降观测点的位置和数量应根据工程地质和水文地质条件、建(构)筑物的体型特征、基础形式、结构种类、建(构)筑物的重要程度及其与隧道结构的距离等因素综合考虑。对于烟囱、水塔、油罐等高耸建(构)筑物，应沿周边在其基础轴线上的对称位置布点。对于城市桥梁，应按不同施工状况在桥墩、盖梁和梁、板结构上布点。

（2）一般建筑物的沉降监测测点通常可埋设在建（构）筑物的四角（拐角）；沿外墙每10～15m处或每隔2～3根柱基上；高低悬殊或新旧建（构）筑物连接处、伸缩缝、沉降缝和不同埋深基础的两侧；框架（排架）结构的主要柱基或纵横轴线上。对于受堆荷和震动显著的部位，基础下有暗沟、防空洞处部位也应布置测点。以上测点的布设数量应根据建（构）筑物的重要程度及其与隧道结构的距离等因素确定。

17.3.18 建（构）筑物倾斜监测应符合下列规定：
（1）倾斜变形主要针对高层或高耸建筑物，其他一般建筑物可采用基础附近的差异沉降值推算倾斜值。对于进行倾斜监测的建（构）筑物，原则上每栋最少布置2组倾斜测点（每组2个），具体测点数目视现场情况而定。采用倾斜位移测量法或倾斜电测法，分别使用全站仪或倾角计。
（2）建（构）筑物倾斜监测原则上只在重要的高层、高耸建筑物或桥墩上进行。

17.3.19 建（构）筑物裂缝监测应符合下列规定：
（1）对于建（构）筑物的一般裂缝应采用裂缝宽度板或游标卡尺进行监测的直接观测法，其精度为0.2mm。对于比较重要和细微的裂缝，应采用裂缝观测仪进行监测，其精度为0.1mm。
（2）建（构）筑物的一般裂缝采用直接观测法，根据裂缝的分布位置、走向、长度、宽度等参数和建筑物的重要程度决定观测数量，并将裂缝进行编号，画出测读位置。对于比较重要和细微的裂缝，裂缝观测的结果应绘制成建（构）筑物裂缝图。

17.3.20 地下管线沉降监测应符合下列规定：
（1）在地下管线沉降测点设计和设置前，应对隧道施工影响范围内的重要地下管线进行实地调查，其中应特别了解有压管线的结构、材料情况和雨污水管的接头和渗漏状况，在调查的基础上作出本施工标段管线平、断面图和管线状况报告。地下管线测点重点布置在有压管线（如煤气管线、给水管线等）上，对抗变形能力差、易于渗漏和年久失修的雨污水管也应重点监测。测点布置在管线的接头处，或者对位移变化敏感的部位。
（2）对于有压管线，宜将测点直接埋设在管线上，如受条件所限，也可在管线上方埋设地表桩进行间接监测；对于重要管线，条件允许时测点应全部直接布设在管线上，如受条件所限无法达到上述要求时，应将部分测点直接布设在管线上和检查井下的管线处，并在管线上方对应的地表处通过埋设地表桩布设测点进行间接监测，地表桩与直接布设在管线上的测点应位于同一测点位置，以进行对比分析，且地表桩的间距一般应不大于5m。

17.3.21 盾构隧道管片背侧注浆效果的好坏直接影响到管片外侧围岩的稳定，监测单位可使用地质雷达进行检测。盾构区间一般地段，在拱顶、拱腰、拱底布置不少于4条测线，盾构区间特殊地段、盾构始发接收位置25环管片范围内，盾构周边注浆不密实将对隧道结构十分不利，应加密监测测线。监测时采用连续探测方式检测。

17.4 监测精度

17.4.1 盾构法施工时,应对土体介质、工作井围护结构和主体结构及周边环境进行监控量测,其具体监测精度要求应符合表17.4.1的规定。

表17.4.1 盾构工作井施工监测精度

类别	监测项目	监测仪器及元件	监测精度
必测项目	基坑周边环境观察	—	—
	地表沉降或隆起	水准仪	符合表17.1.6的规定
	围护桩(墙)顶水平位移和竖向位移	全站仪或经纬仪 水准仪	水平:0.5mm 竖向:0.15mm
	支撑轴力	应变计、轴力计	≤0.15/100(F.S)
	地下水位	水位计	5.0mm
	立柱内力	应变计、钢筋计	≤0.15/100(F.S)
	立柱沉降	水准仪	符合表17.1.6的规定
	围护桩(墙)变形	测斜仪	0.02mm/0.5m
	建构筑物沉降	水准仪	符合表17.1.6的规定
	建构筑物倾斜	全站仪 测斜仪	1″,2mm+2×10⁻⁶ 0.02mm/0.5m
	建构筑物裂缝	测缝计	0.1mm
	地下管线沉降	水准仪	符合表17.1.6的规定
选测项目	围护桩(墙)内力	钢筋计	≤0.15/100(F.S)
	孔隙水压力	渗压计	≤0.15/100(F.S)
	基坑底部隆起	水准仪	1.0mm
	土体分层沉降及水平位移	分层沉降仪 测斜仪	1.0mm 0.02mm/0.5m

17.4.2 盾构法施工时,应对土体介质、隧道结构(主要为管片衬砌)和周边环境进行监控量测,其具体监测精度要求应符合表17.4.2的规定。

表17.4.2 盾构隧道施工监测精度

类别	监测项目	监测仪器及元件	监测精度
必测项目	基坑周边环境观察	—	1.0mm
	地表沉降或隆起	水准仪	符合表17.1.6的规定
	建构筑物沉降	水准仪	符合表17.1.6的规定

续表 17.4.2

类别	监测项目	监测仪器及元件	监测精度
必测项目	建构筑物倾斜	全站仪 测斜仪	1″,2mm+2×10⁻⁶ 0.02mm/0.5m
	建构筑物裂缝	测缝计	0.1mm
	地下管线沉降	水准仪	符合表17.1.6的规定
	管片拱顶沉降	精密水准仪	0.1mm
	洞内收敛	全站仪或收敛仪	1″
选测项目	土体分层沉降及水平位移	分层沉降仪 测斜仪	1.0mm 0.02mm/0.5m
	管片应力	混凝土应变计	≤0.15/100(F.S)
	管片钢筋内力	钢筋计	
	管片衬砌和地层接触应力	土压力盒	≤0.15/100(F.S)
	管片环缝张开量	测缝计	≤0.15/100(F.S)
	管片纵缝张开量	测缝计	
	地下水位	水位计	5.0mm
	管片外注浆效果	地质雷达	—

17.5 监测频率

17.5.1 监测频率应与施工进度密切配合,并针对不同监测项目分别制定相应的监测频率。

17.5.2 监测频率的确定应能满足反映监测对象所监测项目的重要变化过程而又不遗漏其变化时刻的要求。

17.5.3 监测工作应贯穿工程施工过程直至完成为止。对有特殊要求的工程周边环境的监测应根据需要延续至变形趋于稳定后结束。

17.5.4 监测频率应综合考虑工程施工阶段、周边环境、自然条件的变化和当地经验而确定。在没有经验时,监测频率可按表17.5.4-1和表17.5.4-2对应选取。

表17.5.4-1 盾构工作井监测频率

施工进程		基坑设计深度(m)			
		≤5	5～10	10～15	>15
开挖深度(m)	≤5	1次/d	1次/2d	1次/2d	1次/2d
	5～10	—	1次/d	1次/d	1次/d
	>10	—	—	2次/d	2次/d
底板浇筑后时间(d)	≤7	1次/d	1次/d	2次/d	2次/d

续表 17.5.4-1

施工进程		基坑设计深度(m)			
		≤5	5~10	10~15	>15
底板浇筑后时间(d)	7~14	1次/3d	1次/2d	1次/d	1次/d
	14~28	1次/5d	1次/3d	1次/2d	1次/d
	>28	1次/7d	1次/5d	1次/3d	1次/3d
	>28	1次/10d	1次/10d	—	—

当监测值接近警戒值时每天监测1次,当支撑轴力或围护结构水平变形超过警戒值或出现险情时,应按每小时监测1次或根据现场情况确定。当以上表中工况共同存在时按监测频率较高的标准控制。

表 17.5.4-2 盾构区间施工监测频率

监测项目	监测频率		
	预警、应采取特殊措施	应加强监测	可正常施工
洞内及洞外观测(衬砌变形、开裂、地表异常)	1次/d		
地表沉降或隆起	掘进面距监测断面前后距离$L≤20m$时,2次/d;$L≤50m$时,1次/d;$L>50m$时,2次/周;掘进重点时段,1次/8h	掘进面距监测断面前后距离$L≤20m$时,1次/d;$L≤50m$时,1次/2d;$L>50m$时,1次/周;掘进重点时段,1次/8h	掘进面距监测断面前后距离$L≤20m$时,1次/d;$L≤50m$时,1次/2d;$L>50m$时,1次/周
土体分层沉降及水平位移			
管片拱顶沉降			
地下管线沉降			
地下水位			
洞内收敛	掘进面距监测断面前后距离$L≤20m$时,2次/d;$L≤50m$时,1次/d;$L>50m$时,2次/周;下穿建筑物、构筑物时,1次/8h		
建构筑物沉降、倾斜、裂缝			
管片钢筋应力、管片衬砌和地层接触应力、管片环缝张开量、管片纵缝张开量	1次/d		
管片外注浆效果	据施工进度量测,对补偿注浆区域进行复查		

17.5.5 监测频率要满足工程监测工作实际需要,监测单位应根据工程需要对上述监测方案进行细化与调整,以适应工程需要。

17.6 监测要求

17.6.1 盾构隧道穿越工程、隧道周边建(构)筑物及地下管线的监控量测控制值标准应根据隧道工程及周边环境的实际状况和现场监控量测值的综合分析结果,并经评估后予以确定。对于特别重要或者周边环境十分复杂的工程应进行专项设计,以确定其安全控制标准。

17.6.2 隧道工程监控量测预警值要根据隧道结构跨度、埋置深度、工程地质及水文地质特点等因素综合考虑确定。对于一般情况,也可采用表 17.6.2-1 和表 17.6.2-2 的数值。在施工过程中,设计和施工单位可根据隧道工程监测数据的实际情况,对表 17.6.2-1 和表 17.6.2-2 中的预警值进行适当调整,该调整值应经论证后确定。

表 17.6.2-1　盾构工作井施工监测预警值

类别	监测项目	监测仪器及元件	预警值
必测项目	基坑周边环境观察	—	—
	地表沉降或隆起	水准仪	2~3mm/d 或 25mm
	围护桩(墙)顶水平位移和竖向位移	全站仪或经纬仪 水准仪	水平:2~3mm/d 或 25mm 竖向:一级基坑 2~3mm/d 或 10mm
	支撑轴力	应变计、轴力计	70%设计控制值
	地下水位	水位计	累计值:30mm,位移速率:2mm/d
	立柱内力	应变计、钢筋计	累计值:1 000mm,位移速率:300mm/d
	立柱沉降	水准仪	累计值:30mm,位移速率:2mm/d
	围护桩(墙)变形	测斜仪	2~3mm/d 或 40mm
	建构筑物沉降	水准仪	根据建构筑物对变形的适应能力确定
	建构筑物倾斜	全站仪、测斜仪	根据建构筑物对变形的适应能力确定
	建构筑物裂缝	测缝计	宽度 1.5mm,持续发展
	地下管线沉降	水准仪	累计值:10mm,位移速率:2mm/d
选测项目	围护桩(墙)内力	钢筋计	70%设计控制值
	孔隙水压力	渗压计	70%设计控制值
	基坑底部隆起	水准仪	累计值:30mm
	土体分层沉降及水平位移	分层沉降仪 测斜仪	2~3mm/d 或 40mm

表 17.6.2-2　盾构法施工监控量测预警值

类别	监测项目	监测仪器及元件	预警值
必测项目	基坑周边环境观察	—	—
	地表沉降或隆起	水准仪	2~3mm/d 或 25mm
	建构筑物沉降	水准仪	根据建构筑物对变形的适应能力确定
	建构筑物倾斜	全站仪 测斜仪	根据建构筑物对变形的适应能力确定
	建构筑物裂缝	测缝计	宽度 1.5mm,持续发展
	地下管线沉降	水准仪	累计值:10mm,位移速率:2mm/d
	管片拱顶沉降	精密水准仪	累计值:30mm,2mm/d
	洞内收敛	全站仪或收敛仪	累计值:20mm,1mm/d
选测项目	土体分层沉降及水平位移	分层沉降仪 测斜仪	2~3mm/d 或 40mm
	管片应力	混凝土应变计	70%设计控制值
	管片钢筋内力	钢筋计	

续表 17.6.2-2

类别	监测项目	监测仪器及元件	预警值
选测项目	管片衬砌和地层接触应力	土压力盒	70%设计控制值
	管片环缝张开量	测缝计	0.2mm
	管片纵缝张开量	测缝计	
	地下水位	水位计	累计值:1 000mm,位移速率:300mm/d
	管片外注浆效果	地质雷达	—

17.6.3 必须建立完备的管理制度和信息反馈制度,建立及时和畅通的信息沟通渠道。

17.6.4 监测数据及资料必须有完整清晰的记录,包括图表、曲线、文字报告等,以保证监控量测资料的完整性和连续性。及时对各种数据进行整理分析,判断工程的稳定性,并及时将有关信息反馈到施工中。

17.6.5 监控量测管理工作是监控量测工作成败的关键,必须予以充分的重视。在监测工作中,监测组应与相关单位和人员密切配合,并应保证监测方案的合理性、监测数据的真实性、测点和仪器的稳定可靠性、数据处理和反馈的及时性以及监测周期的完整性。

17.6.6 取得监测数据后,应及时进行整理和校对。施工监控量测的各类数据均应及时绘制成时态曲线,同时应注明开挖面距监测断面的距离等信息。

17.6.7 监控量测数据的计算分析工作中除应对每个项目进行单项分析外,还应进行多项目的综合分析。

17.6.8 当监测时态曲线呈现收敛趋势时,应根据曲线形态选择合适的函数,对监测结果进行回归分析,以预测该测点可能出现的最终位移值及预测结构和建(构)筑物的安全性,据此确定施工方法及判定施工方法的适应性。

17.6.9 监测项目应按"分区、分级、分阶段"的原则制定监控量测控制标准,并按黄色、橙色和红色三级预警进行反馈和控制。三级预警可参考表 17.6.9 进行判定。

表 17.6.9 三级预警状态判定表

序号	预警级别	预警状态描述
1	黄色	实测位移(或沉降)的绝对值和速率值双控指标均达到极限值的 70%~85%时;或双控指标之一达到极限值的 85%~100%而另一指标未达到该值时
2	橙色	实测位移(或沉降)的绝对值和速率值双控指标均达到极限值的 85%~100%时;或双控指标之一达到极限值而另一指标未达到时;或双控指标均达到规限值而整体工程尚未出现不稳定迹象时

续表 17.6.9

序号	预警级别	预警状态描述
3	红色	实测位移（或沉降）的绝对值和速率值双控指标均达到极限值，与此同时，还出现下列情况之一时：实测的位移（或沉降）速率出现急剧增长；隧道或基坑支护混凝土表面已出现裂缝，同时裂缝处已开始渗流水

注：对于桥梁监测，表中双控指标应为横向差异沉降值和纵向差异沉降值。

17.6.10 当实测数据出现任何一种预警状态时，监测组应立即向施工主管、监理、建设和其他相关单位报告，获得确认后应立即提交预警报告。

发出黄色预警时，监测组和施工单位应加密监测频率，加强对地面和建筑物沉降动态的观察，尤其应加强对预警点附近的雨污水管和有压管线的检查和处理；发出橙色预警时，除应继续加强上述监测、观察、检查和处理外，还应根据预警状态的特点进一步完善针对该状态的预警方案，同时应对施工方案、开挖进度、支护参数、工艺方法等作检查和完善，在获得设计和建设单位同意后执行；发出红色预警时，除应立即向上述单位报警外还应立即采取补强措施，并经设计、施工、监理和建设单位分析和认定后，改变施工程序或设计参数，必要时应立即停止开挖，进行施工处理。

18 结构安全监测

18.1 一般规定

18.1.1 应在隧道的敏感地段和重要地段设置结构安全监测系统,及时掌握隧道结构运营期间的安全状况。

18.1.2 运营期的结构安全监测应综合考虑工程特点、运营环境,确保监控量测在结构全寿命周期内的可靠性、稳定性、经济性和耐久性,监测的内容应能满足结构安全性评价及隧道内、外环境稳定性评价的要求,监控量测的范围应包括结构及洞内、外环境。

18.1.3 监测特征断面和监测项目的选择,应有针对性地结合隧道所处的具体情况选择,结构安全监测应符合下列规定:
  (1)监测的特征断面应根据隧道地质条件及环境条件确定。
  (2)监测的主要控制因素应根据结构受力特点确定。
  (3)在选择监测特征点及相应的监测项目时应充分利用结构分析计算的结果,以避免确定测点和监测项目的盲目性。

18.1.4 结构安全监测系统应包括数据采集、数据传输以及实现诊断功能的数据分析与预报预警等部分。安全监测系统可与施工期间的监控量测系统统一考虑。

18.1.5 结构安全监测系统数据传输及处理应与运营管理系统统一考虑,并应采用可靠软件对结构工作状态及时进行评估与预警。

18.1.6 结构安全监测系统的设计使用年限应根据监测需要确定。预埋于主体结构内对结构强度存在影响的元器件,其结构耐久性宜与主体结构一致。低于主体结构使用年限时,应保证元器件失效后主体结构的安全。

18.1.7 结构安全监测系统应包括数据采集、数据传输以及实现诊断功能的数据分析与预报预警等部分。数据采集包括自动化监测和电子化人工巡测,数据传输包括无线传输、光纤、光缆传输等,对于人工巡测数据需要专人将巡测数据录入人工巡测管理软件系统。数据库系统主要用于存储监测及巡测过程中采集的各种数据。数据分析与预报预警系统基于监测得到的隧道结构不同物理量,参考相应规范,辅助以数值计算、统计分析,结合监测物理量长期变化趋势,对隧道结构安全状态进行综合评估与预警。安全监测系统可与施工期间的监控量测系统统一考虑。

18.1.8 隧道施工期的监控量测数据是隧道全寿命周期工作状态的重要组成部分,可以为运营期的结构安全监测提供初始值。结构安全监测系统数据传输及处理应与运营管理系统统一考虑,保持数据采集的连续性和完整性,提高隧道运营期的管理效率,并应采用可靠软件对结构工作状态及时进行评估与预警。

18.2 监测内容

18.2.1 隧道运营期的结构安全监测宜采用仪器自动化监测与人工巡测相结合的方法,多种手段互为补充、相互印证。

18.2.2 安全监测系统中数据采集的内容应根据水下隧道结构类型、地质条件以及周边环境条件确定,可在下列内容中选择:
(1)工作条件监测:土压力、水压力、覆盖层厚度、地层变形、腐蚀性离子等。
(2)结构受力监测:混凝土应力、钢筋应力、接触面压力等。
(3)结构变形监测:结构沉降变形、挠度、裂缝、收敛变形等。
(4)结构材料监测:表面碳化深度、混凝土强度变化、钢筋腐蚀程度等。

18.2.3 隧道的监测项目与隧道类型、隧道长度、隧道埋深、水深和地质情况等因素密切相关,监测项目主要反映监测对象的物理力学性能和周围环境。监测项目的选择应结合隧道的特点,并应符合表18.2.3的规定。

表18.2.3 盾构隧道仪器监测项目

序 号	监 测 项 目	监 测 类 别
1	管片外水压力	必测
2	管片外土压力	必测
3	管片混凝土应变	必测
4	管片钢筋应力	必测
5	螺栓内力	必测
6	管片裂缝	必测
7	管片接缝张开量	必测
8	管片间不均匀沉降	必测
9	管片倾斜偏转	必测

续表 18.2.3

序　号	监测项目	监测类别
10	隧道断面收敛	必测
11	隧道内温度	选测
12	混凝土碳化	选测
13	钢筋锈蚀	选测
14	隧道内有害气体浓度	选测

18.2.4 隧道符合下列条件时，宜进行专项结构安全监测：
(1)基本地震烈度高于7度时，宜进行地震动监测。
(2)隧道埋深受冲刷控制时，宜进行覆盖层厚度监测。
(3)隧道周边有敏感建构筑物时，宜进行隧道周边土体的水土压力及变形监测。
(4)隧道采用新型结构或新工法时，宜进行结构内力监测。
(5)地基为软弱土层或纵向地质条件变化较大时，隧道宜进行纵向变形监测。

18.2.5 应在隧道运营期间定期进行补充检测。隧道补充检测以人工巡测为主，辅以工器具。补充检测宜包括下列内容：
(1)隧道结构钢筋的锈蚀情况及混凝土碳化情况。
(2)隧道内渗漏情况。
(3)监测基准点、监测点完好情况。
(4)监测元件的完好及保护情况。
(5)有无影响观测、监测工作的障碍物。

18.3 监测要求

18.3.1 监测项目的设置与工程规模、隧道结构形式、周边环境和监测目的密切相关。隧道结构安全监测监测点的布置应能反映监测对象的实际状态及变化趋势，监测点应布置在内力及变形关键特征断面的特征点上，并应满足监控要求。在地质条件比较复杂，外荷载比较大的位置和结构受力比较大的部位，需要重点关注。

18.3.2 监测点应避开障碍物，便于观测。保证量测通视，以减小转站引点的误差。

18.3.3 隧道结构安全监测监测断面位置的选择应考虑下列因素：
(1)隧道埋置深度及水深：覆盖层厚度较大及变化较大地段，水深较大地段。
(2)隧道地质条件：地质条件较差地段。
(3)隧道所处环境条件：环境复杂及邻近建构筑物较多地段。
(4)断面受力条件：隧道断面复杂、受力较大的部位。

18.3.4 覆盖层厚度在纵向或横向出现较大变化的地段和基底地质条件纵向变化较大的地段,盾构隧道不均匀沉降较大,易导致隧道结构接缝张开量和内力增大。隧道埋深小于 1 倍洞径的地段,盾构隧道抗浮安全受河床(海床)冲刷影响较大,而埋深大于 3 倍洞径的地段,外部土压力较大。水深大于 25m 的地段,衬砌外水压力较大。因此,在隧道符合下列条件时,宜进行结构安全监测工作:

(1)覆盖层厚度在纵向或横向出现较大变化的地段。
(2)基底地质条件纵向变化较大的地段。
(3)埋深小于 1 倍洞径或大于 3 倍洞径的地段。
(4)水深大于 25m 的地段。

18.3.5 隧道外荷载监测点、混凝土和钢筋应力监测点应布置在结构受力较大的代表性部位,隧道的拱顶、拱底和拱腰宜布置监测点。混凝土和钢筋应力监测点应在衬砌内侧和外侧对称布置。盾构衬砌一般由多块预制管片通过螺栓连接形成整体结构,事先很难精确确定每块管片分块运营期在断面的相对位置,而且钢筋计和混凝土应变计监测的数据一般离散性比较大,因此盾构管片的每个分块都预埋钢筋计和混凝土应变计。

18.3.6 在隧道纵坡变化较大段和地质条件变化较大段,隧道不均匀沉降比较大,因此,隧道不均匀变形监测点应布置在隧道埋深变化较大段和地质条件变化较大段。

18.3.7 混凝土碳化监测和钢筋锈蚀监测宜采用自动化监测,也可采用人工巡测。采用自动化监测时,隧道纵断面最低处,废气浓度相对较高,对混凝土碳化影响较大,宜布置混凝土碳化监测点,潜在渗漏区宜布置钢筋锈蚀监测点。

18.3.8 结构安全监测数据采集精度应满足结构工作状态评估及预报预警的需要。合理的量程、精度和分辨率取决于监测项目的必要性和可能性两个方面。

18.3.9 结构安全监测的元器件选择及其参数应根据监测内容与评估要求确定。一般监测仪器的精度与其量程有关,量程大的仪器,其监测精度绝对数值相对较低。从实际情况看,元器件的最大量程不宜大于设计值的 2 倍,精度不宜低于 0.5%F.S,分辨率不宜低于 0.2%F.S。

18.3.10 监测仪器的精度需要综合监测项目的特点、必要性和可能性后进行确定,在特殊情况下,监测精度可根据实际情况,在设计中确定。一般情况下,结构安全监测系统的数据采集宜符合下列规定:

(1)水土压力等外荷载数据精度不宜低于 10kPa。
(2)钢筋内力数据精度不低于 1MPa,混凝土应变数据精度不宜低于 $10\mu\varepsilon$。
(3)结构变形数据精度不宜低于 0.1mm。
(4)地层位移变形数据精度不宜低于 1mm。

(5)结构裂缝宽度数据精度不宜低于0.1mm。

18.3.11 结构安全监测频率应根据隧道所处地质条件、受力条件、设计结果及当地经验等因素确定,应能满足所监测项目的重要变化过程而又不遗漏其变化时刻。隧道在运营的各个阶段对监测工作的要求各不相同,因此可针对不同监测时段,提出不同的监测频率。无当地经验时,可根据地质条件、受力条件、设计结果及表18.3.11确定。

表18.3.11 结构安全监测周期及监测频率

监测周期	监测时段	监测频率
运营期	第一年	1次/星期
	一年后	1次/月
	发生异常时	2次/d

注:发生台风、沉船、地震等偶然事件时,应按每小时监测一次或根据现场情况确定监测频率。

18.3.12 应根据水下隧道所处地质条件、受力条件、设计结果及当地经验等因素确定监测预警值,预警值应满足隧道设计及周边环境中被保护对象的控制要求。隧道运营初期,监测预警值一般根据隧道设计计算结果、周边环境中被保护对象的控制要求和隧道所处周边环境等因素综合考虑确定。在隧道正常运营期间,预警值可根据极限状态法、置信区间法等方法提出。确定隧道预警值的基础是监测资料,因此必须十分注意监测系统的可靠性、稳定性以及监测资料的连续性和准确性。

18.3.13 大型公路盾构隧道进行有效的监测要求各种传感器数量在数百量级以上,这样大规模的多点、多参数、远距离数据传输,需铺设大量的光纤、电缆,在环境条件复杂的情况下,操作起来十分复杂和烦琐,占用大量人力物力。此外,大量传输导线还存在布设空间等问题,在监测仪器埋设和运营期长期的监测过程中,光纤、光缆易损坏。采用无线传输方式,可以避免这些不足,在有条件的情况下,应该优先采用。数据分析宜根据隧道结构特点及数据采集类型编制针对性的评估软件,确保结构评估与预警的准确性。

18.3.14 应建立隧道结构安全预警与综合评估子系统,对在线监测和人工巡测得到的各类数据进行统一的处理分析,对隧道结构进行异常诊断、预警及结构安全状态评估。隧道结构安全监测工作应建立以计算机为基础的监测资料数据库或信息管理系统。这不仅是因为监测数据量大,整编工作困难,而且可使监测数据的调用快速方便,满足对隧道监测的需要。隧道结构安全预警与综合评估系统的内容一般应包括下列几个方面的内容:

(1)对巡测、监测及识别的结果进行历史趋势对比、分析与预测。
(2)对结构异常状态进行识别和诊断,给出异常发生的大致位置和程度。
(3)对结构危险状态及时识别,并分级预警。
(4)结合自动监测、人工巡测数据和其他相关数据(包括隧道基础资料、施工监控等)对结构的整体工作状态进行分析评估。
(5)按指定程序自动生成在线分析报告。

(6)根据需求定期生成离线综合分析报告。
(7)评估结果应明确、直观,面向多级结构管理人员。
(8)根据评估结果给出相应的维护管养建议。

18.3.15 应建立结构安全监测用户界面子系统,通过该模块实现将各种数据实时按需求向用户展示,并接受用户对系统的控制、输入与功能扩展。用户界面子系统将各种数据实时按需求向用户展示,并且接受用户对系统的控制与输入。作为一个完整的系统人机交互子系统进行设计,用户界面管理主要提供自动化监测、人工监测和运营管理等系统的人机界面,系统在具有技术先进、易用、操作方便、直观易懂等特点的前提下,具备向用户提供操作及管理界面、向用户提供数据表示、向用户提供报告,并满足网络发展办公的需求,同时具有可扩展性。

18.3.16 应建立结构安全监测中心数据库子系统,通过该模块实现整个大系统所有数据的平台管理工作,完成数据的归档、查询、存储,文件来往的管理、工作安排、进度控制等。通过建立该子系统,统一管理与组织数据信息,给系统的维护与管理提供便利,也为各应用子系统提供可靠的分布式数据交换与存储平台,方便开发与使用。

19 风险分析

19.1 一般规定

19.1.1 公路盾构隧道应在前期方案研究阶段、初步设计阶段及施工图设计阶段进行安全风险分析,各阶段的风险分析应有不同侧重点。

19.1.2 各阶段风险分析可根据其特点要求,采取相应的评估方法。前期研究阶段宜采用风险指标体系法,也可采用信心指数法;初步设计阶段可采用检查表法、专家调查法、事故树法及层次分析法等;施工图设计阶段可采用专家调查法、层次分析法、事故树法及模糊综合评判分析法等。

19.1.3 前期研究阶段各方案可根据工程风险评估指标体系指标赋值情况计算确定其风险等级。设计阶段应根据风险发生概率和风险损失情况进行风险等级划分,风险等级判别按第3.0.14条确定。

19.1.4 设计阶段工程安全风险发生概率等级分为1、2、3、4、5级,各等级判断标准见表19.1.4。

表19.1.4 风险发生概率等级判断标准

等级	定量判断标准(概率区间)	定性判断标准
1	$P_f<0.0003$	几乎不可能发生
2	$0.0003 \leqslant P_f<0.003$	很少发生
3	$0.003 \leqslant P_f<0.03$	偶然发生
4	$0.03 \leqslant P_f<0.3$	可能发生
5	$P_f \geqslant 0.3$	频繁发生

注:1. P_f为概率值,当概率值难以取得时,可用年发生频率代替。
2. 风险发生概率等级应优先采用定量判断标准确定。当无法进行定量计算时,可采用定性判断标准确定。

19.1.5 设计阶段工程安全风险损失等级分为1、2、3、4、5级。应按人员伤亡等级、经济损失等级及环境影响等级等因素确定。当多种损失同时产生时,应采用就高原则确定风险损失等级。

(1)人员伤亡：是指在参与工程建设活动过程中所发生的人员伤亡事故。依据人员伤亡的类别和严重程度进行分级，见表 19.1.5-1。

表 19.1.5-1　人员伤亡等级判断标准

等　级	判　断　标　准
1	重伤人数 5 人以下
2	3 人以下死亡（含失踪）或 5 人以上 10 人以下重伤
3	3 人以上 10 人以下人员死亡（含失踪）或 10 人以上 50 人以下重伤
4	10 人以上 30 人以下人员死亡（含失踪）或 50 人以上 100 人以下重伤
5	30 人以上人员死亡（含失踪）或 100 人以上重伤

(2)经济损失：是指风险事故发生后造成工程项目发生的各种费用的总和，包括直接费用和事故处理所需的各种间接费用，见表 19.1.5-2。

表 19.1.5-2　经济损失等级判断标准

等　级	判　断　标　准
1	经济损失 500 万元以下
2	经济损失 500 万元以上 1 000 万元以下
3	经济损失 1 000 万元以上 5 000 万元以下
4	经济损失 5 000 万元以上 10 000 万元以下
5	经济损失 10 000 万元以上

(3)环境影响：是指隧道施工对周围建（构）筑物破坏或损害、环境污染等，根据其影响程度进行分级，见表 19.1.5-3。

表 19.1.5-3　环境影响等级判断标准

等级	判　断　标　准
1	涉及范围很小，无群体性影响，需紧急转移安置人数 50 人以下
2	涉及范围较小，一般群体性影响，需紧急转移安置人数 50 人以上 100 人以下
3	涉及范围大，区域正常经济、社会活动受影响，需紧急转移安置人数 100 人以上 500 人以下
4	涉及范围很大，区域生态功能部分丧失，需紧急转移安置人数 500 人以上 1 000 人以下
5	涉及范围非常大，区域内周边生态功能严重丧失，需紧急转移安置人数 1 000 人以上，正常的经济、社会活动受到严重影响

19.1.6　公路盾构隧道的风险分析过程包括风险辨识、风险分析、风险评价及风险控制，并应符合下列规定：

(1)风险辨识主要是分析工程建设阶段所有的潜在风险因素，进行归类整理、筛选，重点考虑那些对目标参数影响较大的风险因素。

(2)风险分析主要是对典型风险事件发生的概率及其可能造成的损失程度进行分析和估计，给出风险的概率分布。风险损失应考虑在隧道施工及运营中可能导致的人员伤亡、经济损失、工期延误及环境影响等方面。

(3)风险评价是指对风险事件参照一定标准进行评判。

(4)风险控制主要是针对典型风险事件的安全风险等级评估结果,提出相应的风险控制措施建议。

19.2 前期研究风险分析

19.2.1 在前期研究阶段,公路盾构隧道风险宜主要考虑安全风险、环境影响风险、工期风险及造价风险。

19.2.2 在前期研究阶段,公路盾构隧道风险分析宜采用风险指标体系法,也可采用信心指数法。

19.2.3 前期研究阶段公路盾构隧道安全风险产生的主要因素应结合项目实际进行识别,可参考表19.2.3。

表19.2.3 前期研究阶段安全风险因素识别

类 目		风 险 因 素
安全风险	盾构始发与接收	盾构始发与接收处工程地质情况
		盾构始发与接收处水文地质情况
		盾构始发与接收处周围环境敏感度
	开挖面失稳	工作面前方是否存在不均匀地层
		工作面前方是否存在流砂地层
		工作面前方是否存在地层空洞
		是否穿越超浅覆土
		工作面前方是否存在承压水
	涌水、涌砂	超浅覆土
		地层存有空洞
		穿越全断面流砂
		穿越地层含承压水
	结构安全	盾构隧道直径大小
		水压大小
		土压大小
		河底冲刷程度
		地下水腐蚀性
	水下高压换刀	软硬岩分布不均地层
		含孤石地层
		水压大小
		土压大小
	遇到障碍物风险	含孤石、大石块地层

续表 19.2.3

类　　目	风　险　因　素	
安全风险	遇到障碍物风险	遇到钢筋混凝土桩、废钢材等
		旧桥台、人防工事等
	联络通道施工	联络通道设置情况
		联络通道处的地层条件
	通风	隧道长度
		通风井设置情况
	交通安全	平纵线形指标
		与规划路网协调情况
		交通疏解情况
	防灾救援	逃生通道设置情况
		联络通道设置情况
		防淹门方案

19.2.4 前期研究阶段公路盾构隧道环境影响风险产生的主要因素应结合项目实际进行识别，可参考表 19.2.4。

表 19.2.4　前期研究阶段环境影响风险因素识别

类　　目	风　险　因　素
环境影响	既有建构筑物变形影响程度
	既有管线破损影响程度
	盾构施工对堤岸码头的影响程度
	泥浆排放对生态环境影响程度
	对周围景观环境的影响程度

19.2.5 前期研究阶段公路盾构隧道工期风险产生的主要因素应结合项目实际进行识别，可参考表 19.2.5。

表 19.2.5　前期研究阶段工期风险因素识别

类　　目	风　险　因　素
工期风险	存在软硬岩不均匀分布地层
	存在地层空洞
	盾构掘进遇到障碍物
	穿越浅覆土地层
	周围环境敏感程度
	社会影响因素

19.2.6 前期研究阶段公路盾构隧道造价风险产生的主要因素应结合项目实际进行识别，可参考表 19.2.6。

表 19.2.6 前期研究阶段造价风险因素识别

类　目	风险因素	类　目	风险因素
造价风险	运营收入	造价风险	资金来源
	工程投资		运营成本

19.2.7 前期研究阶段对项目风险的风险程度进行分析，可采用风险指标体系法，评估指标体系中各指标所赋分值应结合工程实际，综合考虑各种因素影响程度而定，主要评估指标的分类、赋值标准可参考表 19.2.7。评估指标也可以根据工程实际进行相应的增加或删减，同时风险分级标准也须进行相应调整。

表 19.2.7 前期研究阶段工程风险评估指标体系

评估指标	权重	风险因素		分值	说明
安全风险 (A_1)	0.35	盾构始发与接收	工程地质情况	0~3	
			水文地质情况	0~3	
			周围环境敏感度	0~2	
		开挖面失稳	不均匀地层	0~2	
			穿越全断面流沙	0~2	
			地层空洞	0~2	
			超浅覆土	0~2	
			承压水	0~2	
		涌水、涌砂	超浅覆土	0~3	
			地层空洞	0~3	
			穿越全断面流沙	0~3	
			承压水	0~3	
		结构安全	盾构直径大小	0~3	
			水压大小	0~2	
			土压大小	0~1	
			河底冲刷程度	0~1	
			地下水腐蚀性	0~1	
		水下高压换刀	软硬岩分布不均地层	0~5	
			含孤石地层	0~5	
			水压大小	0~3	
			土压大小	0~2	
		遇到障碍物风险	含孤石、大石块地层	0~5	

续表 19.2.7

评估指标	权重	风险因素		分值	说明
安全风险 (A_1)	0.35	遇到障碍物风险	遇到钢混凝土桩、废钢材等	0~5	
			旧桥台、人防工事等	0~5	
		联络通道施工	联络通道设置情况	0~5	
			地层条件		
		通风	隧道长度	0~5	
			通风井设置情况		
		交通安全	平纵线形指标	0~5	
			与规划路网协调情况	0~5	
			交通疏解情况	0~5	
		防灾救援	逃生通道设置情况	0~2	
			联络通道设置情况	0~2	
			防淹门方案	0~2	
环境影响风险 (A_2)	0.2	既有建筑物影响		0~20	当环境敏感度要求很高时,应适当调整其权重
		既有管线影响		0~20	
		堤岸码头影响		0~20	
		泥浆排放对生态环境影响		0~20	
		景观环境影响		0~20	
工期风险 (A_3)	0.2	软硬岩分布		0~20	当工期超过期望值较多时,应适当提高其权重
		存在地层空洞		0~15	
		障碍物		0~20	
		浅覆土层		0~20	
		环境敏感程度		0~15	
		社会影响因素		0~10	
造价风险 (A_4)	0.25	运营收入		0~25	当造价超过期望值较多时,应适当提高其权重
		工程投资		0~25	
		资金来源		0~25	
		运营成本		0~25	

19.2.8 前期研究阶段公路盾构隧道总体风险计算公式为:

$$R = A_1 + A_2 + A_3 + A_4$$

式中:A_1——隧道安全风险所赋分值;
A_2——隧道环境影响风险所赋分值;
A_3——隧道工期风险所赋分值;
A_4——隧道造价风险所赋分值。

19.2.9 计算得到总体风险值 R 后,对照表 19.2.9 确定隧道工程施工安全总体风险等级。

表 19.2.9　前期研究阶段公路盾构隧道总体风险分级标准

风　险　等　级	计算分值 R(分)	风　险　等　级	计算分值 R(分)
等级Ⅳ(极高风险)	80～100	等级Ⅱ(中度风险)	30～60
等级Ⅲ(高度风险)	60～80	等级Ⅰ(低度风险)	0～30

19.2.10　在前期研究阶段,针对项目风险程度的评估结果,应根据不同的风险因素提出相应的规避和防范对策。

19.3　初步设计阶段风险分析

19.3.1　公路盾构隧道初步设计阶段安全风险评估,应对设计文件中同深度比选的多个设计方案同时进行安全风险评估。根据评估结果,视风险等级对初步设计方案进行修改完善。若风险等级极高时,应对初步设计方案进行重新论证。

19.3.2　初步设计阶段隧道安全风险评估分为单一风险事件的分段评估、单一风险事件的整体评估和隧道总体风险评估。

(1)单一风险事件的分段评估,是指评估某一风险事件(如突水、开挖面失稳等)在隧道沿线某一区段的风险等级,给出不同区段的风险等级。

(2)单一风险事件的整体评估,是指根据单一风险事件的分段评估结果,评估隧道某一风险事件的风险等级。

(3)隧道总体风险评估,是指根据隧道单一风险事件的评估结果,评估隧道多个风险事件情况下的综合风险等级。

19.3.3　采用盾构法施工的公路隧道,初步设计阶段宜对典型安全风险事件进行评估,风险事件识别应结合具体工程进行,可参考表 19.3.3。

表 19.3.3　初步设计阶段公路盾构隧道典型风险参考

序号	典型风险事件	序号	典型风险事件
1	盾构选型风险	8	地表异常变形风险
2	盾构始发与接收风险	9	漏水漏浆风险
3	盾构开挖面失稳风险	10	轴线偏离过大风险
4	涌水、涌砂风险	11	联络通道施工风险
5	盾构掘进中遇到障碍物风险	12	管片结构安全风险
6	水下高压换刀风险	13	环境影响风险
7	盾构机沉降、冒顶风险	14	运营安全风险

19.3.4　公路盾构隧道设计阶段典型风险事件相应的风险源可分为四个大类,包括隧道建

设条件、结构工程方案、交通工程方案及施工方案,并应符合下列规定:

(1)隧道建设条件风险是指由于地形地貌、工程地质、水文地质、地下障碍物及地震烈度等因素(风险源)所导致的风险。

(2)结构工程方案风险是指由于设计方法、计算参数或者设计方案以及采用新材料、新技术等因素(风险源)所导致的风险。

(3)交通工程方案风险是指由于初步设计阶段隧道线形(平面线形、纵坡、横断面)、通风方案、救援方案、监控方案等因素(风险源)所导致的风险。

(4)施工方案风险是指由于施工方案、施工工艺以及采用新材料、新技术、新工艺等因素(风险源)所导致的风险。

19.3.5 盾构机选型风险分析宜针对盾构机在水土压力作用下的适应性、技术可靠性以及管理操作等。对大、新型盾构机的选型必须开展风险分析与评估,复合地层条件下应重视盾构刀盘与刀具的可靠性、可维修性及可更换性。盾构选型风险主要影响因素可参考表19.3.5确定。

表19.3.5 公路隧道盾构选型风险因素参考

典型风险事件	风险因素	
盾构选型	盾构刀盘对地层适应性	盾构刀盘形式
		盾构刀盘的驱动方式
		刀盘的支承形式
		刀盘的最大转速、扭矩
		刀盘开挖、超挖直径
		盾构刀盘的开口率
		主轴承密封耐久及有效性
	盾构刀具布置对地层适应性	刀具对岩土体的切削能力
		刀具布置的高度差
		刀座安装方式是否考虑换刀方便性及不同刀具座是否通用
		刀具的耐磨性
		刀具的布置数量
		轴向转动力矩、推力、脱困扭矩
		各刀间距布置是否合理
		仿行刀的数量、工作压力、转速计转动角度
	盾体	盾壳刚度对水土压力的适应性
		盾壳强度对水土压力的适应性
	推进系统	千斤顶的布置方案
	盾尾密封设计	

19.3.6 盾构机始发与接收风险分析宜针对工作井构造合理性、工作井围护结构的安全性、

始发与接收段地层加固方法、盾构始发与接收的方式及对周边环境的影响等,盾构机始发与接收风险主要影响因素可参考表 19.3.6 确定。

表 19.3.6　公路盾构隧道始发与接收风险因素参考

典型风险事件	风 险 因 素
始发与接收风险	工作井围护结构不当
	端头地层加固处理不当
	后靠不稳
	凿除洞门出现涌砂涌水
	轴线偏离
	盾构机磕头或被掩埋
	密封失效导致漏水漏浆
	刀盘"抱死"等
	周边道路、建筑物、管线沉降大
	施工参数不合理

19.3.7　公路盾构隧道开挖面失稳风险主要影响因素可参考表 19.3.7 确定。

表 19.3.7　公路盾构隧道开挖面失稳风险因素参考

典型风险事件	风 险 因 素
开挖面失稳风险	土仓压力、泥浆性能等施工参数不合理
	工作面前方存在不均匀地层
	工作面前方存在流砂地层
	工作面前方存在地层空洞
	穿越超浅覆土
	工作面前方存在承压水
	隧道埋深突变
	盾构机长时间停顿
	换刀时开挖面支护失效

19.3.8　公路盾构隧道涌水涌砂风险主要影响因素可参考表 19.3.8 确定。

表 19.3.8　公路盾构隧道涌水涌砂风险因素参考

典型风险事件	风 险 因 素
涌水涌砂	土仓压力控制不当
	前面有地层空洞
	前面有全断面流沙
	前面有承压水
	接头漏水漏浆未及时处置

19.3.9 公路盾构隧道施工期间遇到障碍物风险主要影响因素可参考表19.3.9确定。

表19.3.9 公路盾构隧道遇到障碍物风险因素参考

类 目	风 险 因 素
遇到障碍物风险	含孤石地层
	遇到钢筋混凝土桩
	遇到大石块、废钢材
	旧桥台
	沉船
	哑炮弹
	人防工事等

19.3.10 公路盾构隧道掘进施工期间水下高压换刀风险主要影响因素可参考表19.3.10确定。

表19.3.10 公路盾构隧道水下高压换刀风险因素参考

类 目	风 险 因 素
水下高压换刀风险	气压设置不合理
	压缩机故障
	发生气管爆裂
	膨润土浆液气密性不好或失效
	加压或减压不当
	焊接等引发火灾或沼气爆炸
	开挖面、盾尾及管片漏气

19.3.11 公路盾构隧道掘进施工期间盾构机沉降、冒顶风险主要影响因素可参考表19.3.11确定。

表19.3.11 公路盾构隧道盾构机沉降、冒顶风险因素参考

类 目	风 险 因 素
盾构机沉降、冒顶风险	注浆参数控制不当,注浆参数包括注浆类型、注浆压力、注浆量、浆液配比及注浆是否及时等
	遇到含空洞地层
	遇到软弱地层,如暗浜
	穿越超浅覆土地层
	掘进面失稳,如出现流砂、管涌
	盾构停顿

19.3.12 公路盾构隧道掘进施工期间地层异常变形风险主要影响因素可参考表19.3.12确定。

表 19.3.12　公路盾构隧道地表异常变形风险因素参考

类　目	风　险　因　素
地表异常变形风险	注浆参数控制不当产生的土体过大扰动
	土仓内压力控制不当
	遇到流砂地层
	地层空洞
	河床突然变化
	盾尾密封失效
	管片接头漏水漏浆
	盾构机沉降、冒顶

19.3.13 公路盾构隧道漏水漏浆风险主要影响因素可参考表 19.3.13 确定。

表 19.3.13　公路盾构隧道漏水漏浆风险因素参考

序　号	典型风险事件	风　险　因　素
1	漏水漏浆	盾尾密封失效
2		管片密封失效
3		注浆压力控制不当
4		铰接密封装置失效
5		未及时进行嵌缝与堵漏

19.3.14 公路盾构隧道轴线偏离过大风险主要影响因素可参考表 19.3.14 确定。

表 19.3.14　公路盾构隧道轴线偏离过大风险因素参考

序　号	典型风险事件	风　险　因　素
1	轴线偏离过大	轴线控制不当
2		出现超挖、欠挖
3		前面有地层空洞
4		纠偏不及时或纠偏不到位
5		偏离目标井

19.3.15 公路盾构隧道联络通道施工安全风险主要影响因素可参考表 19.3.15 确定。

表 19.3.15　公路盾构隧道联络通道施工安全风险因素参考

序　号	典型风险事件	风　险　因　素
1	联络通道施工风险	钢管片拆除不当
2		盲区地基加固处理欠妥
3		冷冻效果较差
4		地下水及地下结构物影响冻结效果

续表 19.3.15

序　号	典型风险事件	风险因素
5		暗挖施工不当
6	联络通道施工风险	临时支护强度不够
7		渗漏水

19.3.16 管片结构安全风险分析宜针对管片形式、强度、接头防水、拼装方式、管片的抗水压能力、结构防腐蚀设计可靠性、结构和接头的耐久性等，主要影响因素可参考表19.3.16确定。

表 19.3.16　公路盾构隧道管片结构安全风险因素参考

序　号	典型风险事件	风险因素
1		管片形式
2		管片强度
3		管片抗水压能力
4		盾构壁厚注浆压力
5	结构安全风险	拼装方式
6		管片拼装时碰撞
7		隧道结构上浮
8		接头防水
9		接头耐久性
10		结构防腐蚀设计可靠性

19.3.17 邻近环境风险分析宜针对盾构穿越以及隧道后期运营对邻近岸边敏感建（构）筑物的影响，主要风险因素可参考表19.3.17确定。

表 19.3.17　公路盾构隧道环境影响风险因素参考

类　目	风险因素
	既有建构筑物、管线破损
	盾尾密封失效引起地表过大沉陷甚至冒顶
环境影响	下穿堤岸码头
	泥浆排放浓度不达标
	泥浆排放地点不合理

19.3.18 公路盾构隧道运营安全风险主要影响因素可参考表19.3.18确定。

表 19.3.18　公路盾构隧道运营安全风险因素参考

类　目		风险因素
运营安全影响	平纵线形	平面线形指标
		纵面线形指标

续表 19.3.18

类　　目	风　险　因　素
运营安全影响	通风方案
	防灾救援方案
	防淹门设计
	监控方案
	照明方案
	交通量

19.3.19 初步设计阶段公路盾构隧道工期风险产生的主要因素应结合项目实际进行识别，可参考表 19.3.19。

表 19.3.19　初步设计阶段工期风险因素识别

类　　目		风　险　因　素
工期风险	机械磨损及故障	泥浆泵及管路堵塞
		刀盘刀头磨损
		主轴承磨损或断裂
	施工过程碰到困难	地层空洞等引起轴线偏离过大
		工作井塌方
		地表出现较大变形
		盾构掘进遇到障碍物
		盾构机沉降、冒顶
		涌水、涌砂
	管片开裂	管片质量不合格
		管片就位不准
	社会因素	社会因素

19.3.20 初步设计阶段公路盾构隧道造价风险产生的主要因素应结合项目实际进行识别，可参考表 19.3.20。

表 19.3.20　初步设计阶段造价风险因素识别

类　　目		风　险　因　素
造价风险	技术风险	质量等级要求
		施工方案的变化
		设计质量
		工程技术复杂程度
	经济风险	物价上涨
		资金不到位

续表 19.3.20

类 目	风 险 因 素	
造价风险	自然风险	恶劣气候条件
		地质水文条件
	管理风险	管理机构
		管理方法

19.3.21 公路盾构隧道初步设计阶段安全风险评估方法可采用检查表法、专家调查法、事故树法及层次分析法等。

19.3.22 初步设计阶段应对各重大典型风险事件的初始风险进行分段评估,形成不同典型风险事件隧道纵向风险等级分布图。

19.3.23 对Ⅲ级(高度)、Ⅳ级(极高)安全风险进行再评估,并确定残留风险。

19.3.24 初步设计阶段的安全风险控制措施主要包括设计方案的合理性、建设条件、施工方案以及结构风险等方面的重要风险控制对策。

19.4 施工图设计阶段风险分析

19.4.1 公路盾构隧道施工图设计阶段应对初步设计安全风险评估进行细化,当初步设计阶段风险评估为Ⅲ级(高度)风险或者设计方案有较大变化时,应重点进行评估。

19.4.2 施工图设计阶段风险评估应重点对初步设计评为Ⅲ级(高度)及以上的风险事件进行评估。结合具体的施工工法、施工方案以及结构方案,对重大典型风险事件的致险因子进一步细化,施工图设计阶段部分典型风险事件的风险因素识别可参考以下第19.4.3~19.4.8条。

19.4.3 盾构机始发与接收风险分析宜针对工作井构造合理性、工作井围护结构的安全性、始发与接收段地层加固方法、盾构始发与接收的方式及对周边环境的影响等,盾构机始发与接收风险主要影响因素可参考表19.4.3确定。

表 19.4.3 公路盾构隧道始发与接收风险因素参考

序 号	典型风险事件	风 险 因 素
1	始发与接收风险	工作井围护结构形式不当
2		工作井围护结构参数不合理
3		承载力不足导致工作井破坏
4		基坑底部潜蚀与管涌
5		渗流

续表 19.4.3

序 号	典型风险事件	风险因素
6	始发与接收风险	端头加固方案选择不当
7		端头加固范围不足
8		端头土层加固强度等参数不合理
9		后靠不稳
10		基座定位不够准确
11		反力架刚度不够
12		盾构进洞时姿态突变
13		凿除洞门出现涌砂涌水
14		凿除洞门时，土体从洞门间隙涌入工作井中
15		大幅度地面沉降
16		工作井周边既有建构筑物开裂
17		工作井周边既有管线破损
18		盾构机磕头或被掩埋
19		洞门密封卷帘失效导致漏水漏浆
20		土体加固强度太高使掘削较慢
21		刀盘"抱死"等

19.4.4 公路盾构隧道开挖面失稳风险主要影响因素可参考表 19.4.4 确定。

表 19.4.4 公路盾构隧道开挖面失稳风险因素参考

序 号	典型风险事件	风险因素
1	开挖面失稳风险	土仓压力控制
2		泥浆性能设计
3		工作面前方存在不均匀地层
4		工作面前方存在流砂地层
5		工作面前方存在地层空洞
6		穿越超浅覆土
7		工作面前方存在承压水
8		隧道埋深突变
9		盾构机长时间停顿
10		换刀时开挖面支护失效
11		盾尾密封
12		掘进速度

19.4.5 公路盾构隧道掘进施工期间水下高压换刀风险主要影响因素可参考表 19.4.5 确定。

表 19.4.5 公路盾构隧道水下高压换刀风险因素参考

序 号	典型风险事件	风 险 因 素
1	水下高压换刀风险	软硬不均且差异性较大的地层
2		气压设置不合理
3		压缩机故障
4		发生气管爆裂
5		膨润土浆液气密性不好或失效
6		加压或减压不当
7		焊接等引发火灾或沼气爆炸
8		缺氧及有毒有害气体
9		开挖面、盾尾及管片漏气
10		盾构反坡掘进
11		掌子面泥膜破坏致使掌子面失稳

19.4.6 公路盾构隧道涌水涌砂风险主要影响因素可参考表 19.4.6 确定。

表 19.4.6 公路盾构隧道涌水涌砂风险因素参考

序 号	典型风险事件	风 险 因 素
1	涌水涌砂	土仓压力控制不当
2		前面有地层空洞
3		前面有全断面流沙
4		前面有承压水
5		岩溶
6		接头漏水漏浆未及时处置
7		盾尾密封

19.4.7 公路盾构隧道联络通道施工安全风险主要影响因素可参考表 19.4.7 确定。

表 19.4.7 公路盾构隧道联络通道施工安全风险因素参考

序 号	典型风险事件	风 险 因 素
1	联络通道施工风险	钢管片拆除不当
2		盲区地基加固处理欠妥
3		承压水
4		结构散热
5		冻结管倾斜
6		涌水喷砂
7		盐水流失
8		冷量不足

续表 19.4.7

序 号	典型风险事件	风险因素
9	联络通道施工风险	冻胀过大
10		暗挖施工不当
11		临时支护强度不够
12		渗漏水

19.4.8 管片结构安全风险分析主要影响因素可参考表 19.4.8 确定。宜针对管片形式、强度、接头防水、拼装方式、管片的抗水压能力、结构防腐蚀设计可靠性、结构和接头的耐久性等。

表 19.4.8 公路盾构隧道管片结构安全风险因素参考

序 号	典型风险事件	风险因素
1	结构安全风险	最大水位高程
2		河底冲刷情况
3		地下水渗透性
4		管片形式
5		管片强度及厚度
6		管片抗水压能力
7		盾构壁厚注浆压力
8		拼装方式
9		管片拼装时碰撞
10		泥水从开挖面沿盾壳窜至盾尾导致结构上浮
11		浆液参数及配比不适应导致隧道结构上浮
12		接头防水
13		接头耐久性
14		结构防腐蚀设计可靠性

19.4.9 公路盾构隧道施工图设计阶段风险评估方法可综合采用专家调查法、层次分析法、事故树法、模糊综合评价法等。

19.4.10 施工图设计阶段,依据风险评估结果,评估小组应按照技术可行性及经济合理性的原则,提出降低风险的应对措施建议和相应的风险监控方案。

附录 A 常用公路盾构隧道净空断面

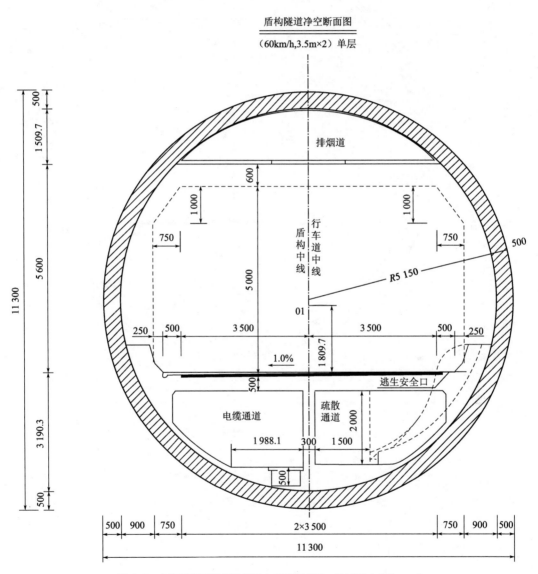

图 A.1 公路两车道盾构隧道净空断面图(60km/h)(尺寸单位:mm)

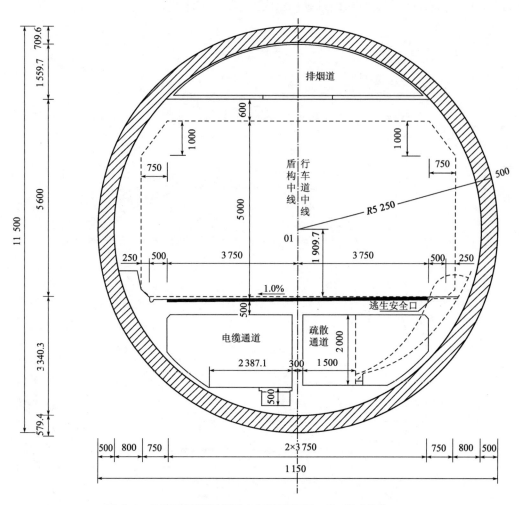

图 A.2 公路两车道盾构隧道净空断面图(80km/h)(尺寸单位:mm)

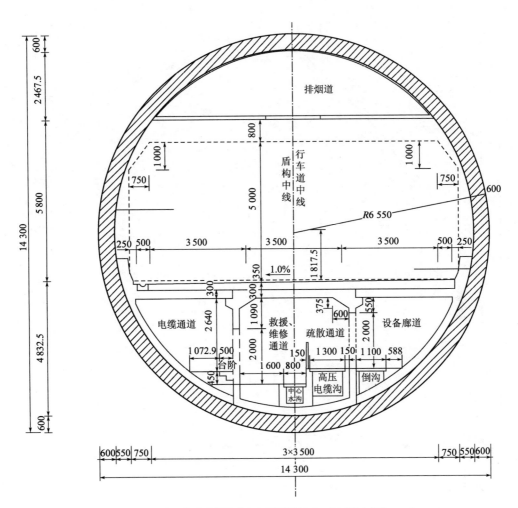

图 A.3 公路三车道盾构隧道净空断面图(60km/h)(尺寸单位:mm)

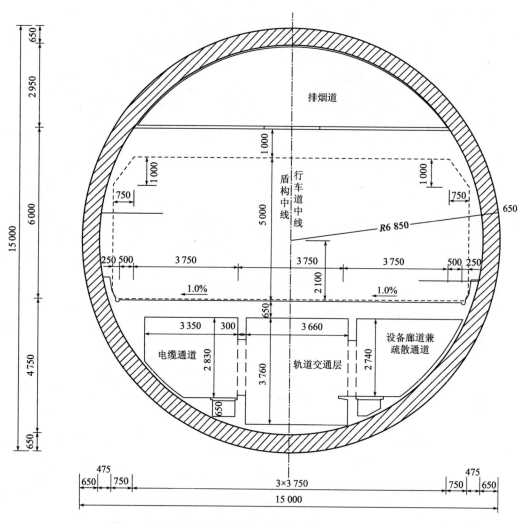

图 A.4 公路三车道盾构隧道净空断面图(80km/h)(尺寸单位:mm)

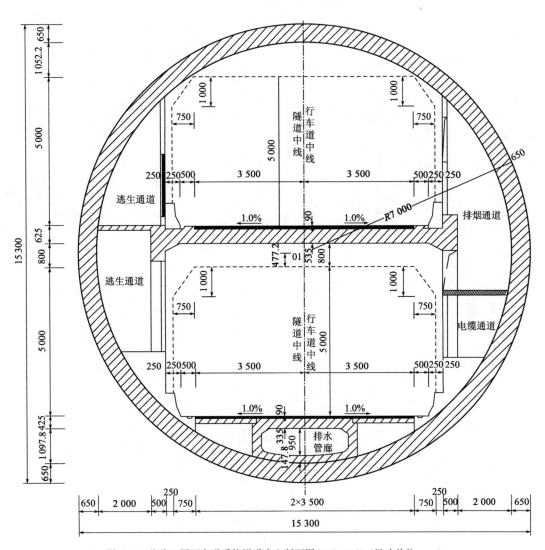

图 A.5 公路双层两车道盾构隧道净空断面图(3.5m×2)(尺寸单位:mm)

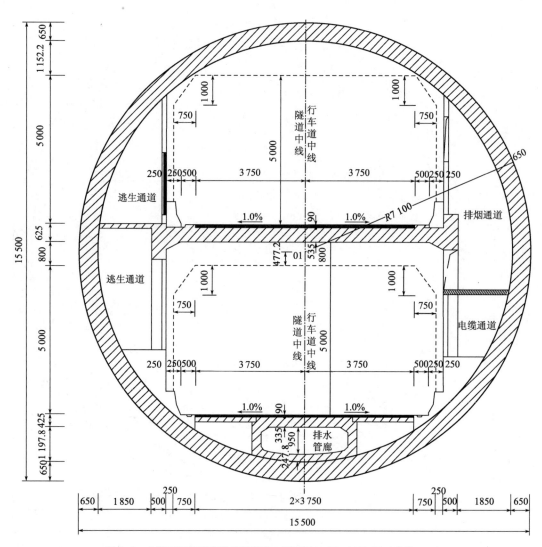

图 A.6　公路双层两车道盾构隧道净空断面图(3.75m×2)(尺寸单位:mm)

附录B 常用盾构机参数表

我国第一条公路盾构隧道是1967年动工建设的上海打浦路隧道,采用直径10.2m的网格挤压盾构机掘进施工。20世纪90年代以来,随着盾构隧道设计施工技术的进步与发展,采用盾构工法施工的公路隧道越来越多。目前已投入运营的、具有代表性的公路盾构隧道或城市道路盾构隧道有上海地区的复兴东路越江隧道、翔殷路越江隧道、上中路越江隧道、崇明隧道、人民路越江隧道、军工路越江隧道、武汉长江隧道、杭州庆春路过江隧道、杭州钱江隧道;正在修建的公路盾构隧道有南京纬三路过江隧道、汕头苏埃海底隧道等;规划建设中的盾构隧道有马鞍山过江隧道、浙江舟山连岛工程隧道群等。综观国内已建或待建的公路盾构隧道,普遍具有长距离、大直径、高水压、复合地层等特点,面临着恶劣的工程地质及水文地质条件和严峻的建设条件。

合理的盾构选型是盾构工法顺利实施的先决条件,而根据拟掘进隧道特定的岩土层条件选择与之相匹配的盾构机及其辅助施工设备又是盾构机选型的重中之重。根据我国公路盾构隧道的实践经验来看,隧道施工常遇到的岩土层条件主要分为三类:软土区域、岩质区域及复合地层区域。本附录搜集了上述三个区域的典型隧道工程概况及其采用的盾构机类型与参数,以供参考。

B.1 软土地区公路盾构隧道

上海长江隧道工程全长8.95km,其中穿越水域部分7.5km,最大埋深达到55m,平均埋深约40m。隧道整体断面设计为上下两层的双管双向六车道隧道,单管外径为15m,内径为13.7m,采用通用环片错缝拼装,两单管间净距约为16m,由两台直径为15.43m泥水加气平衡盾构一次掘进。

工程沿线地质条件复杂,隧道穿越主要土层为③$_1$、③$_2$层粉性土,④$_1$、④$_2$、⑤$_{1-1}$、⑤$_{1-2}$层黏性土和⑤$_2$层粉性土、⑦$_{1-1}$、⑦$_{1-2}$层砂性土,部分地段遇⑤层灰色黏质粉土透镜体。工程沿线潜水水位主要受长江潮汐的影响;埋藏于⑦、⑨层的承压水直接相通,水量丰富。此外,该区第⑤$_2$层分布有微承压水,与⑦层中承压水有一定的水力联系。沿线地层有浅层气存在,主要分布于④层淤泥质黏土层中下部,以弥散状分布,量少、气压低。江底冲刷槽深度为6~7m,呈"V"字形,在冲刷槽坡侧上有滑塌体存在。隧道轴线与河床中心线相交部位,存在宽约150m、高2m左右的活动沙丘,可在水动力作用下迁移。盾构机主要参数见表B.1。

表 B.1 盾构机主要参数

部 位 名 称	规 格 数 量	备 注
基本参数		
盾体前部直径(mm)	15 430	
盾体中部直径(mm)	15 400	
盾尾直径(mm)	15 370	
最小转弯半径(m)	750	
最大推力(kN)	203 066	
最大扭矩(kN·m)	39 945	
刀盘参数		
结构	6 个星形布置辐条＋面板	
类型	软土型	
开口率(%)	29	
刀具	157 把刮刀、24 把铲刀、60 把可更换刮刀、7 把可更换中心刀、2 把仿形刀	可更换刀具,可以在大气压状态下从刀盘臂内进行更换
磨损监测系统	8 把刮刀、2 把铲刀	
旋转中心接头	1	
旋转方向	双向	
中心锥形体部位冲刷	6	DN150
刀盘驱动参数		
主驱动类型	中心回转式	固定式
主轴承类型		
密封最高工作压力(MPa)	0.75	
电机驱动	14 个电机	
总功率(kW)	1 500	
锁定扭矩(kN·m)	34 735	
输出扭矩(kN·m)	23 000	
最大扭矩(kN·m)	39 945	
脱困扭矩(kN·m)	45 155	
最大转速(r/m)	1.6	变频驱动
设计寿命(h)	14 700	
盾尾参数		
盾尾类型	固定、焊接式	
盾尾密封系统	4 道密封钢刷	3 道钢丝刷、1 道钢板刷
紧急盾尾密封系统	1	充气式盾尾密封系统
推进系统参数		
数量	19 组,每组 3 个油缸	
油缸分区数量	6	

续表 B.1

部 位 名 称	规 格 数 量	备 注
管片拼装系统参数		
抓取系统	真空吸盘式	
自由度	6	每个自由度均为无级调速
回转角度(°)	±200	比例控制
无线遥控	1	备用右线遥控
注浆系统参数		
浆液类型	单液硬结性浆液	
注浆泵数量	3	
密封及润滑油脂参数		
油脂泵	1	HBW 油脂
盾尾油脂泵	2	盾尾油脂
油脂泵	1	密封:主轴承、管片拼装机
泥水系统参数		
排浆管直径	DN500	
排浆泵	4	一台在盾构机上,其余在隧道里
供泥管直径	DN600	
供应泵	2	地面上

B.2 复合地层地区公路盾构隧道

南京纬三路过江隧道分为 N、S 两线,其中 N 线全长约 6.9km,隧道长约 4.7km,盾构段长约 3.5km;S 线全长约 7.3km,隧道长约 5.1km,盾构段长约 4.1km。盾构段采用双管双层 X 形隧道形式,盾构管片环外径 14.5 m,内径 13.3m,分别由两台直径 14.93m 的泥水平衡盾构机一次掘进,盾构掘进施工需穿越约 600m 的复合地层,最大水压力高达 0.72MPa,同时江中浅覆土段长达 1000m,具有断面大、埋深大、水压高、地质条件复杂、基岩强度高、施工难度大等特点。

盾构隧道大部分处于粉细砂中,局部位于淤泥质、粉质黏土以及卵砾石层中,部分地段穿越软硬不均的复合地层,需穿越基岩的最大天然单轴抗压强度为 88.0MPa,透水性差、石英含量最高达 60%～65%。盾构机主要参数见表 B.2。

表 B.2 盾构机主要参数表

设备系统和部件名称	参 数 名 称	规格、参数值
盾构机主体	开挖直径(mm)	15 000
	总体长度(mm)	约 19 170
	盾体长度(mm)	15 980
	管片外径(mm)	14 500

续表 B.2

设备系统和部件名称	参 数 名 称		规格、参数值
盾构机主体	管片内径(mm)		13 300
	总体重量(t)		约 4 758.2
	盾体总重量(t)		约 3 158.2
	后部拖车总重(t)		约 1 300
	结构形式		门形
	分割块数		47 块
	空隙(开口)率(%)		27.5
	开口幅宽(mm)		400
	刀盘重量(t)		约 685
	刀盘材料		Q345B
刀具配置	主切削刀		172 把
	更换型切削刀		80 把
	向导型削刀		15 把
	先行切削刀		312 把
	外周保护切削刀		32 把
	推出式切削刀	单独的	17 把
	推出式双刃滚刀	最外周	38 把
	双刃滚刀(19′)		45 把
	单刃滚刀(17′)(中心部)		6 把
	其中刀具磨损检测装置		12 把
仿形刀	行程(mm)		150
	最大超挖量(mm)		120
	最大顶出力(kN)		370
	液压工作压力(MPa)		21
前盾	前盾直径(mm)		14 930
	前盾长度(mm)		4 320
	前盾块数		6 块
	前盾壁厚(mm)		100
	气垫仓前隔板厚(mm)		80
	气垫仓后隔板厚(mm)		120
	前盾材质		Q345B
	前盾重量(t)		约 555
	排泥口直径及数量		500mm/3 个
	旁通管		450mm/1 个
	送泥口直径及数量		250mm/4 个

续表 B.2

设备系统和部件名称	参 数 名 称	规格、参数值
前盾	人舱门数量及直径	1个/1 750mm×3 250mm×3 780mm 1个/1 700mm×3 220mm
	材料舱门数量及直径	1个/1 380mm×2 260mm
驱动系统	主轴承形式	三列圆筒滚柱轴承
	主轴承寿命(h)	23 448
	密封形式	4排唇形密封
	密封抗压强度(MPa)	1
	主轴承密封寿命(h)	10 926
	主轴承冷却方式	水冷
	刀盘驱动形式	变频电机驱动(VVVF制御)
	驱动电机数量	15个
	单个电机功率(kW)	250
	电机冷却方式	水冷
	刀盘驱动功率(kW)	3 750
	额定扭矩(kN·m)	36 585
	最大扭矩(kN·m)	43 902
	脱困扭矩(kN·m)	54 878
	最大速度时扭矩(kN·m)	23 414
	转速范围(r/min)	0.1~1.84
主轴承油脂润滑系统	油脂泵形式	电动泵
	油脂泵数量	1个
	油脂泵压力(带传感器)(MPa)	10
	油脂泵流量(带传感器)(mL/min)	260
主轴承油脂密封系统	油脂泵形式	电动泵
	油脂泵数量	4个
	油脂泵压力(带传感器)(MPa)	18
	油脂泵流量(带传感器)(mL/min)	77
破碎机	形式	颚式破碎机
	驱动方式	液压
	最大破碎粒径(入口)(mm)	900
	最大出口粒径(mm)	900
	破碎频率	4次/min
	可破碎岩石最大强度(MPa)	260
	液压系统工作压力(MPa)	14/21
	开度行程位置传感器数量	2个

续表 B.2

设备系统和部件名称	参 数 名 称	规格、参数值
搅拌机	数量	1台
	单台功率(kW)	55
	搅拌翼直径(mm)	1 200
	转速(r/min)	0～40.5
安全门	最大开度尺寸(mm)	约1 040×约1 570
	关闭时间不大于(s)	34
	油缸数量	4个
	行程(mm)	820
	最大关闭力(kN)	330
	液压工作压力(MPa)	21
	行程位置传感器数量	2个
	安全门密封形式	双门板式
气泡舱气压调节系统	调节进气阀数量	2个
	压力调节范围(MPa)	0～1
	压力调节精度(%)	1
	排气阀数量	2个
	气泡舱最大压力(MPa)	0.8
中盾	中盾外径(mm)	14 930
	中盾长度(mm)	4 830
	中盾壁厚(mm)	100
	中盾重量(t)	约898
	中盾材质	Q345B
	中盾块数	6个
推进系统	推进油缸数量	58个
	油缸行程(mm)	3 200
	推进系统最高压力(MPa)	30
	油缸撑靴在管片上的最大压力(MPa)	1.59
	全数油缸最大推进速度(mm/min)	50
	油缸缩回速度(mm/min)	200
	行程传感器数量(内置)	4个
	最大推力(kN)	278 400
	正常推力(kN)	127 136
	单个油缸最大推力(kN)	4 800
	分区数	4个
盾尾	尾盾外径(mm)	14 930

续表 B.2

设备系统和部件名称	参 数 名 称	规格、参数值
盾尾	尾盾长度(mm)	5 670
	尾盾壁厚(mm)	100/120
	尾盾重量(t)	约 244
	尾盾材质	Q345E
	盾尾间隙(mm)	50(单边)
	密封方式	盾尾钢丝刷
	密封道数	5 道
	最大抗压(MPa)	1.0
	注脂泵形式	空气泵
	注脂泵数量	4 个
	注脂泵压力(MPa)	45.2
	注脂泵流量(L/min)	6.1
	盾尾注脂管分布数量	4 根/14 道
	压力传感器数量	12 个
	盾尾注脂管口径(mm)	40
	同步注浆管分布数量	6 用 6 备
管片拼装机	形式	环形齿轮式
	旋转角度(°)	±200
	旋转速度范围(r/min)	0~1.0
	抓取方式	真空吸盘式
	自由度数	6 个
	滑动行程(mm)	3 450
	垂直行程(mm)	2 200
	推进力(kN)	748
	提升力(kN)	752
	起重能力(kN)	152
	旋转扭矩(kN·m)	1 680.8
泥水输送系统	排泥泵单台功率(kW)	1 025
	排泥泵数量	3 台
	排泥泵最大输送粒径(mm)	250
	排泥泵输送能力(m³/h)	3 180
	排泥泵单泵最大水平输送距离(m)	扬程60
	排泥泵接口管内径(mm)	441
	进泥泵单台功率(kW)	1 100
	进泥泵数量	2 台

续表 B.2

设备系统和部件名称	参 数 名 称	规格、参数值
泥水输送系统	进泥泵最大输送粒径(mm)	85
	进泥泵输送能力(m^3/h)	2 710
	进泥泵单泵最大水平输送距离(m)	扬程60
	进泥泵接口管内径(mm)	343
	进排泥管通径(mm)	500
	流量传感器数量	4个
	比重传感器数量	2个
	压力传感器数量	9个
人舱	主舱工作压力(MPa)	1.0
	主舱容积(m^3)	12.2
	主舱容纳人数	4人
	辅舱工作压力(MPa)	1.0
	辅舱容积(m^3)	12.2
	辅舱容纳人数	4人
后配套拖车	拖车节数	3节
	拖车轨距(mm)	6 700
	拖车总重(t)	约1 300
	拖车总长(m)	约113
送排泥管延伸装置	延伸装置形式	滑动型
	泥管延伸装置接管长度(m)	10
	换管防漏浆密封装置形式	打入止水球
同步注浆系统	注浆泵数量	3台
	注浆泵流量	20m^3/h×3台
	注浆泵压力(MPa)	3
	注浆压力传感器数量	6个
	注浆泵单台功率(kW)	45
	注浆管路清洗方式	高压水枪冲洗
	砂浆罐容量(m^3)	40
管片储运装置	管片储运装置形式	液压千斤顶向前倒换式
	管片储运装置管片储备能力	1环管片
双管片吊机	吊机形式	门型梁式起重机
	最大吊重(t)	50
	起升速度(m/min)	9
	行走速度(m/min)	40
	最大起吊高度(m)	10
	最大水平输送距离(m)	55

续表 B.2

设备系统和部件名称	参 数 名 称	规格、参数值
口字件吊机	吊机形式	门型梁式起重机
	最大吊重(t)	20
	起升速度(m/min)	8
	行走速度(m/min)	40
	最大起吊高度(m)	6
	最大水平输送距离(m)	55
单管片吊机	吊机形式	门型梁式起重机
	最大吊重(t)	20
	起升速度(m/min)	5
	行走速度(m/min)	30
	最大起吊高度(m)	6
	最大水平输送距离(m)	15
二次注浆系统	A液注浆泵压力(MPa)	3.15
	A液注浆泵流量(L/min)	45
	A液注浆泵单台功率(kW)	4
	B液注浆泵压力(MPa)	3.15
	B液注浆泵流量(L/min)	45
	B液注浆泵单台功率(kW)	4
	A液罐容量(m^3)	10
	B液罐容量(m^3)	2
气泡舱空气压缩机系统	压缩机压力(MPa)	1.2
	压缩机流量(m^3/min)	27.2
	压缩机单台功率(kW)	160
	压缩机数量	2台
	储气罐容量(m^3)	10
	可呼吸空气过滤装置数量	3个

B.3 岩质地层地区公路盾构隧道

从国内已有的公路盾构隧道实践来看,尚未有全部或大部在岩层中掘进的实际经验。但位于广深港高速铁路的狮子洋隧道盾构段管片内径9.8m、外径10.8m,与两车道公路盾构隧道的管片规模相当,其大部分需在砂岩、砂砾岩中掘进,部分地段穿越软硬不均地层,穿越基岩的最大单轴抗压强度为82.8MPa,其采用的盾构类型、主要功能部件及性能参数可作为类似条件公路隧道盾构选型时的参考。

狮子洋水下隧道盾构段全长9340m,穿越基岩的渗透系数为$6.4×10^{-4}$m/s,基岩石英含量最高达55.2%,岩石地层的粉粒(≤0.075mm)含量为26.1%～55.3%,水下段最大水深达26.6m,设计水压0.67MPa,盾构掘进采用4台开挖直径11.182m的气垫泥水加压平衡盾构相向掘进,并于地中对接,在洞内进行解体。

盾构机主要参数见表B.3。

表B.3 盾构机主要参数

设备系统和部件名称	参 数 名 称	规格、参数值
综述	盾构类型	气垫式泥水平衡盾构
	盾构总长度(m)	约69
	盾构及后配套总重(t)	1 600
	最小转弯半径(m)	500
刀盘	刀盘重量(t)	157
	刀盘结构形式	9根辐条+面板
	开挖直径(mm)	11 182
	开口率(%)	31
	先行撕裂刀数量	60把
	切刀数量(含正面切刀及中心切刀)	278把
	周边刮刀数量	16把
	仿形刀数量	1把
	仿形刀行程(mm)	75
	周边保护刀	16把
	滚刀	50把单刃滚刀+10把中心刀
	切刀磨损检测装置	3把
	换刀方式	背装式(从刀盘背后拆卸、安装)
	搅拌臂数量	4个
	刀盘防磨保护	硬化处理并对焊耐磨材料(100mm×100mm方格)
刀盘驱动	驱动形式	变频电机驱动,双向
	转速(r/min)	0～3.2(双向、无级调速)
	额定最大扭矩(1.24r/min)(kN·m)	13 650
	最大转速下扭矩(3.2r/min)(kN·m)	5 289
	脱困扭矩(kN·m)	17 745
	刀盘驱动装机功率(kW)	2 000(8×250)
	主轴承结构形式	高扭矩和大推力的重工况轴承,三排滚子(轴向-径向)
	主轴承密封形式	2×5道唇形密封
	主轴承寿命(h)	10 000
	使用寿命可靠度(%)	99
	主轴承工作压力(bar)	0.7

续表 B.3

设备系统和部件名称	参 数 名 称	规格、参数值
破碎机	安装位置	内置式
	破碎形式	颚式
	驱动方式	液压驱动
	最大破碎粒径(mm)	500
	最大破碎力(kN)	1 000
盾壳	形式	无铰连接式
	前盾直径、长度、钢板厚度(mm)	11 152、长 2 405、厚 40+40
	中盾直径、长度、钢板厚度(mm)	11 140、长 3 900、厚 40+40
	盾尾直径、长度、钢板厚度(mm)	11 140、长 4 675、厚 60
	盾壳总长度(含刀盘)(mm)	约 11 420
	盾壳工作压力(bar)	7
	钢丝刷密封数量	3 道
	钢板束密封数量	1 道
	紧急膨胀密封数量	1 道
	盾尾间隙(mm)	保护环 40,盾尾部分 65
	预留超前注浆孔数量	22 个(φ100mm 沿盾壳 360°圆周布置)
盾尾油脂注入系统	盾尾油脂注入孔数量	3×10 个
	盾尾油脂泵形式	适合 200L 油脂桶的气动泵
推进系统	比推力(kN/m²)	1 275
	最大总推力(kN)	123 850
	油缸数量	44 个
	油缸行程(mm)	2 710(管片搭接按 1400mm 考虑)
	最大推进速度(mm/min)	40(44 个油缸同时工作)
	推进油缸分区数量	4 个
	管片安装模式下最大伸出速度(mm/min)	1 500
	管片安装模式下最大回缩速度(mm/min)	2 000
人舱	舱室数量	2 个(1 个主人闸+1 个紧急人闸)
	容纳人数	3+2 人
	舱门数量	4 个
	工作压力(bar)	7
同步注浆系统	注浆管路数量(含备用管路)	2×6 根(其中 6 根为备用)
	注浆泵数量	3 台双活塞泵
	泵送能力(m³/h)	36
管片安装机	形式	真空吸盘式
	起吊能力(kN)	130

续表 B.3

设备系统和部件名称	参 数 名 称	规格、参数值
管片安装机	侧向挤压力(kN/m)	100
	安装功率(kW)	160
	驱动方式	液压驱动
	自由度	6
	旋转速度(r/min)	0~1.5
	旋转扭矩(kN·m)	618
	静扭矩(kN·m)	1 648
	移动行程(mm)	3 500,可以更换前两道尾刷
	旋转角度(°)	±220
	控制方式	无线遥控、有线控制各一套
	安装一环管片时间(min)	小于 40
	是否预留超前钻机安装位置	已预留并配有其机械、液压、电气及超前注浆管的接口
管片吊机	形式	真空吸盘式单轨吊机
	起吊能力(kN)	130(2.5倍工厂安全试验为325kN)
	控制方式	无线遥控
	工作范围	允许堆放3块管片的管片车通过
	管片吊机装机功率(kW)	37
后配套	拖车数量	3+1 台
	允许列车通过尺寸(mm)	宽2 000,高度允许堆放3块管片的运输车通过
泥水输送系统	类型	气垫式
	压力控制精度(bar)	±0.05
	送泥流量(m³/h)	1 190(掘进期间)、1 420(掘进期间)
	送泥密度(t/m³)	1.1
	送泥管直径(主机及后配套内)(mm)	内径387
	排泥流量(m³/h)	1 420(掘进期间和旁通时)
	排泥密度(t/m³)	1.3
	送泥管直径(主机及后配套内)(mm)	内径387
	泥浆罐延伸装置形式	软管、球塞式
	泥浆管延伸装置有效长度(m)	8

附录C 本指南用词用语说明

本指南执行严格程度的用词,采用下列写法:
(1)表示很严格,非这样做不可的用词,正面词采用"必须",反面词采用"严禁"。
(2)表示严格,在正常情况下均应这样做的用词,正面词采用"应",反面词采用"不应"或"不得"。
(3)表示允许稍有选择,在条件许可时首先应这样做的用词,正面词采用"宜",反面词采用"不宜"。
(4)表示有选择,在一定条件下可以这样做的用词,采用"可"。

参 考 文 献

[1] Technical Manual for Design and Construction of Road Tunnels-Civil Elements(FHWA-NHl-10-034)[M]. U. S department of transportation federal highway administration.

[2] Working Group No. 2, International Tunnelling Association. Guidelines for the Design of Shield Tunnel Lining[J]. Tunnelling and Underground Space Technology, 2000, 15(3):303-3331.

[3] 陈馈, 洪开荣, 吴学松. 盾构施工技术[M]. 北京:人民交通出版社, 2009.

[4] 中华人民共和国国家标准. GB 50911—2013 城市轨道交通工程监测技术规范[S]. 北京:中国建筑工业出版社, 2014.

[5] 中华人民共和国国家标准. GB 50307—2012 城市轨道交通岩土工程勘察规范[S]. 北京:中国计划出版社, 2012.

[6] 中华人民共和国行业标准. DB11 490—2007 地铁工程监控量测技术规程[S]. 北京:中国铁道出版社, 2007.

[7] 中华人民共和国国家标准. GB 18173.4—2010 高分子防水材料 第4部分:盾构法隧道管片用橡胶密封垫[S]. 北京:中国标准出版社, 2010.

[8] 中华人民共和国行业标准. JTG D62—2004 公路钢筋混凝土及预应力混凝土桥涵设计规范[S]. 北京:人民交通出版社, 2004.

[9] 中华人民共和国行业标准. JTG C20—2011 公路工程地质勘察规范[S]. 北京:人民交通出版社, 2011.

[10] 中华人民共和国行业标准. JTG B01—2014 公路工程技术标准.[S]. 北京:人民交通出版社, 2014.

[11] 中华人民共和国行业标准. JTG B02—2013 公路工程抗震规范[S]. 北京:人民交通出版社, 2014.

[12] 中华人民共和国行业标准. JTG D60—2015 公路桥涵设计通用规范[S]. 北京:人民交通出版社股份有限公司, 2015.

[13] 郭小红, 舒恒, 拓勇飞. 公路隧道结构计算的分项系数法[J]. 隧道建设, 2014, 34(5):402-407.

[14] 何川, 曾东洋. 盾构隧道结构及施工对环境的影响[M]. 成都:西南交通大学出版社, 2007.

[15] 何川, 张建刚, 苏宗贤. 大断面水下盾构隧道结构力学特性[M]. 北京:科学出版社, 2010.

[16] 中华人民共和国国家标准. GB/T 50476—2008 混凝土结构耐久性设计规范[S]. 北京:中国建筑工业出版社, 2009.

[17] 交通运输部工程质量监督局. 公路桥梁和隧道工程施工安全风险评估制度及指南解析[M]. 北京:人民交通出版社, 2011.

[18] 李金, 杨林松, 舒恒, 等. 南京纬三路过江通道纵坡优化研究[A]//首届隧道建设与管理

技术论文集[C]. 2013:43-50.
[19] 李昕,舒恒,等. 超高水压复合地层大直径盾构隧道纵断面优化设计研究[J]. 现代隧道技术,2015,52(4):7-14.
[20] 刘建航,侯学渊. 盾构法隧道[M]. 北京:中国铁道出版社,1991.
[21] 舒恒,拓勇飞,郭小红,等. 水下隧道结构安全监测技术及应用[A]//首届隧道建设与管理技术论文集[C]. 2013,394-402.
[22] 舒恒,吴树元,等. 超大直径水下盾构隧道健康监测设计研究[J]. 现代隧道技术,2015,52(4):32-40.
[23] 宋康林,舒恒. 超大直径盾构隧道小净距掘进影响分析[J]. 武汉理工大学学报,2012,34(S1):99-103.
[24] 中华人民共和国行业标准. CECS 370:2014 隧道工程防水技术规范[S]. 北京:中国计划出版社,2014.
[25] 日本土木学会. 隧道标准规范(盾构篇)及解说(2006年制定)[M]. 朱伟,译. 北京:中国建筑工业出版社,2011.
[26] 日本土木学会. 盾构隧道的抗震研究及算例[M]. 张稳军,译. 北京:中国建筑工业出版社,2009.
[27] 拓勇飞,舒恒,郭小红,等. 超大直径盾构衬砌及止水带防火特性研究[J]. 岩土工程学报,2013,35(S1):269-274.
[28] 拓勇飞,舒恒,郭小红,等. 超高水压大直径盾构隧道管片接缝防水设计与试验研究[J]. 岩土工程学报,2013,35(S1):227-231.
[29] 拓勇飞,郭小红,舒恒. 南京纬三路长江隧道总体设计[A]//首届隧道建设与管理技术论文集[C]. 2013:159-167.
[30] 拓勇飞,郭小红. 南京纬三路过江通道总体设计与关键技术[J]. 现代隧道技术,2015,52(4):1-6.
[31] 小泉淳. 盾构隧道管片设计:从容许应力设计法到极限状态设计法[M]. 官林星,译. 北京:中国建筑工业出版社,2012.
[32] 尹旅超,朱振宏,李玉珍,等. 日本隧道盾构新技术[M]. 武汉:华中理工大学出版社,1999.
[33] 张凤祥,朱合华,傅德明. 盾构隧道[M]. 北京:人民交通出版社,2004.
[34] 张凤祥,傅德明. 盾构隧道施工手册[M]. 北京:人民交通出版社,2005.
[35] 张喜刚. 公路桥梁和隧道工程设计安全风险评估[M]. 北京:人民交通出版社,2010.
[36] 中交第二公路勘察设计研究院有限公司. 大型过江隧道工程结构耐久性研究[R]. 2015.
[37] 中交第二公路勘察设计研究院有限公司. 大直径超高水压双层盾构结构技术研究[R]. 2015.
[38] 中交第二公路勘察设计研究院有限公司. 高水压大断面盾构隧道全寿命健康监测及诊断技术研究[R]. 2015.
[39] 朱祖熹,陆明,柳献. 隧道工程防水设计与施工[M]. 北京:中国建筑工业出版社,2012.
[40] 北京市地方标准. DB 11/490—2007 地铁工程监控量测技术规程[S]. 北京:2010.